受験用 マンガ
乙種第4類
危険物取扱者

合格模擬試験付き

株式会社ウェルネット
山根裕基・佐藤その・佐々木舞子

西東社

はじめに

　危険物は、第1類から第6類までに分類され、その危険物を取り扱う範囲の違いから、危険物取扱者試験は、甲種・乙種・丙種に分かれています。

　甲種は全類の危険物に対応できる資格ですが、乙種は第1類から第6類までのいずれかの危険物を扱える資格、丙種は乙種第4類の中でガソリンなどの指定された危険物を扱える資格となっています。

　この中で、本書が対象としている乙種第4類は、危険物の中でも最も種類が多く、危険物全体の約8割を占めるといわれています。そのため、危険物取扱者試験の全体の受験者数は例年30万人以上ですが、そのうちの実に約7割が乙種第4類を受験しています。

　危険物取扱者乙種第4類試験では、受験しても試験会場から試験問題を持ち帰ることができず、試験問題も試験実施団体側で定期的には公表していないことから、過去問題に沿った受験学習を行うことが困難でした。そのため、私たちウェルネットは、講師陣が定期的に試験会場にて調査受験をし、問題を丸暗記して帰り、その問題を再現することで、確実に合格するための試験対策を可能

にしました。

　本書は、基本的な学習内容はもちろんのこと、実際に試験に出題された内容をもとに、むずかしい法令や覚えづらい物質名なども、マンガを読み進めていくうちに、自然と楽しく覚えられる構成になっています。

　ウェルネットは、長きにわたり、危険物取扱者試験合格のための受験指導に携わってきました。公開講座等を通じて、多くの合格者を輩出した実績があります。

　本書は、ウェルネットの持つトップクラスの合格率と、それを達成するための合格プログラムをもとに、高校生から一般受験生の皆さんまで幅広くお読みいただけるマンガ版テキストとなっています。得点力アップテストでは、実際に試験に出題された問題の中から厳選して編纂（へんさん）しているので、効率的な学習が可能になります。本書が、危険物取扱者乙種第4類試験合格を目指す読者の方々の一助になれば幸いです。

　　　　　　　　　　　　　　　株式会社ウェルネット
　　　　　　　　　　　　　　　山根裕基、佐藤その、佐々木舞子

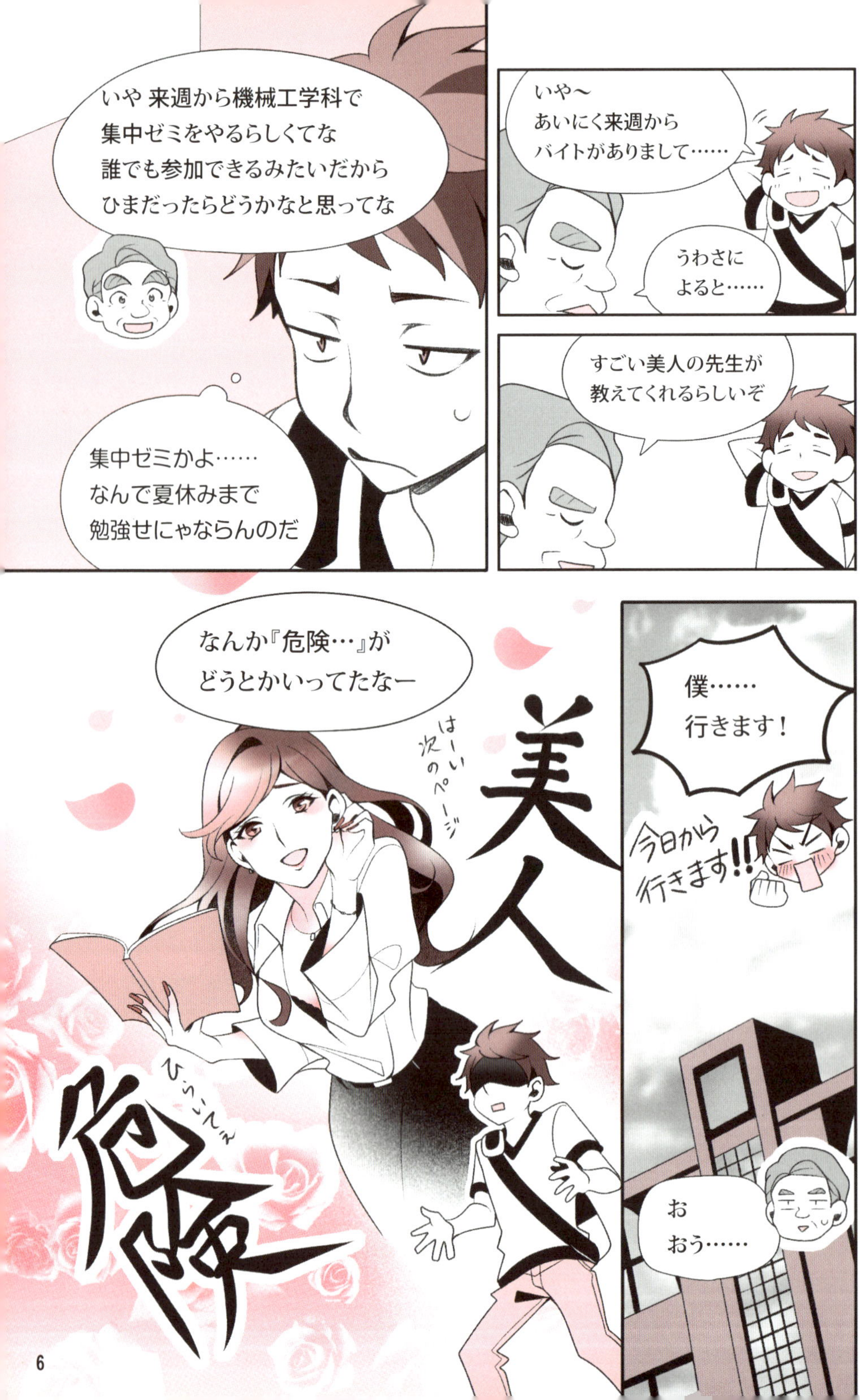

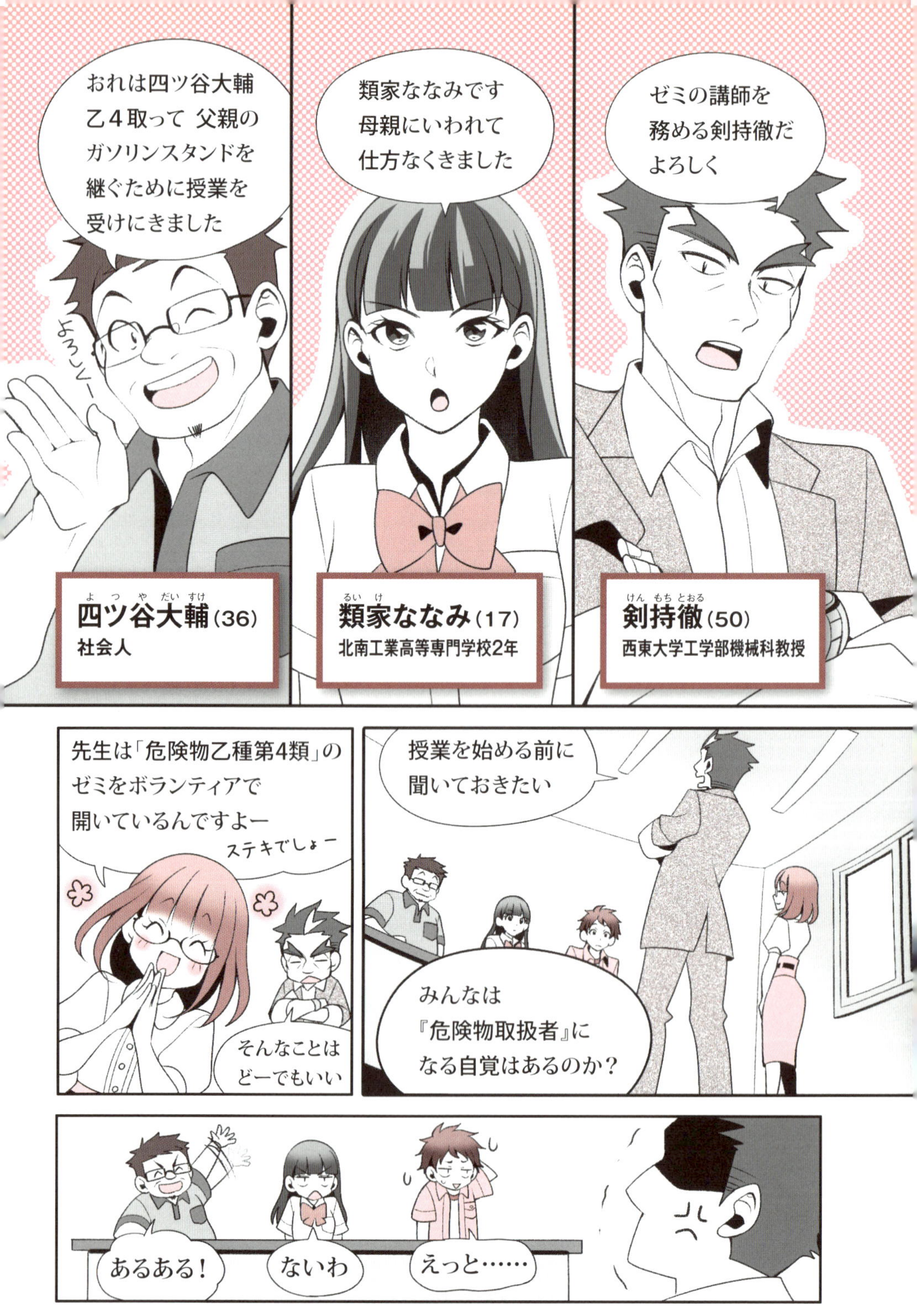

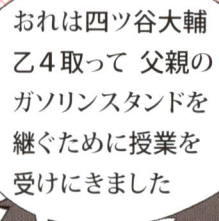

受験用 マンガ乙種第4類危険物取扱者 合格模擬試験付き もくじ

はじめに 2
プロローグ 4
本書の使い方 18
乙種第4類危険物取扱者受験ガイド 20

第1章 危険物に関する法令 .... 23〜121

① 消防法上の危険物

マンガで学ぶ！
- ふつう ①危険物とは何か？ 24
- 出る！ ②各類の性状と品名 26
- よく出る‼ ③第4類危険物とは？ 27

解説 消防法上の危険物の特徴を知ろう 28
①消防法上の危険物に気体はない／②危険物は6つに分類される／③第4類危険物は引火性の液体である

② 施設の区分と予防規程

マンガで学ぶ！
- ふつう ①危険物の施設の区分 30
- 出る！ ②製造所等の予防規程 32

解説 製造所等の種類と予防規程について知る 34
①危険物の施設は製造所・貯蔵所・取扱所／②予防規程は所有者・管理者・占有者が定める

③ 指定数量

マンガで学ぶ！
- ふつう ①指定数量とは何か 38
- よく出る‼ ②乙種第4類危険物の指定数量 39
- よく出る‼ ③指定数量の倍数計算 40

解説 指定数量の意味と倍数の計算方法を学ぼう 41
①危険物は指定数量により規制を受ける／②指定数量の数値が小さいものほど危険度大／③倍数計算は危険物の数量を指定数量で割り算する

④ 消火設備と警報設備

マンガで学ぶ！
- 出る！ ①消火設備の区分と種類 46
- ふつう ②所要単位と能力単位 48
- ふつう ③警報設備と避難設備 49

解説 消火設備と警報・避難設備の設置基準を学ぼう 50
①消火設備の区分は5種類／②危険物は指定数量の10倍が1所要単位／
③警報設備は指定数量が10倍以上の製造所等に必要

⑤ 製造所等の設置基準と標識・掲示板

マンガで学ぶ！
- よく出る!! ①保安距離と保有空地 52
- よく出る!! ②製造所等の位置・構造・設備 54
　　　　　　製造所の基準 54
　　　　　　屋外貯蔵所の基準 57
　　　　　　給油取扱所の基準 58
- ふつう ③標識・掲示板の基準 60

解説 製造所等の位置・構造・設備の基準を学ぼう 61
①保安距離は5施設、保有空地は7施設で必要／②屋内貯蔵所・屋外タンク貯蔵所・屋内タンク貯蔵所・地下タンク貯蔵所・移動タンク貯蔵所・販売取扱所・顧客に自ら給油等をさせる給油取扱所(セルフスタンド)／
③標識・掲示板

⑥ 各種申請手続き

マンガで学ぶ！
- ふつう ①設置・変更の許可 76
- ふつう ②完成検査前検査と完成検査 78
- 出る！ ③各種申請手続き 79

解説 製造所等の使用に必要な手続きを知ろう 80
①設置・変更には許可権者の許可が必要／②完成検査に合格してはじめて使用できる／
③申請手続きは5種類ある

⑦ 措置命令と定期点検

マンガで学ぶ！
- よく出る!! ①許可の取消しと使用停止命令 84
- ふつう ②立入検査 86
- ふつう ③定期点検 88

解説 措置命令・立入検査・定期点検について学ぼう 89
①違反したら市町村長等から措置命令／②立入検査は市町村長等が実施／
③危険物取扱者の立会いがあれば無資格者でも可能

⑧ 危険物取扱者制度と保安管理体制

マンガで学ぶ！
- 出る！ ①危険物取扱者の区分と資格 94
- よく出る!! ②保安講習 96
- よく出る!! ③保安管理体制 98

| 解説 | 危険物取扱者の分類と保安体制の役割を学ぼう | 100 |

①丙種危険物取扱者に立会い権限はない／②保安講習は3年に1回が原則／
③危険物保安監督者は甲乙かつ6か月の実務経験が必要

⑨ 貯蔵・取扱いの基準

| マンガで学ぶ！ | よく出る!! | ①貯蔵・取扱いの共通基準 | 104 |
| | 出る! | ②貯蔵・取扱いの個別基準 | 106 |

| 解説 | 危険物の貯蔵・取扱いの共通・個別の基準を学ぼう | 108 |

①第4類危険物は火気を避け、蒸気を発生させない／②施設ごとに守るべき貯蔵・取扱いの基準

⑩ 運搬・移送の基準

| マンガで学ぶ！ | よく出る!! | ①運搬に関する3つの基準 | 110 |
| | 出る! | ②移送の基準 | 112 |

| 解説 | 危険物の「運び方」に関する基準について知ろう | 113 |

①運搬容器・積載方法・運搬方法の基準がある／②タンクローリーとパイプラインの2つの基準

得点力UPテスト①	36	得点力UPテスト②	44
得点力UPテスト③	74	得点力UPテスト④	92
得点力UPテスト⑤	116	得点力UPテスト 解答＆解説	118

COLUMN❶ 試験に合格するための5つのツボ！ 122

第2章 基礎的な物理学及び基礎的な化学 123～219

① 燃焼の定義と種類

マンガで学ぶ！	よく出る!!	①燃焼の定義と難易	124
	よく出る!!	②燃焼の種類	126
	よく出る!!	③完全燃焼と不完全燃焼	127

| 解説 | 燃焼の3要素などの定義と種類を知ろう | 128 |

①燃焼するためには「3つの要素」が必要になる／②可燃物の状態により燃焼の仕方も変わる／
③酸素量によって分かれる完全燃焼と不完全燃焼

② 燃焼範囲と消火の原理

マンガで学ぶ！	よく出る!!	①引火点・燃焼点・発火点	130
	よく出る!!	②燃焼範囲	132
	よく出る!!	③消火の原理	134

| 解説 | 消火の原理と火災の性質について学ぼう | 136 |

①燃焼にかかわる3つの温度／②可燃性蒸気と空気の割合が重要になる／
③燃焼の種類ごとに適切な消火方法は異なる

③ 静電気と湿度

マンガで学ぶ！　**よく出る!!** ①静電気の仕組み　144
　　　　　　　　　出る! ②湿度の基準　146

解説 静電気と湿度の仕組みを学ぼう　147
①摩擦や衝突によって静電気が発生する／②湿度の表わし方は3つある

④ 物質の状態変化

マンガで学ぶ！　**出る!** ①物質の三態と状態変化　150
　　　　　　　　　ふつう ②潮解・風解・溶解　152

解説 物質の状態変化の仕組みを学ぼう　153
①物質は熱の移動によって変化する／②水分量によっても状態は変わる

⑤ 密度と比重・気体の性質

マンガで学ぶ！　**よく出る!!** ①物質の密度　156
　　　　　　　　　よく出る!! ②物質の比重　157

解説 密度と比重の意味と計算方式について学ぼう　159
①密度の求め方／②液比重と蒸気比重

⑥ 熱の性質について

マンガで学ぶ！　**よく出る!!** ①熱量・熱容量・比熱の計算　164
　　　　　　　　　よく出る!! ②熱の移動と熱膨張　166

解説 熱の性質と計算方法を覚えておこう　168
①熱に関連する計算方法／②熱を運ぶ方法は3種類ある・熱膨脹と2つの現象

⑦ 物質の種類・化学変化

マンガで学ぶ！　**ふつう** ①物質の分類　172
　　　　　　　　　よく出る!! ②物理変化と化学変化　175

解説 物質の変化と化学反応について学ぼう　178
①分子と原子の基礎知識／②変化の違いを理解しよう

⑧ 原子と分子

マンガで学ぶ！　**よく出る!!** ①原子と分子の構造　180
　　　　　　　　　よく出る!! ②原子量と分子量　182

解説 原子と分子について学ぼう　184
①原子や分子の構造を理解しよう／②原子や分子の量を把握しよう

⑨ 化学の基本法則・化学反応式

マンガで学ぶ！　**よく出る!!** ①化学反応式 ……………………………… 186
　　　　　　　　ふつう ②化学の基本法則 …………………………… 188

[解説] 化学反応式と基本法則を理解しよう …………………………………… 190
①化学変化しても原子の個数は等しい／②化学にはさまざまな法則がある

⑩ 熱化学と溶液

マンガで学ぶ！　**出る!** ①熱化学方程式 ……………………………… 192
　　　　　　　　ふつう ②溶液 ………………………………………… 195

[解説] 熱化学方程式と溶液について学ぼう …………………………………… 196
①反応による熱の出入りを表わす／②濃度を割り出す公式を覚えよう

⑪ 金属の特性とイオン化傾向

マンガで学ぶ！　**出る!** ①金属と非金属 ……………………………… 200
　　　　　　　　よく出る!! ②金属の腐食 ……………………………… 202
　　　　　　　　よく出る!! ③イオン化傾向 …………………………… 203

[解説] 金属の腐食やイオン化の性質について学ぼう ………………………… 205
①反応による熱の出入りを表わす／②周囲の環境によって腐食する／
③イオン化傾向が大きい金属ほど酸化する

⑫ 有機化合物とは何か？

マンガで学ぶ！　**出る!** ①有機化合物と無機化合物 ………………… 208

[解説] 有機化合物と無機化合物の違いと物質名を学ぼう …………………… 210
①炭素を含む化合物の総称

⑬ 酸と塩基・酸化と還元

マンガで学ぶ！　**出る!** ①酸と塩基の特徴 …………………………… 211
　　　　　　　　出る! ②酸化と還元 ………………………………… 213

[解説] 酸と塩基・酸化と還元について学ぼう ………………………………… 214
①酸と塩基が塩を形成する化学反応／②物質が酸素・水素と化合する反応

得点力UPテスト① ……………… 142	得点力UPテスト② ……………… 162
得点力UPテスト③ ……………… 198	得点力UPテスト④ ……………… 216
得点力UPテスト 解答＆解説　218	

COLUMN❷ 試験当日までのロードマップ ………………………………………… 220

第3章 危険物の性質並びにその火災予防及び消火の方法　221～259

① 危険物の分類と第4類危険物の特性

マンガで学ぶ！
- 出る！ ①危険物の分類 ……………………………………… 222
- よく出る!! ②第4類危険物の性質 ……………………………… 224

[解説] 危険物の分類と第4類危険物の特性を学ぼう …………… 226
①第1類～第6類までの性質を覚える／②第4類危険物の性質の特徴

② 第4類の火災予防と消火方法

マンガで学ぶ！
- よく出る!! ①第4類危険物の火災予防 ………………………… 228
- よく出る!! ②第4類危険物の消火方法 ………………………… 230
- よく出る!! ③第4類危険物による事故事例 …………………… 231

[解説] 第4類危険物の火災予防について学ぼう ………………… 234
①貯蔵方法と取扱い上の注意点がキモ／②物質ごとに異なる消火方法を覚える／
③事故ケースごとの対策を知ろう

③ 第4類危険物のおもな品名とその性状

マンガで学ぶ！
- よく出る!! ①第4類危険物の品名と性状 ……………………… 240
- よく出る!! ②特殊引火物 ………………………………………… 242
- よく出る!! ③第1石油類 ………………………………………… 244
- よく出る!! ④アルコール類 ……………………………………… 246

[解説] 第4類危険物のおもな品名と性状について学ぼう ……… 248
①第4類危険物の品名と性状のポイントを押さえる／②発火点が低く、気化しやすい特徴を持つ特殊引火物／③引火しやすく、特殊引火物の次に危険な第1石油類／④それぞれの物質の特徴の差異をしっかり覚えよう／⑤その他の第4類危険物の性状と物性値

得点力UPテスト①	238	得点力UPテスト②	256
得点力UPテスト 解答＆解説	258		

　　エピローグ ……………………………………………………… 260

COLUMN❸ 本書と講座で効率よく勉強する ……………………… 264

付録　乙種第4類危険物取扱者　模擬試験　265～297

模擬試験① 問題	266	模擬試験① 解答・解説	277
模擬試験② 問題	281	模擬試験② 解答・解説	294

　　さくいん ………………………………………………………… 298
　　危険物早見表 …………………………………………………… 302

※本書は特に明記しない限り、2021年9月8日現在の法令・情報に基づいています。
また、本文中の数値は概ね『危険物取扱者必携』(全国危険物安全協会)に準じています。

本書の使い方

　本書は、乙種第4類危険物取扱者の試験に出る内容に特化した受験対策本です。解説とミニテストの構成も試験内容に沿って、「危険物に関する法令」「基礎的な物理学及び基礎的な化学」「危険物の性質並びにその火災予防及び消火の方法」の3章で構成されています。各章の構成は、以下の順番で学ぶことができます。すべての章をクリアしたら巻末の模擬試験に挑戦し、自身の学力を試してみましょう。

本書のポイント

マンガで学ぶ！

●ふつう・出る！・よく出る!!
試験で出題される頻度がわかります。勉強時に何を優先するのかの目安としてください。

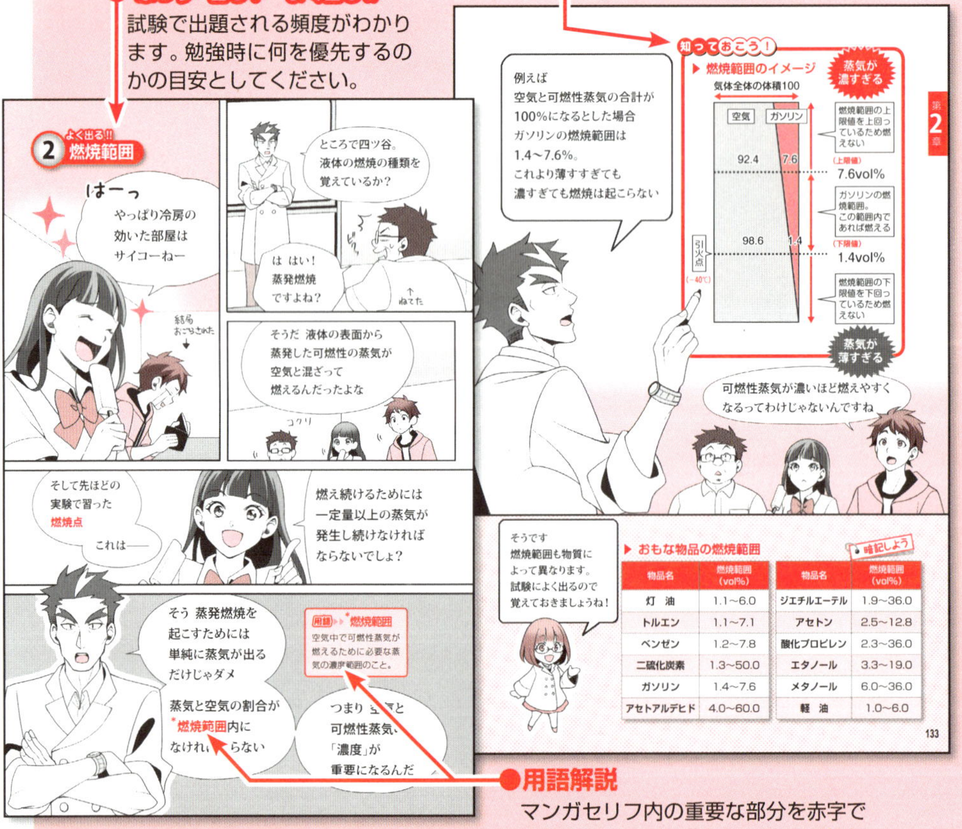

●知っておこう！
知識としてしっかり頭に入れておきたい内容を解説しています。

●用語解説
マンガセリフ内の重要な部分を赤字で表記しています。「*」がある用語は解説欄もあります。

ステップごとに学んで実力アップ！

1 マンガ解説で学ぶ → **2** 文章と図解解説で学ぶ → **3** 得点力UPテストで復習 → **4** 模擬試験で実力を試す

文章と図解で学ぶ！

暗記しよう
試験に向けて必ず暗記しておきたい内容を示しています。

---

② 燃焼の種類
可燃物の状態により燃焼の仕方も変わる

物質によって燃焼の仕方はさまざまです。気体・固体・液体といった状態や性質に応じて、**燃焼の種類が分かれて**います。例えば、ガソリンなどの**第4類危険物（引火性液体）**が燃焼する際は、ガソリンという液体そのものが燃焼しているのではなく、ガソリンが引火点に達することで液面に可燃性蒸気が発生し、その可燃性蒸気が空気（酸素）と混合することによって燃焼しています。これを**蒸発燃焼**といいます。

特に、**第4類危険物はすべて蒸発燃焼である**ということや、木材、木炭、石炭の燃焼の種類がよく試験に頻出です。

▶ 燃焼の種類

	燃焼の種類	燃焼の仕方	例
気体	定常燃焼	制御可能な燃焼であり、次の2つがある。**混合燃焼**：あらかじめ可燃性気体と空気を混合させて燃焼。**非混合燃焼**：ガスコンロのように、可燃性気体を連続的に空気中に放出して燃焼（拡散燃焼）。	都市ガス、プロパンガス
	非定常燃焼（爆発燃焼）	可燃性気体と空気とが混合し密閉状態で点火されたときに起こる燃焼。制御しにくい、または制御不能である。	ガソリン・ナフサなどの爆発
液体	蒸発燃焼	可燃物が加熱されたとき、熱分解または液分解から蒸発した蒸気が空気と混合して起こる燃焼。	ガソリン、灯油、軽油、重油、アルコールなど、第4類危険物すべて
固体	分解燃焼	可燃物が加熱されて熱分解を起こし、そのときに発生する可燃性ガスにより燃焼。	木材、石炭、プラスチック
	表面燃焼	可燃物が熱分解を起こさず、蒸発もしないで可燃物の表面が直接燃焼すること。	木炭、コークス
	蒸発燃焼	可燃物が加熱されたとき、熱分解を起こし、固体から蒸発した蒸気により燃焼。	ナフタレン、硫黄
	自己燃焼（内部燃焼）	加熱・分解により、可燃物が保有している酸素により燃焼。	ニトロセルロース、セルロイド

③ 完全燃焼と不完全燃焼
酸素量によって分かれる完全燃焼と不完全燃焼

燃焼の際に酸素が十分にあるか否かにより、**「完全燃焼」**と**「不完全燃焼」**に分かれます。

「完全燃焼」とは、可燃物が十分な酸素供給のもとで燃え尽き、水（水蒸気）と二酸化炭素を発生することをいいます。一方、**「不完全燃焼」**とは、酸素供給が不十分な環境下で可燃物が燃焼することをいい、すす（黒煙）と一酸化炭素を生じます。

---

③ 各種申請手続き
申請手続きは5種類ある

製造所等は、設置・変更の工事をするときの許可申請だけでなく、新たに人員を配置したり、貯蔵・取扱う危険物の種類や数量を変更したりするときにも、市町村長等に対する「届出」という手続きが必要になります。申請手続きには、**「許可」「承認」「検査」「認可」「届出」の5つ**があります。それぞれ手続きが必要になるとき申請先が異なるので、しっかりと確認しておきましょう。

1 許可
許可とは、もともと法律で禁止されている行為を、特定の基準を満たすことで容認してもらうことです。製造所等の設置・変更工事を行う場合、許可が必要になります。

2 承認
承認とは、行政機関が、所有者等の行為を許すこと（同意すること）です。承認が必要になるのは、製造所等を「仮使用」または「仮貯蔵・仮取扱い」する場合です。これらは営業上やむを得ない事情のときに、特例的に容認されるものになります。

仮使用
製造所等の変更工事を行う場合に、市町村長等の承認を受けて、**変更工事にかかわる部分以外のぜんぶまたは一部**を完成検査を受ける前に仮に使用すること。変更工事で取扱のすべてが使えなくなってしまうと、営業に支障が出ることから認められている。 【重要】

仮貯蔵・仮取扱い
指定数量以上の危険物を、**所轄の消防長または消防署長**の承認を受け、**10日以内**に限り、貯蔵・取扱うこと。危険物を船で運ぶときは、一時的に危険物を一時にある倉庫などに認められる。 【重要】

3 検査
検査とは、製造所等が定められた基準を満たしているか、市町村長等が確認することです。検査には、「完成検査」（➡P70）以外に、「保安検査」があります。これは一定規模以上の屋外タンク貯蔵所または移送取扱所が対象となる検査で、これらの所有者等は、政令で定める時期ごとに、市町村長等が行う保安に関する検査を受ける必要があります。

4 認可
行政機関が第3者の行為を認めることにより、法律上の効力が有効になることをいいます。認可が必要になるのは、**予防規程**を定めたときと、変更したときです（➡P31）。

5 届出
文書などで行政機関に報告を行うことをいいます。許可、承認、認可とは異なり、行政機関から行為の可否を受ける必要はなく、届出を行うだけで完了します。消防法では、貯蔵・取扱う危険物の種類や数量を変更したときや譲渡したり廃止したりしたときに、人員を選任・解任したとき、製造所等を譲ったり廃止したりしたときに、届出が必要と定めています。

「重要」アイコン
試験対策において重要な項目をピックアップしています。

乙種第4類危険物取扱者 受験ガイド

危険物取扱者とは

　消防法で貯蔵・運搬・取扱いを厳しく規制された危険物（石油・アルコールなど火災を拡大する危険性が大きく、火災時の消火困難性の高い物質）の取扱いや立会いができる専門家が**危険物取扱者**です。

　危険物取扱者は**甲種・乙種・丙種**に分類されており、**第1類から第6類まで、6類に分かれる**すべての危険物を扱えるのが**甲種**、これら6類のうち試験に合格した類の危険物のみを扱えるのが**乙種**です。また**丙種**は、第4類のうちガソリン、灯油、軽油、重油などの指定された危険物だけを扱うことができます。

　本書で扱う**乙種第4類危険物取扱者**は、引火性液体であるガソリンや灯油などの石油類、特殊引火物、アルコール類、動植物油類を取り扱うことができる資格です。一定量以上の危険物を貯蔵・取扱う施設（化学工場、ガソリンスタンド、石油貯蔵タンク、タンクローリーなど）では、安全性確保を図る必要性から必ず危険物取扱者を置くことが義務づけられています。

受験資格

　乙種第4類危険物取扱者試験には、**国籍や性別、年齢、実務経験などといった受験資格はありません**。試験は都道府県知事の委任を受けて、一般財団法人 消防試験研究センターが実施し、各都道府県が指定する試験会場にて誰でも自由に受験することができます。

受験申請方法

　申請方法は願書の提出による**「書面申請」**とホームページから申請する**「電子申請」**があり、現住所や勤務地にかかわらず希望する都道府県で受験できます。受験

願書は**一般財団法人 消防試験研究センターが無料で配布**しています。

「書面申請」に必要な書類は、①受験願書、②受験票添付用の写真1枚(縦4.5cm×横3.5cm)、③受験料の振替払込受付証明書です。受験願書の提出は、①郵送と、②指定窓口への持込みの2通りの方法があります。

<試験手数料> **4,600円**

手続きの詳細は一般財団法人 消防試験研究センター本部・支部へ。
URL：https://www.shoubo-shiken.or.jp/
※試験手数料は、変更されることがあります。

試験内容

出題形式は筆記試験のみで、**出題は5肢択一のマークシート方式**です。**制限時間2時間**で行なわれ、以下の**3科目から35題出題**されます。合格基準は、①～③の科目ともに6割以上の正解率で、3科目合計で6割以上であっても、1科目でも6割を下回れば不合格となります。

<試験科目と出題数>

試験科目	出題数	試験時間
①危険物に関する法令	15問	2時間
②基礎的な物理学及び基礎的な化学	10問	
③危険物の性質並びにその火災予防及び消火の方法	10問	

合格発表と免状の交付申請

試験日の**約1か月後**に各都道府県の支部別に**合格発表**が行われ、受験者には合否の結果が郵便ハガキで直接通知されます。また、合格者については、一般財団法人消防試験研究センターのホームページ上にも掲示されます。

免状交付を希望する合格者は、受験した一般財団法人 消防試験研究センターで免状申請手続きを行います。申請手続き完了後、約2週間で免状が交付されます。

<免状交付手数料> **2,900円**

※免状交付手数料は、変更されることがあります。

■ 一般財団法人 消防試験研究センター本部・支部

名称	郵便番号	所在地	電話番号
本部	100-0013	東京都千代田区霞が関1-4-2 大同生命霞が関ビル19階	03-3597-0220
中央試験センター	151-0072	東京都渋谷区幡ヶ谷1-13-20	03-3460-7798
北海道支部	060-8603	札幌市中央区北5条西6-2-2 札幌センタービル12階	011-205-5371
青森県支部	030-0861	青森市長島2-1-5 みどりやビルディング4階	017-722-1902
岩手県支部	020-0015	盛岡市本町通1-9-14 JT本町通ビル5階	019-654-7006
宮城県支部	981-8577	仙台市青葉区堤通雨宮町4-17 県仙台合同庁舎5階	022-276-4840
秋田県支部	010-0001	秋田市中通6-7-9 秋田県畜産会館6階	018-836-5673
山形県支部	990-0041	山形市緑町1丁目9-30 緑町会館6階	023-631-0761
福島県支部	960-8043	福島市中町4-20 みんゆうビル2階	024-524-1474
茨城県支部	310-0852	水戸市笠原町978-25 茨城県開発公社ビル4階	029-301-1150
栃木県支部	320-0032	宇都宮市昭和1-2-16 県自治会館1階	028-624-1022
群馬県支部	371-0854	前橋市大渡町1-10-7 群馬県公社総合ビル5階	027-280-6123
埼玉県支部	330-0062	さいたま市浦和区仲町2-13-8 ほまれ会館2階	048-832-0747
千葉県支部	260-0843	千葉市中央区末広2-14-1	043-268-0381
神奈川県支部	231-0015	横浜市中区尾上町5-80 神奈川中小企業センタービル7階	045-633-5051
新潟県支部	950-0965	新潟市中央区新光町10-3 技術士センタービルII 7階	025-285-7774
富山県支部	939-8201	富山市花園町4-5-20 県防災センター2階	076-491-5565
石川県支部	920-0901	金沢市彦三町2-5-27 名鉄北陸開発ビル7階	076-264-4884
福井県支部	910-0003	福井市松本3-16-10 福井県福井合同庁舎5階	0776-21-7090
山梨県支部	400-0026	甲府市塩部2-2-15 湯村自動車学校内	055-253-0099
長野県支部	380-0837	長野市大字南長野字幅下667-6 長野県土木センター1階	026-232-0871
岐阜県支部	500-8384	岐阜市薮田南1-5-1 第2松波ビル1階	058-274-3210
静岡県支部	420-0034	静岡市葵区常磐町1-4-11 杉徳ビル4階	054-271-7140
愛知県支部	453-0016	名古屋市中区三の丸3-2-1 愛知県東大手庁舎6階	052-962-1503
三重県支部	514-0002	津市島崎町314 島崎会館1階	059-226-8930
滋賀県支部	520-0806	大津市打出浜2-1 コラボしが21 4階	077-525-2977
京都府支部	602-8054	京都市上京区出水通油小路東入丁目風呂町104-2 京都府西別館3階	075-411-0095
大阪府支部	540-0012	大阪市中央区谷町1-5-4 近畿税理士会館・大同生命ビル6階	06-6941-8430
兵庫県支部	650-0024	神戸市中央区海岸通3 シップ神戸海岸ビル14階	078-385-5799
奈良県支部	630-8115	奈良市大宮町5-2-11 奈良大宮ビル5階	0742-32-5119
和歌山県支部	640-8137	和歌山市吹上2-1-22 日赤会館6階	073-425-3369
鳥取県支部	680-0011	鳥取市東町1-271 鳥取県庁第2庁舎8階	0857-26-8389
島根県支部	690-0886	松江市母衣町55 島根県林業会館2階	0852-27-5819
岡山県支部	700-0824	岡山市北区内山下2-11-16 小山ビル4階	086-227-1530
広島県支部	730-0013	広島市中区八丁堀14-4 JEI広島八丁堀ビル9階	082-223-7474
山口県支部	753-0072	山口市大手町7-4 KRYビル5階（県庁前）	083-924-8679
徳島県支部	770-0943	徳島市中昭和町1-3 山一興業ビル4階	088-652-1199
香川県支部	760-0066	高松市福岡町2-2-2 香川県産業会館4階	087-823-2881
愛媛県支部	790-0011	松山市千舟町4-5-4 松山千舟454ビル5階	089-932-8808
高知県支部	780-0823	高知市菜園場町1-21 四国総合ビル4階401号	088-882-8286
福岡県支部	812-0034	福岡市博多区下呉服町1-15 ふくおか石油会館3階	092-282-2421
佐賀県支部	840-0826	佐賀市白山2-1-12 佐賀商工ビル4階	0952-22-5602
長崎県支部	850-0032	長崎市興善町6-5 興善町イーストビル5階	095-822-5999
熊本県支部	862-0976	熊本市中央区九品寺1-11-4 熊本県教育会館4階	096-364-5005
大分県支部	870-0034	大分市都町1-2-19 大分都町第一生命ビルディング5階	097-537-0427
宮崎県支部	880-0805	宮崎市橘通東2-7-18 大淀開発ビル4階	0985-22-0239
鹿児島県支部	890-0064	鹿児島市鴨池新町6-6 鴨池南国ビル3階	099-213-4577
沖縄県支部	900-0029	那覇市旭町116-37 自治会館6階	098-941-5201

※2024年3月8日現在の情報です。所在地、電話番号は変更されることがあります。

第1章
危険物に関する法令

この章で学ぶこと

1. 消防法上の危険物
2. 施設の区分と予防規程
3. 指定数量
4. 消火設備と警報設備
5. 製造所等の設置基準と標識・掲示板
6. 各種申請手続き
7. 措置命令と定期点検
8. 危険物取扱者制度と保安管理体制
9. 貯蔵・取扱いの基準
10. 運搬・移送の基準

第1章 危険物に関する法令

1 消防法上の危険物

「危険物」は、消防法という法律で種類や性質が細かく定められています。全体の特徴と第4類の規定を学びましょう。

ここが大切!
- 消防法が定められた目的を知る
- 第1類から第6類までの性質と、その概要を把握する
- 第4類危険物の分類と、おもな物品例を覚える

1 危険物とは何か？

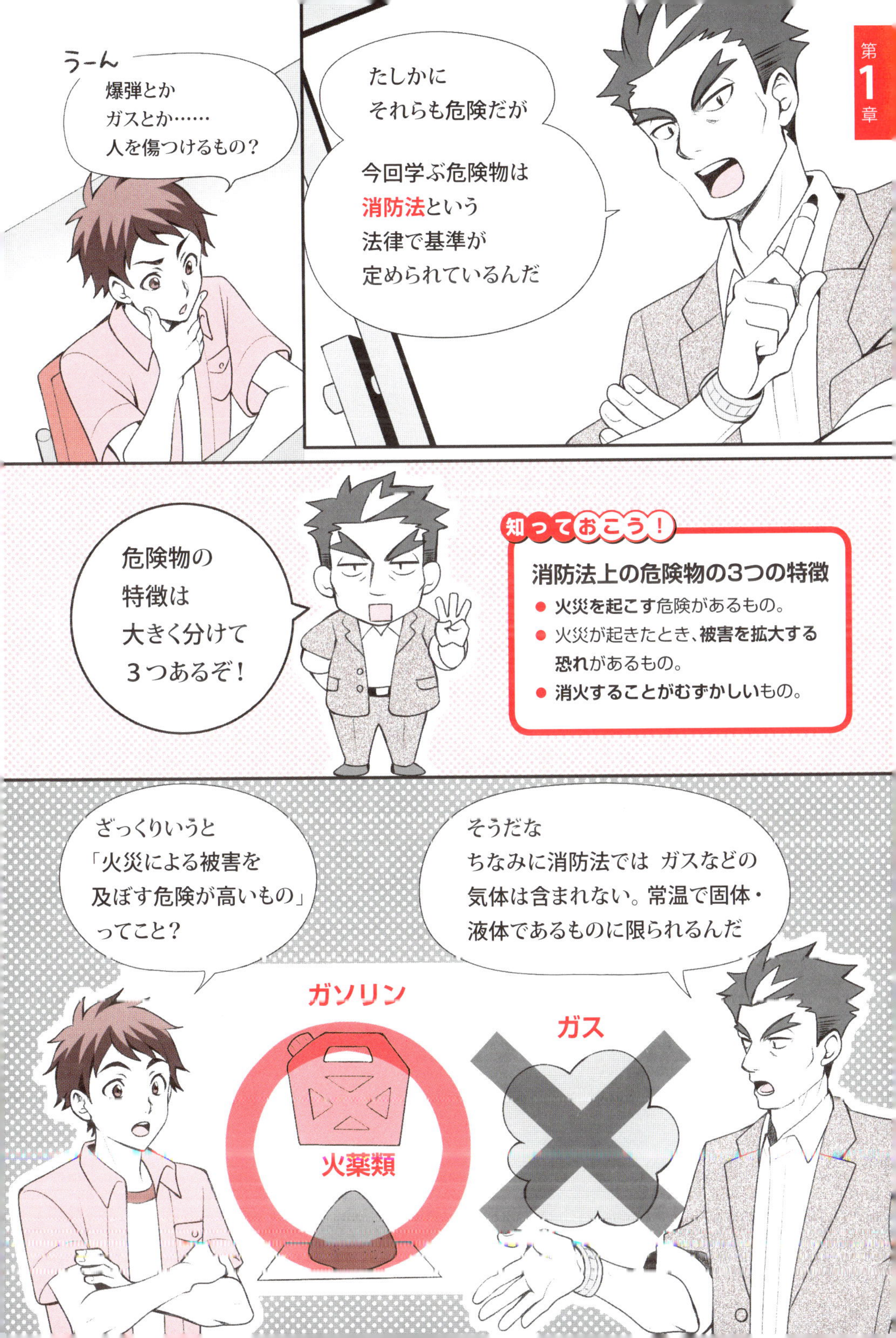

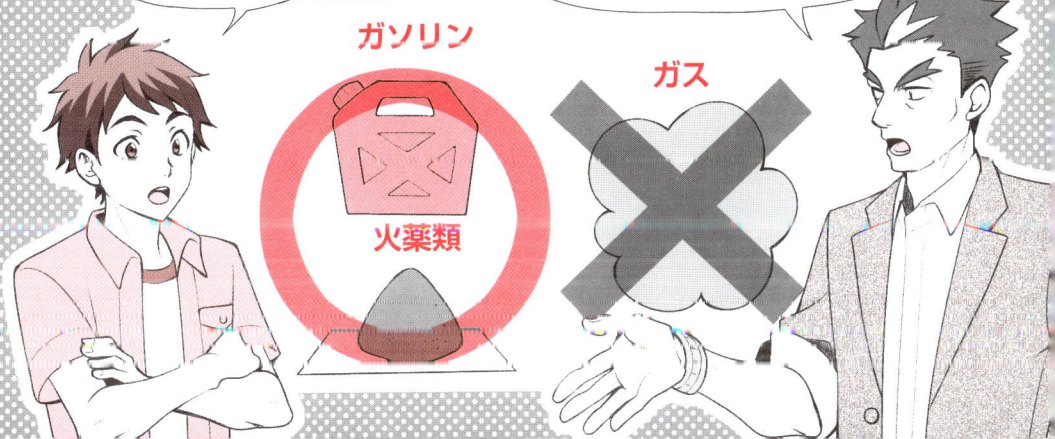

2 出る！各類の性状と品名

▶ 第1類〜第6類の危険物の種類とおもな特徴　暗記しよう

種別	種類	おもな特徴
第1類	酸化性固体	不燃性のため単独では燃えないが、**他の物質を強く酸化させる性質**を持つ。熱や衝撃、摩擦などで酸素を出して、周囲の物質に燃焼を起こさせる。
第2類	可燃性固体	火炎によって着火しやすく、40℃未満の**低温度でも引火の危険性**がある。
第3類	自然発火性物質及び禁水性物質	**固体または液体**がある。空気にさらされるだけで**自然に発火**する危険がある。また、**水と接触するだけで発火**したり、可燃性ガスを発生させる。
第4類	引火性液体	液体で、**可燃性の蒸気を発生させる。**
第5類	自己反応性物質	固体または液体がある。物質内に酸素を含んでいるため、空気がない場所でも**自ら燃焼**する。
第6類	酸化性液体	単独では燃えないが、他の可燃物と混合すると**酸素を出して燃焼を促進させる**。腐食性があり、有害ガスを発生するものが多い。

危険物にはいろいろな性質があります
消防法では それを6つに分類しています

3 よく出る!! 第4類危険物とは？

1「液体であること」
2「引火性があること」

乙種第4類はこのうち「引火性液体」だこの2つを満たすものが第4類危険物になるぞ

知っておこう！
液体の条件
第3石油類、第4石油類、動植物油類については、「常温常圧において液体であること」という条件がつく。常温とは20℃、常圧とは1気圧のこと。

▶ **第4類危険物のおもな物品例** 重要

	おもな物品
特殊引火物	ジエチルエーテル／二硫化炭素／アセトアルデヒド／酸化プロピレン など
第1石油類	ガソリン／ベンゼン／トルエン／アセトン など
アルコール類	メタノール（メチルアルコール）／エタノール（エチルアルコール）／イソプロピルアルコール など
第2石油類	灯油／軽油／酢酸／キシレン など
第3石油類	重油／クレオソート油／アニリン／グリセリン など
第4石油類	ギヤー油／シリンダー油／タービン油／マシン油 など
動植物油類	アマニ油／ヤシ油 など

具体的には次のような物品が第4類危険物に当たるからな

あの それはわかったんですが……

先に消火の方法を教えてもらってもいいですか？

もえてるし

知らん

消防法上の危険物の特徴を知ろう

出題傾向 第1〜第6類の危険物の定義や基本的な性質について、正誤を問う問題がよく出ます。また物質名を列挙し、消防法別表第1に品名として記載されているかを問う問題も多いので、よく覚えておきましょう。

1 危険物とは何か？
消防法上の危険物に気体はない

　危険物取扱者試験における**「危険物」**は、1948年にできた**「消防法」**で規定されています。そもそも消防法は、火災を予防し、火災から国民の生命や財産を守ることを目的とした法律です。そのため、石油やアルコール類など、火災発生の危険が高く、火災が起きたときに被害を大きくしたり、消火を妨げたりするものを、消防法上では「危険物」に指定しています。また、消防法上の危険物は**固体と液体だけで、気体は含まれない**ので注意しましょう。

2 各類の性状と品名
危険物は6つに分類される

　消防法では、例えば「液体で引火性がある」というように、**似かよった性状（性質や状態）を持つ物品**を「類」という単位でまとめています（→P26）。

　第1類〜第6類では、次のような物品が危険物として指定されています。

●**第1類　酸化性固体**
❶塩素酸塩類　❷過塩素酸塩類　❸無機過酸化物　❹亜塩素酸塩類　❺臭素酸塩類　❻硝酸塩類　❼ヨウ素酸塩類　❽過マンガン酸塩類　❾重クロム酸塩類　❿その他のもので政令で定めるもの　⓫❶〜❿のいずれかを含むもの

●**第2類　可燃性固体**
❶硫化りん　❷赤りん　❸硫黄　❹鉄粉　❺金属粉　❻マグネシウム　❼その他のもので政令で定めるもの　❽前各号に掲げるもので、いずれかを含むもの　❾引火性固体

●**第3類　自然発火性物質及び禁水性物質**
❶カリウム　❷ナトリウム　❸アルキルアルミニウム　❹アルキルリチウム　❺黄りん　❻アルカリ金属（カリウム及びナトリウムを除く）及びアルカリ土類金属　❼有機金属化合物（アルキルアルミニウム及びアルキルリチウムを除く）　❽金属の水素化物　❾金属のりん化物　❿カルシウムまたはアルミニウムの炭化物　⓫その他のもので政令で定めるもの　⓬❶〜⓫のいずれかを含むもの

- **第4類　引火性液体**
  ➡下図「第4類危険物の種類と性質」を参照

- **第5類　自己反応性物質**
  1有機過酸化物　**2**硝酸エステル類　**3**ニトロ化合物　**4**ニトロソ化合物　**5**アゾ化合物　**6**ジアゾ化合物　**7**ヒドラジンの誘導体　**8**ヒドロキシルアミン　**9**ヒドロキシルアミン塩類　**10**その他のもので政令で定めるもの　**11 1**～**10**のいずれかを含むもの

- **第6類　酸化性液体**
  1過塩素酸　**2**過酸化水素　**3**硝酸　**4**その他のもので政令で定めるもの　**5 1**～**4**のいずれかを含むもの

3　第4類危険物とは？

第4類危険物は引火性の液体である

「**引火性液体**」である第4類危険物には、「**液体であること**」と「**引火性があること**」の2つの共通する特徴があります。

第4類危険物に該当する危険物には、下の表で示す7種類があるので覚えておきましょう。

▶第4類危険物の種類と性質

暗記しよう

名称	定義	物質例
①特殊引火物	1気圧において、**発火点が100℃以下のもの、または引火点が－20℃以下で沸点が40℃以下のもの。**	ジエチルエーテル／二硫化炭素
②第1石油類	1気圧において、**引火点が21℃未満のもの。**	ガソリン／ベンゼン／トルエン／アセトン
③アルコール類	1分子を構成する**炭素の原子の数が1～3個までの飽和1価アルコール**（変性アルコールを含む）。組成などを勘案して総務省令で定めるものを除く。	メタノール（メチルアルコール）／エタノール（エチルアルコール）
④第2石油類	1気圧において、**引火点が21℃以上70℃未満のもの**で、塗料類その他の物品。組成などを勘案して総務省令で定めるものを除く。	灯油／軽油
⑤第3石油類	1気圧において、**引火点が70℃以上200℃未満のもの**で、塗料類その他の物品。組成などを勘案して総務省令で定めるものを除く。	重油／クレオソート油
⑥第4石油類	1気圧において、**引火点が200℃以上250℃未満のもの**で、塗料類その他の物品。組成などを勘案して総務省令で定めるものを除く。	ギヤー油／シリンダー油
⑦動植物油類	**動物の脂肉**（あぶらみ）**などまたは植物の種子もしくは果肉から抽出したもので、**1気圧において、**引火点が250℃未満のもの。**総務省令で定めるところにより貯蔵・保管されているものを除く。	ヤシ油／アマニ油

第1章 危険物に関する法令

2 施設の区分と予防規程

危険物の施設は、目的に応じていくつかの種類に分けられます。また施設によっては、災害を防止するため予防規程が必要です。

ここが大切!
- 危険物施設の区分と施設名を覚える
- 予防規程に定めなければいけない事項を覚える
- 予防規程が必要な施設名を覚える

1 危険物の施設の区分（ふつう）

実は危険物を扱う施設は目的によって3つに分類できる

これらをまとめて**製造所等**と呼ぶんだ

▶ 製造所等の分類

製造所	危険物を製造する施設のこと。
貯蔵所	危険物をタンクやドラム缶などに入れ貯蔵する施設のこと。
取扱所	危険物をタンクなどから移し替えたり、移送したり、販売したりする施設のこと。

▶ 製造所等の施設の区分

区分		内容
製造所（1つ）		指定数量（→P38）以上の危険物を製造する施設（例 化学プラントなど）。
貯蔵所（7つ）	屋内貯蔵所	建物の中で容器入りの危険物を貯蔵する施設。
	屋外タンク貯蔵所	屋外に設置してあるタンクで危険物を貯蔵する施設（例 石油タンクなど）。
	屋内タンク貯蔵所	屋内に設置してあるタンクで危険物を貯蔵する施設。
	地下タンク貯蔵所	地盤面下（地中）に埋めたタンクで危険物を貯蔵する施設。
	簡易タンク貯蔵所	600ℓ以下の小規模なタンクで危険物を貯蔵する施設。
	移動タンク貯蔵所	車両に固定されたタンクで危険物を貯蔵する施設（例 タンクローリーなど）。
	屋外貯蔵所	屋外で第2類危険物の一部、または第4類危険物の一部を貯蔵する施設。
取扱所（4つ）	給油取扱所	自動車などに燃料となる危険物を給油する施設（例 ガソリンスタンド）。
	販売取扱所	容器に入ったまま危険物を販売する施設。
	移送取扱所	配管やポンプなどで危険物を移送する施設（例 パイプラインなど）。
	一般取扱所	上記3つの取扱所以外で危険物を取扱う施設（例 ボイラー施設、吹付塗装工場など）。

2 出る！製造所等の予防規程

危険物は環境の影響を受けやすい非常に繊細なものなんだ

だから扱う施設ごとに細かく*保安基準を設ける必要がある

用語 ▶▶ *保安基準
施設などの安全を確保するための基準のこと。

でも何で施設ごとにこんなに細かく分ける必要があるんだろ？

このように製造所等の形態に応じて定める保安基準のことを*予防規程というぞ

用語 ▶▶ *予防規程
火災予防のために、製造所等の所有者等が自主的に定める施設の安全管理基準のこと。

でも すべての施設に予防規程が必要ってわけでもないんですよ

そうなんですか？

対象となる施設は7種類。ただし 危険物の量によって対象になるかどうかは分かれます

▶ 予防規程が必要な製造所等

■危険物の量により必要な施設（※指定数量➡P41）

製造所	一般取扱所	屋外貯蔵所
対象	対象	対象
指定数量の倍数が10以上	指定数量の倍数が10以上	指定数量の倍数が100以上

屋内貯蔵所	屋外タンク貯蔵所
対象	対象
指定数量の倍数が150以上	指定数量の倍数が200以上

■「必ず」必要な施設

給油取扱所
対象
すべて

移送取扱所
対象
すべて

こっちの指定数量はすべてかぁ

それから
製造所等の所有者等は予防規程を作るだけじゃだめだ

市町村長等に申請して *認可を受けなければならない

【用語】▶▶ *認可
行政機関市町村などが第3者の行為を認めることにより、法律上の効力が有効になること。

認可が下りなかったらどうすれば？

そのときは

認可が下りた施設の予防規程をコピーさせてもらえばいいんじゃなーい？

ホイッ

うそうそっ 冗談ですから！

33

製造所等の種類と予防規程について知る

出題傾向

予防規程の作成者や、定めなければならない施設を選ばせる問題がよく出題されます。予防規程が必要な施設数や事項などの内容をしっかりと覚えましょう。

1 危険物の施設の区分

危険物の施設は製造所・貯蔵所・取扱所

　危険物を扱う施設は、「危険物を扱う目的」によって、大きく**「製造所」「貯蔵所」「取扱所」の３つ**に分類されます。

　法令（危険物の規制に関する政令）では、これら３つの施設をまとめて**「製造所等」**と呼びます。単に「製造所」という場合は製造所だけを指し、「製造所等」という場合は**３種類の施設すべてを指す**ことになるので、違いに注意するようにしましょう。

▶ 危険物の施設（製造所等）の分類

製造所	危険物を「製造」する施設。 製造所は１種類しかない。化学プラントやコンビナートなど、施設の規模が大きく事故が起こると大災害になりやすいため、他の危険物施設に比べ危険度も高い。	
貯蔵所	危険物を「貯蔵」する施設。 危険物は、タンクやドラム缶など容器に入れて貯蔵される。貯蔵所は、屋内か屋外のどちらで貯蔵するのか、またタンクを利用するかしないかによって、７種類に分けられる。	
取扱所	危険物を「取扱う」施設。 タンクなどから他の容器に危険物を移し替えたり、移送したり、販売したりする作業が行われる。取扱所は、取扱の方法によって４種類に分けられる。	

❷ 製造所等の予防規程

予防規程は所有者・管理者・占有者が定める

　予防規程とは、製造所等が火災などの災害を引き起こさないように、施設ごとに**自主的に作成しなければならない保安規程（安全基準）**のことです。ただし自主的にとはいっても、予防規程に盛り込まなければならない内容はあらかじめ決められています。

　予防規程は、**製造所等の所有者、管理者、占有者のいずれかの者が作成する必要があります**。予防規程を新たに作成したときや予防規程を変更したときは、**市町村長等の認可**を受けなければなりません。この認可を受けて、はじめて予防規程は法的に有効となります。

　また、製造所等の経営者、従業者等は、**一度定めた予防規程を守ること**が義務づけられています。もし破った場合は、罰則を受けることがあります。

　また、製造所等で予防規程を作成しなかった、または認可を受ける前に営業を開始した場合なども、同様に罰則の対象となります。

　ただし、すべての製造所等に予防規程が必要なわけではありません。予防規程が必要なのは**「製造所」「屋外貯蔵所」「屋内貯蔵所」「屋外タンク貯蔵所」「給油取扱所」「移送取扱所」「一般取扱所」の7つの施設**です。

　なお、この中でも例外的に一部の施設については除きます。

▶ 予防規程に定めなければならないおもな事項　【重要】

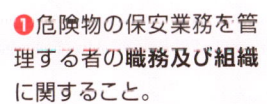

❶危険物の保安業務を管理する者の**職務及び組織**に関すること。

❷**危険物保安監督者**(➡P96)がその職務を行うことができない場合の**職務代行者**に関すること。

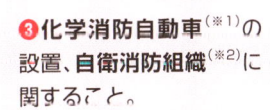

❸**化学消防自動車**(※1)の設置、**自衛消防組織**(※2)に関すること。

❹危険物の保安のための巡視、**点検**及び**検査**に関すること。

❺危険物施設の**運転**または**操作**に関すること。

❻危険物の**取扱作業**の基準に関すること。

❼災害その他の非常の場合に取るべき**措置**に関すること。

❽危険物の**保安に関する記録**に関すること。

など

（※1）水による消火が困難な石油コンビナートなどの危険物火災に対応する消防車。泡消火剤や粉末消火剤などを放射して消火する。

（※2）事業所の従業員で構成された自衛の消防組織。一定規模の事業所に設置が義務づけられている。

得点力UPテスト❶

問題 1 消防法上の危険物は固体と気体だけで、液体は含まれない。

問題 2 消防法上の危険物は、性質により、第1類から第5類に分類されている。

問題 3 第1類危険物に共通する性質は「酸化性固体」である。

問題 4 第4類危険物は、6種類に区分される。

問題 5 第4類危険物の性質の特徴は、「固体」で「可燃性」である。

問題 6 ガソリンは第2石油類に相当する。

問題 7 シリンダー油は第3石油類に相当する。

問題 8 特殊引火物とは、1気圧において発火点が200℃以下のものまたは引火点が－20℃以下で沸点が40℃以下のものをいう。

問題 9 動植物油類とは、動物の脂肉または植物の種子もしくは果肉から抽出したものであって、1気圧において引火点が250℃未満のものをいう。

問題 10 アルコール類とは、1分子を構成する炭素の原子の数が2～4個までの飽和一価アルコール（変性アルコールを含む）をいい、組成などを勘案して総務省令で定めるものを除く。

問題 11 製造所等には、大きく分けて製造所、貯蔵所、取扱所の3種類の施設がある。

問題 12 製造所は1施設、貯蔵所は5施設、取扱所は、4施設に区分される。

問題 13 地下タンク貯蔵所とは、地盤面下に埋没されているタンクにおいて、危険物を貯蔵し、または取扱う貯蔵所である。

2 製造所等の予防規程

予防規程は所有者・管理者・占有者が定める

予防規程とは、製造所等が火災などの災害を引き起こさないように、施設ごとに**自主的に作成しなければならない保安規程（安全基準）**のことです。ただし自主的にとはいっても、予防規程に盛り込まなければならない内容はあらかじめ決められています。

予防規程は、**製造所等の所有者、管理者、占有者のいずれかの者が作成する必要があります**。予防規程を新たに作成したときや予防規程を変更したときは、**市町村長等の認可**を受けなければなりません。この認可を受けて、はじめて予防規程は法的に有効となります。

また、製造所等の経営者、従業者等は、**一度定めた予防規程を守ること**が義務づけられています。もし破った場合は、罰則を受けることがあります。

また、製造所等で予防規程を作成しなかった、または認可を受ける前に営業を開始した場合なども、同様に罰則の対象となります。

ただし、すべての製造所等に予防規程が必要なわけではありません。予防規程が必要なのは**「製造所」「屋外貯蔵所」「屋内貯蔵所」「屋外タンク貯蔵所」「給油取扱所」「移送取扱所」「一般取扱所」の7つの施設**です。

なお、この中でも例外的に一部の施設については除きます。

▶ 予防規程に定めなければならないおもな事項 【重要】

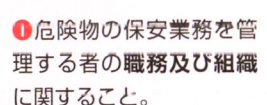

❶ 危険物の保安業務を管理する者の**職務及び組織**に関すること。

❷ 危険物保安監督者（→P96）がその職務を行うことができない場合の**職務代行者**に関すること。

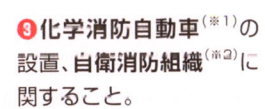

❸ **化学消防自動車**(※1)の設置、**自衛消防組織**(※2)に関すること。

❹ 危険物の保安のための巡視、**点検**及び**検査**に関すること。

❺ 危険物施設の**運転**または**操作**に関すること。

❻ 危険物の**取扱作業**の基準に関すること。

❼ 災害その他の**非常の場合に取るべき措置**に関すること。

❽ 危険物の**保安に関する記録**に関すること。

など

(※1) 水による消火が困難な石油コンビナートなどの危険物火災に対応する消防車。泡消火剤や粉末消火剤などを放射して消火する。
(※2) 事業所の従業員で構成された自衛の消防組織。一定規模の事業所に設置が義務づけられている。

得点力UPテスト❶

問題1 消防法上の危険物は固体と気体だけで、液体は含まれない。

問題2 消防法上の危険物は、性質により、第1類から第5類に分類されている。

問題3 第1類危険物に共通する性質は「酸化性固体」である。

問題4 第4類危険物は、6種類に区分される。

問題5 第4類危険物の性質の特徴は、「固体」で「可燃性」である。

問題6 ガソリンは第2石油類に相当する。

問題7 シリンダー油は第3石油類に相当する。

問題8 特殊引火物とは、1気圧において発火点が200℃以下のものまたは引火点が－20℃以下で沸点が40℃以下のものをいう。

問題9 動植物油類とは、動物の脂肉または植物の種子もしくは果肉から抽出したものであって、1気圧において引火点が250℃未満のものをいう。

問題10 アルコール類とは、1分子を構成する炭素の原子の数が2～4個までの飽和一価アルコール（変性アルコールを含む）をいい、組成などを勘案して総務省令で定めるものを除く。

問題11 製造所等には、大きく分けて製造所、貯蔵所、取扱所の3種類の施設がある。

問題12 製造所は1施設、貯蔵所は5施設、取扱所は、4施設に区分される。

問題13 地下タンク貯蔵所とは、地盤面下に埋没されているタンクにおいて、危険物を貯蔵し、または取扱う貯蔵所である。

問題14 移動タンク貯蔵所とは、鉄道の車両に固定されたタンクにおいて、危険物を貯蔵し、または取扱う貯蔵所である。

問題15 一般取扱所とは、店舗において容器入りのままで販売するため危険物を取扱う施設をいう。

問題16 予防規程は、危険物保安監督者が定めなければならない。

問題17 予防規程を新たに作成または変更したときは、市町村長等の許可を受けなければならない。

問題18 製造所等の所有者及び従業者は、危険物取扱者でなくても予防規程を守らなければならない。

問題19 予防規程は、所有者等が自ら必要とする事を独自に定めてよい。

問題20 指定数量の倍数によって予防規程を定めなければならない製造所等は、製造所、地下タンク貯蔵所、移動タンク貯蔵所、販売取扱所の4施設である。

【解答欄】 ※解答は○か×で記入してください。

問題1 [　　]	問題8 [　　]	問題15 [　　]
問題2 [　　]	問題9 [　　]	問題16 [　　]
問題3 [　　]	問題10 [　　]	問題17 [　　]
問題4 [　　]	問題11 [　　]	問題18 [　　]
問題5 [　　]	問題12 [　　]	問題19 [　　]
問題6 [　　]	問題13 [　　]	問題20 [　　]
問題7 [　　]	問題14 [　　]	➡答えは118ページ

第1章 危険物に関する法令

3 指定数量

指定数量は、危険物の危険度を測る数値のことで、試験にも頻出です。意味や計算方法をしっかり学びましょう。

ここが大切!
- 指定数量の意味を理解する
- 第4類危険物の指定数量を覚える
- 指定数量の倍数計算の方法を理解する

1 指定数量とは何か（ふつう）

「みんなの中で石油ファンヒーターを使ったことがある人はいるか?」

「いえ……」

「実家のじいちゃんが昔使ってたかな……」

「では乙幡のじいさんは危険物取扱者の資格を持っていたか?」

「そういえば灯油は危険物なのになんで資格を持っていない人でも扱えるんだ?」

「気づいたようだな。危険物について知る上では「種類」以外に「量」も大切な基準になってくる」

この基準となる量のことを *指定数量と呼ぶ

用語 ▶▶ *指定数量
危険物を取扱う際に、消防法の適用を受けるか否かの判断基準となる基準量のこと。

第1章

危険物の量が増えれば災害を招きやすい

← 低　危険度　高 →

そのため一定量以上を扱うときは消防法の規制対象になるんだ

② よく出る!! 乙種第4類危険物の指定数量

▶ 第4類危険物の指定数量　♪暗記しよう

乙種第4類の指定数量はこのとおりです!

品　名	性　質	物質名	指定数量(ℓ)
特殊引火物	—	**ジエチルエーテル**、**二硫化炭素**、**アセトアルデヒド**、**酸化プロピレン** など	50
第1石油類	非水溶性	**ガソリン**、**ベンゼン**、**トルエン**、**酢酸エチル** など	200
	水溶性	**アセトン**、ピリジン など	400
アルコール類	水溶性	**メタノール**、**エタノール**、n-プロピルアルコール、イソプロピルアルコール など	400
第2石油類	非水溶性	**灯油**、**軽油**、クロロベンゼン、キシレン、n-ブチルアルコール など	1,000
	水溶性	**酢酸**、プロピオン酸、アクリル酸 など	2,000
第3石油類	非水溶性	**重油**、クレオソート油、アニリン、ニトロベンゼン など	2,000
	水溶性	エチレングリコール、グリセリン など	4,000
第4石油類	非水溶性	ギヤー油、シリンダー油、タービン油、マシン油 など	6,000
動植物油類	非水溶性	ヤシ油、アマニ油 など	10,000

特に赤字で示した物質名の指定数量は試験によく出るからしっかりと覚えておいてくれよ!

種類によって数量に差があるのはなぜなの?

危険度に差があるからだ。危険度が高いものほどわずかな量でも災害を招きやすいから指定数量も少なくなる

ちなみに同じ種類でも、水溶性か非水溶性かによって危険度が変わってきます

なので指定数量も違うんですよ!

③ よく出る!! 指定数量の倍数計算

指定数量は覚えるだけではダメだ！どれだけの量の危険物を貯蔵・取り扱っているかで規制の方法も変わってくる

例えば400ℓのガソリンを貯蔵していたとする これは指定数量の何倍だ？

ガソリンの指定数量が200ℓだから2倍ね！かんたーん♥

→数学得意

そこで必要になるのが指定数量の**倍数計算**だ

▶ 暗記しよう
▶ **危険物が1種類のときの倍数計算**

$$\frac{危険物の貯蔵量}{危険物の指定数量} = 指定数量の倍数$$

そのとおり！ではガソリン600ℓと灯油2,000ℓを貯蔵していた場合は？

えっと…ガソリンは3倍で灯油は2倍だから……あれ？

うむ。この場合 製造所等で扱っている危険物の指定数量の倍数は「3＋2＝5倍」となる 危険物が複数あるときは「それぞれ割ってぜんぶ足す」と覚えておくんだ

えっとこっちが2でこっちが3で……

▶ **危険物が2種類以上（A・B・C）のときの倍数計算**

$$\frac{危険物Aの貯蔵量}{危険物Aの指定数量} + \frac{危険物Bの貯蔵量}{危険物Bの指定数量} + \frac{危険物Cの貯蔵量}{危険物Cの指定数量} = 指定数量の倍数$$

もっとよく知ろう！ 指定数量の意味と倍数の計算方法を学ぼう

出題傾向

第4類危険物の指定数量は、物品ごとにすべて暗記しておきましょう。また、実際に指定数量の倍数を計算させる問題も出ます。危険物が複数ある場合の倍数計算の方法を理解しておきましょう。

1 指定数量とは何か
危険物は指定数量により規制を受ける

例えばマッチやライター、石油ファンヒーターの灯油など、消防法上で指定されている危険物は、身のまわりにもたくさんあります。

しかし、そのすべてが危険物取扱者でなければ扱えないわけではありません。消防法で規制の対象となるのは、**扱う危険物がある一定の量を超えた場合のみ**です。その基準となる量のことを**「指定数量」**といいます。

少しむずかしい言い方になりますが、指定数量とは「危険物についてその危険性を勘案して政令で定める数量」（消防法第9条の4）と規定され、危険物を取扱う際に消防法の適用を受けるか否かの判断基準となる「基準量」のことをいいます。

例えばアルコール類なら400ℓ、第4石油類なら6,000ℓと指定数量が決められています。これ以上の量は、法律の規制が必要になるほど危険であるとみなされ、**消防法で定められた要件**を満たさなければ扱うことができません。

では具体的に、どのような要件を満た

す必要があるのでしょうか。

まず、**「指定数量以上」**の危険物は、消防法による規制を受け、原則「製造所・貯蔵所・取扱所以外での貯蔵・取扱いをしてはならない」とされています。また取扱う場合は、危険物取扱者の立会いが必要です。

また、指定数量に達していない場合でも、自由に危険物を扱えるわけではありません。**「指定数量未満」**の量の危険物を扱う場合は、消防法ではなく市町村条例の規制を受け、危険物取扱者の立会いが必要です。

このように指定数量によって、規制する法律や扱う上での要件が変わることを知っておきましょう。

> 危険物を覚える上で**指定数量**は**ハズせない**重要なキーワードだ

2 乙種第4類危険物の指定数量

指定数量の数値が小さいものほど危険度大

　指定数量は、消防法第9条の4で「危険性を勘案して法令で定める」とされています。つまり、その危険物の**「危険度」**に応じて決められています。

　第4類危険物の指定数量は39ページの表のとおりです。表を見ると、一番上の特殊引火物の指定数量は50ℓで一番少なく、一番下の動植物油類は10,000ℓで一番多いことがわかります。これは第4類危険物の中で、**特殊引火物の危険度が最も高く**、反対に**動植物油類は危険度が最も低い**ことを意味します。

　つまり危険度の高い物品ほど、少ない量でも大きな災害を招きやすいため、**指定数量も少なく設定されている**のです。また、同じ種類の危険物でも水溶性と非水溶性に分かれる場合は、**水溶性のほうが危険度が低くなる**ため、指定数量は2倍になります。

▶ 危険度と指定数量の関係

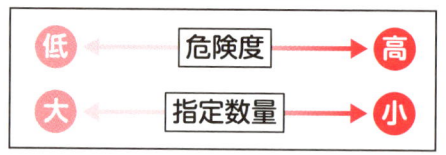

低 ←	危険度	→ 高
大 ←	指定数量	→ 小

3 指定数量の倍数計算

倍数計算は危険物の数量を指定数量で割り算する

　製造所等で危険物を貯蔵・取扱いする場合、その危険物が**指定数量の何倍であるか**によって、規制の厳しさが変わります。そのため指定数量の**「倍数」**の計算方法を知らなければなりません。

　単に指定数量という場合は、「指定数量の1倍」という意味です。

　例えばアルコール類なら、取扱う量が400ℓ以上の場合は「指定数量以上」、800ℓ以上の場合は「指定数量の2倍以上」と表わされます。

　一方で、製造所等で取扱う危険物の種類は1種類とは限りません。複数の危険物を取扱う場合は、**各危険物の指定数量の倍数を足し算する**必要があります。

　具体的な計算方法は、右ページのとおりです。

　これを消防法第10条では、「別表に掲げる品名または指定数量を異にする2以上の危険物を同一の場所で貯蔵し、または取扱う場合において、当該貯蔵または取扱いにかかわるそれぞれの危険物の数量を当該危険物の指定数量で除し、その商の和が1以上になるときは、当該場所は、指定数量以上の危険物を貯蔵し、または取扱っているものとみなす」と定めています。

▶ **指定数量の倍数計算の方法**

●同じ場所で1種類の危険物を貯蔵・取扱いする場合

問 ガソリン1,000ℓを同じ場所で貯蔵する場合、指定数量の倍数は何倍になるか？

解 ガソリンの指定数量は200ℓなので、以下のとおりとなる。

$$\frac{\text{貯蔵量} \to 1,000}{\text{指定数量} \to 200} = \textbf{5倍} \leftarrow \text{指定数量の倍数}$$

●同じ場所で2種類以上の危険物を貯蔵・取扱いする場合

問 ガソリン800ℓ、軽油500ℓ、重油2,000ℓを同じ場所で貯蔵する場合、指定数量の倍数は何倍になるか？

解 ガソリンの指定数量は200ℓ、軽油は1,000ℓ、重油は2,000ℓなので、以下のとおりとなる。

$$\frac{800}{200}\text{（ガソリン 危険物A）} + \frac{500}{1,000}\text{（軽油 危険物B）} + \frac{2,000}{2,000}\text{（重油 危険物C）}$$

$$= 4 + 0.5 + 1 = \textbf{5.5倍}$$

（危険物Aの倍数 ＋ 危険物Bの倍数 ＋ 危険物Cの倍数 ＝ 指定数量の倍数）

※複数の危険物を貯蔵・取扱いする場合、1つひとつの危険物が指定数量未満でも、合計で1以上になる場合は、消防法の規制の対象になる。

こう覚えよう！
「**倍数はそれぞれ割ってぜんぶ足す**」

ここまでのおさらい 得点力UPテスト❷

問題1 指定数量を超える危険物を貯蔵、取扱う場合は、消防法の規制対象となる。

問題2 指定数量を超える危険物は、原則的に製造所等以外で扱うことはできない。

問題3 指定数量の数値が大きくなるほど、危険物の危険度も高くなる。

問題4 ガソリンの指定数量は、200ℓである。

問題5 ジエチルエーテルの指定数量は、100ℓである。

問題6 灯油、軽油は水溶性で、指定数量は2,000ℓである。

問題7 特殊引火物の指定数量は、第4類の危険物の中で最も少ない量である。

問題8 第3石油類の水溶性液体と、第4石油類の指定数量は、同一である。

問題9 第1石油類、第2石油類及び第3石油類は、各類とも水溶性液体の指定数量は、非水溶性液体の2倍である。

問題10 第1石油類の水溶性液体とアルコール類の指定数量は、同一である。

問題11 指定数量の異なる危険物A、B及びCを同一の貯蔵所で貯蔵する場合の指定数量の倍数は、A、B及びCのそれぞれの貯蔵量を、A、B及びCの指定数量の平均値で除して得た値の和である。

問題12 動植物油類の指定数量は、10,000ℓである。

問題13 第2石油類と第3石油類は、指定数量が同一のものがある。

問題14 第4石油類と動植物油類とは、指定数量が同一である。

問題 15 特殊引火物と第1石油類では、指定数量が同じものはない。

問題 16 指定数量未満の危険物を貯蔵、取り扱う場合の規制は、とくにない。

問題 17 メタノール200ℓ、ガソリン100ℓを貯蔵する場合、指定数量には達しない。

問題 18 重油4,000ℓを貯蔵するよりジエチルエーテル600ℓを貯蔵するほうが、指定数量の倍数は大きい。

問題 19 同一場所で重油1,000ℓ、軽油1,000ℓ、ガソリン300ℓ、灯油500ℓを貯蔵する場合、指定数量の倍数の合計は、4.5である。

問題 20 製造所等において、1本200ℓ入るドラム缶で、重油をドラム缶3本、灯油をドラム缶1本貯蔵している場合、これにガソリンを90ℓ貯蔵すれば指定数量に達する。

【解答欄】 ※解答は○か×で記入してください。

問題1 [ ]	問題8 [ ]	問題15 [ ]
問題2 [ ]	問題9 [ ]	問題16 [ ]
問題3 [ ]	問題10 [ ]	問題17 [ ]
問題4 [ ]	問題11 [ ]	問題18 [ ]
問題5 [ ]	問題12 [ ]	問題19 [ ]
問題6 [ ]	問題13 [ ]	問題20 [ ]
問題7 [ ]	問題14 [ ]	➡答えは118ページ

第1章 危険物に関する法令

4 消火設備と警報設備

消火設備や警報設備にはいくつか種類があります。また、「所要単位」「能力単位」によって、施設に必要な消火設備が決められます。

ここが大切！
- 消火設備と警報設備の種類を覚える
- それぞれの消火設備の特徴を覚える
- 「所要単位」と「能力単位」の意味を理解する

1 消火設備の区分と種類 出る！

みなさん 想像してください。もし危険物の扱いを誤ったらどうなるか……

どうじたんだ

火災が起こったらまず何をする？

消防車を呼ぶか……ボヤくらいなら消火器を使います

今どきの施設なら勝手にスプリンクラー作動するでしょ？

みんなは一様に消火器というが実は消火設備は大きく5種類に分けられるんだ

▶ 消火設備の種類

区分	品名
第1種消火設備	屋内消火栓設備、屋外消火栓設備
第2種消火設備	スプリンクラー設備
第3種消火設備	水蒸気消火設備、水噴霧消火設備、泡消火設備、二酸化炭素消火設備、ハロゲン化物消火設備、粉末消火設備
第4種消火設備	大型消火器
第5種消火設備	小型消火器、乾燥砂、膨張ひる石、膨張真珠岩、水バケツ、水槽

第1章

～え どうしてそんなに種類があるの？

危険物の種類によって適切な消火方法が違うからだ 例えば木炭と油でも違うだろ？

ちなみに乙種第4類の火災に適応する消火設備は**第3種～第5種**です！

つまり危険物の種類に応じて消火設備を設置すればいいってこと？

いや それだけではない

そうです！どの消火設備を設置するかは危険物の種類だけでなく

ガソリンスタンドと石油コンビナート火災になったときどちらが消火に時間がかかると思いますか？

や やっぱり石油コンビナートですかね……大きいし

製造所等の規模や形態 指定数量の倍数によっても定められているんです！

この基準を**消火の困難性**というぞ

▶ 消火の困難性と消火設備

区 分	品 名
著しく消火が困難な製造所等	（第1種、第2種、第3種の消火設備のいずれか1つ）＋ 第4種 ＋ 第5種
消火が困難な製造所等	第4種 ＋ 第5種
その他の製造所等	第5種

② 所要単位と能力単位

消火設備の種類はわかったけど何をどのくらい置けばいいのかな？

たしかに第5種だけでもいろんな種類があるしガソリンスタンドに消火器1本ってのもダメねぇ

そのとおり
そこで目安となるのが *所要単位と *能力単位だ

用語 ▶▶ *所要単位
製造所等の規模や取扱う危険物に応じて、「どのくらいの消火能力を持つ消火設備を設置しなければならないか」を表わす指標。

用語 ▶▶ *能力単位
消火設備の消火能力を表わす指標。

注目したいのが 建築物の構造だ。
同じ施設でも 耐火構造かそうでないかで火のまわり方も違う。
そこで必要な能力単位も変わってくるぞ

知っておこう！

▶ 所要単位の基準

製造所等の構造及び危険物		1 所要単位当たりの数値
製造所・取扱所	耐火構造	延べ面積 100㎡
	不燃材料	延べ面積 50㎡
貯蔵所	耐火構造	延べ面積 150㎡
	不燃材料	延べ面積 75㎡
屋外の製造所等		外壁を耐火構造とし、水平最大面積を建坪とする建築物とみなして算定する
危険物		指定数量の10倍

例） 耐火構造で延べ面積が600㎡、指定数量の300倍の危険物を扱う製造所の場合。

計算①：600㎡÷100㎡＝6　　**計算②**：300倍÷10倍＝30

従って、能力単位の合計が「36」以上になるように消火設備をそろえる。

※能力単位の数値は、消防法によって消火設備ごとに割り振られている。

3 警報設備と避難設備

用語 ▶▶ *警報設備
火災や危険物流出などの事故が発生した場合に、従業員などにすばやく知らせる設備。消火作業または避難を迅速に行うことができる。

用語 ▶▶ *避難設備
火災時に避難する方向をわかりやすく示すための設備。

それと火災の発生を知らせる*警報設備や逃げるための*避難設備も大切になります！

消火設備と同じく警報設備にも5種類ある

知っておこう！ 暗記しよう

警報設備の種類は5つ
- 自動火災報知設備
- 拡声装置
- 消防機関に報知ができる電話
- 警鐘
- 非常ベル装置

一方で避難設備（誘導灯）の設置義務があるのは特定の給油取扱所だけなんです！

警報設備は指定数量の10倍以上の危険物を貯蔵・取扱う製造所等に設置義務があるぞ。**ただし 移動タンク貯蔵所は除く**から覚えておけよ！

明日は実際に製造所等を見てまわる。朝7時に正門前に集合な

えーっ そんなの聞いてないわ！

…では本日の授業は以上だ

いいですか〜おやつは300円までですよー♪

何か勘違いしてないか……？

もっとよく知ろう！

消火設備と警報・避難設備の設置基準を学ぼう

出題傾向

各消火設備が第何種に該当するかを問う問題が頻出しています。また、所要単位を決める面積値や危険物の倍数も覚えましょう。警報・避難設備は、どのような種類があるかを問う問題がよく出ます。

1 消火設備の区分と種類

消火設備の区分は5種類

消火設備とは、製造所等の事故などにより発生した**火災を消火するための設備のこと**です。すべての製造所等に、消火設備の設置が義務づけられています。

消火設備は、**第1種～第5種までの5つ**に分けられます（→P46）。これは固体か液体かなど、扱う危険物の種類（性状）によって、有効な消火設備が異なるためです。**第4類危険物に適応する消火設備は、第3種～第5種**になります（→下表）。

製造所等に必要な消火設備の種類は、**「消火の困難性」**によって決められます（→P47）。消火の困難性とは、その施設で火災が発生した場合、鎮火するまでにどれだけの時間や労力を必要とするか、ということです。

施設が大きく、扱う危険物の種類や量が多いほど消火は困難になるため、**設置しなければならない消火設備の種類も増える**ことになります。

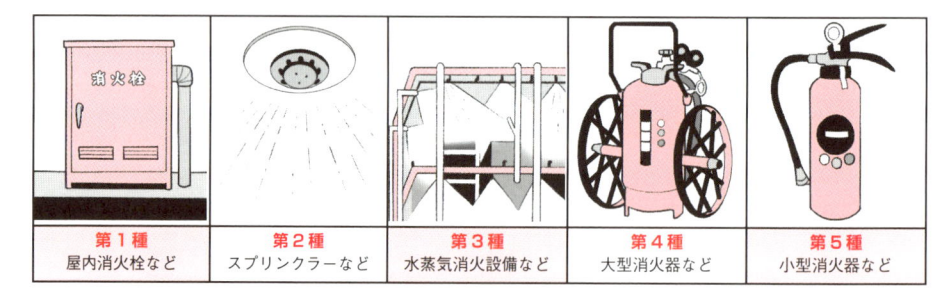

第1種	第2種	第3種	第4種	第5種
屋内消火栓など	スプリンクラーなど	水蒸気消火設備など	大型消火器など	小型消火器など

▶ 第4類危険物の火災に適応する消火設備

区　分	適　応
第3種消火設備	すべての火災（ただし、粉末消火器の一部を除く）
第4種または第5種消火設備	すべての火災（ただし、棒状の水、霧状の水、棒状の強化液を放射する消火器と消火粉末を放射する消火器の一部を除く）
第5種消火設備	すべての火災（ただし、水バケツまたは水槽を除く）

❷ 所要単位と能力単位

危険物は指定数量の10倍が1所要単位

製造所等にどれくらいの数の消火設備を設置しなければならないかは、**「所要単位」と「能力単位」によって決められます**(→P48)。

所要単位と能力単位は対応関係にあり、所要単位が大きくなるほど必要になる能力単位も増える、つまり設置しなければならない消火設備の数を増やしたり、性能をよくしなければなりません。

各施設の所要単位の大きさを決める要素には、次の4つがあります。

- 施設の種類
- 施設の構造
- 施設の面積
- 貯蔵・取扱う危険物の量

例えば同じ種類、同じ大きさの施設でも、燃えやすい構造で貯蔵・取扱う危険物の数量が多ければ、そうでない施設よりも所要単位が大きくなり、多くの消火設備が必要になります。

ただし例外的に、構造や面積、指定数量に関係なく、必要な消火設備が定められている施設もありますので注意しましょう。

▶ **所要単位の例外施設**

> ❶地下タンク貯蔵所には必ず第5種消火設備を2個以上設置する。
>
> ❷移動タンク貯蔵所には自動車用消火器のうち、粉末消火器またはその他の消火器を2個以上設置する。

❸ 警報設備と避難設備

警報設備は指定数量が10倍以上の製造所等に必要

指定数量の10倍以上の危険物を貯蔵し、または取扱う製造所等は、火災や危険物の流出などの事故が発生したときに、いち早く従業員などに危険を知らせるため、警報設備の設置が義務づけられています(**ただし移動タンク貯蔵所は除く**)。警報設備は、**自動火災報知設備、非常ベル、消防機関に報知できる電話、警鐘、拡声装置**の5種類に分けられます。

一方で避難設備は、火災などが発生したときに、従業員だけでなく一般客が素早く避難できるように設けるものです。

避難設備は、特定の給油取扱所のみに設置が義務づけられており、下図のような誘導灯を設置します。

▶ **警報・避難設備の例**

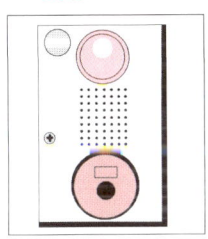

非常ベル　　　　避難誘導灯

第1章 危険物に関する法令

5 製造所等の設置基準と標識・掲示板

製造所等は、安全を確保するために、設置の基準が施設ごとに細かく決められています。位置・構造・設備の3つの点から学習しましょう。

ここが大切!!
- 保安距離と保有空地の意味と、必要な施設を覚える
- 製造所等の位置・構造・設備の基準を知る
- 標識・掲示板の表示ルールを覚える

1 よく出る!! 保安距離と保有空地

――某県郊外

駅 → ココ
電車で2時間 + バス1時間
学校　県境

ったく、学校出て3時間よ！遠すぎでしょ！

しかしなんだか寂しいところですなぁ

そりゃあ市街地に製造所等を建てるわけにはいかないからな

なんで？

あんたバカ？

市街地に建ててもし大事故が起きたらどうすんのよ！

そのとおり！万一 事故が起きても被害を最小限に抑えるため製造所等を建てるときは *保安距離* が必要になるんです

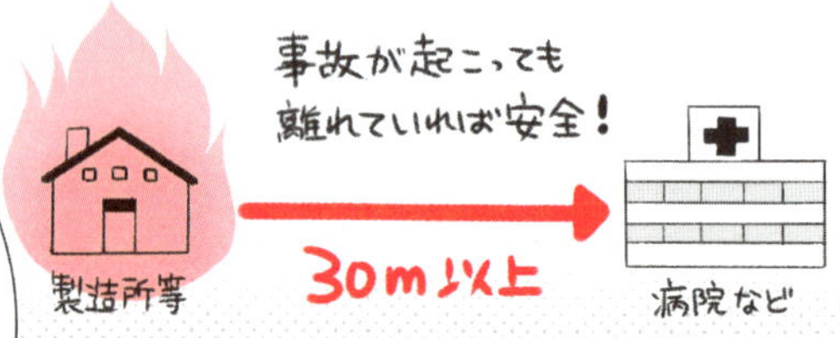

事故が起こっても離れていれば安全！

製造所等　30m以上　病院など

用語 ▶▶ *保安距離*
製造所等で火災や爆発が発生したとき、学校や病院などの施設に危害が及ばないように、それらと製造所等の間に確保しなければならない一定の距離のこと。

▶ 各施設ごとに決められた保安距離

- 特別高圧架空電線（7,000ボルト〜35,000ボルト以下）：3m以上
- 学校・病院・映画館など：30m以上
- 特別高圧架空電線（35,000ボルト超）：5m以上
- 重要文化財など：50m以上
- 住宅：10m以上
- 高圧ガス・液化石油ガス施設など：20m以上

「ちなみにいま我々はこの製造所の前にいるが」（地図）

重要
「住宅や学校 重要文化財など 保安対象物ごとに 保安距離が 定められているぞ」

「単にここがど田舎だから寂しいってわけでもないんですねー」

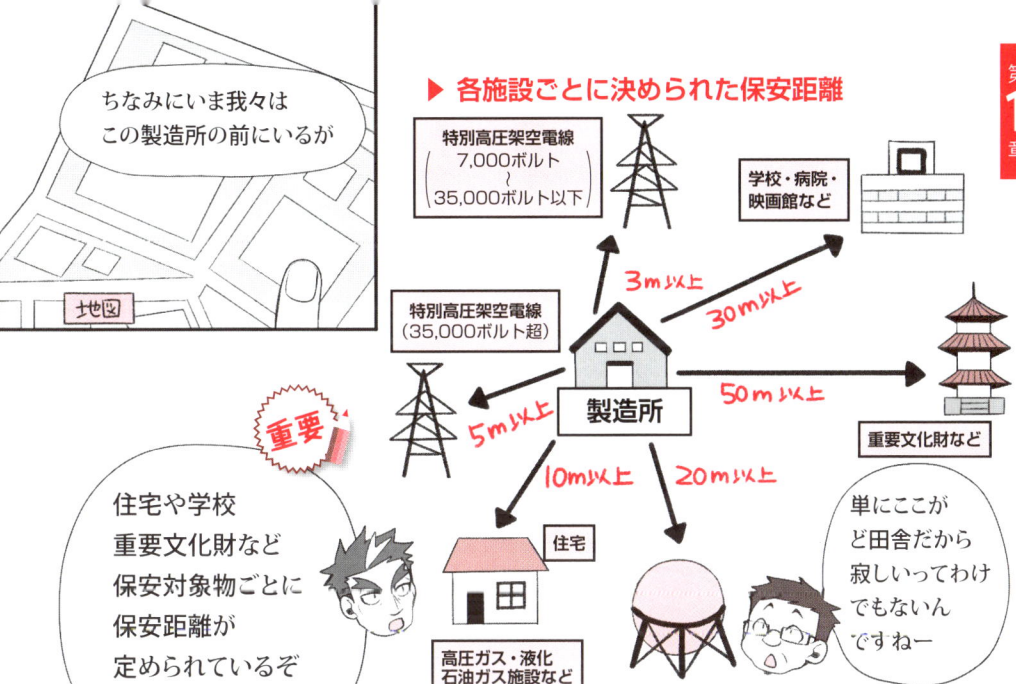

「それに製造所の周辺が"殺風景（さっぷうけい）"なのにもちゃんと理由があるんだ」

「例えば 火災が起きたとき 製造所周辺に いろんな物が 置かれていたら 消火活動のじゃまに ならないですか？」

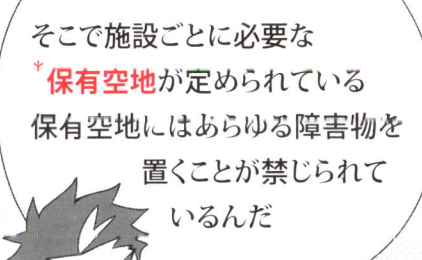

「たしかに…」

「そこで施設ごとに必要な *保有空地が定められている 保有空地にはあらゆる障害物を 置くことが禁じられて いるんだ」

用語 ▶▶ *保有空地
延焼を防止したり、消火活動をスムーズに行うために、製造所等の建物の周囲に設けなければならない空地のこと。

障害物を置いたらダメ！

保有空地　製造所等

「なるほどね」

第1章

2 よく出る!! 製造所等の位置・構造・設備

ではさっそく施設の中を見て回ろうか

施設の特徴を理解する上では「位置」「構造」「設備」の3つのポイントを押さえること

まずは製造所から見ていこう

位置・構造・設備の基準
位置……保安距離、敷地内距離、保有空地などの基準。
構造……建築物や危険物タンクの構造などの基準。
設備……建築物の設備、消火設備、警報設備などの基準。

製造所の基準

製造所とはその名のとおり危険物を製造する施設のことだ

位置の基準

製造所は、保安距離、保有空地ともに必要となる。

▶ 製造所の保有空地の基準

危険物の取扱最大数量	空地の幅
指定数量の倍数が10以下	3m以上
指定数量の倍数が10を超える	5m以上

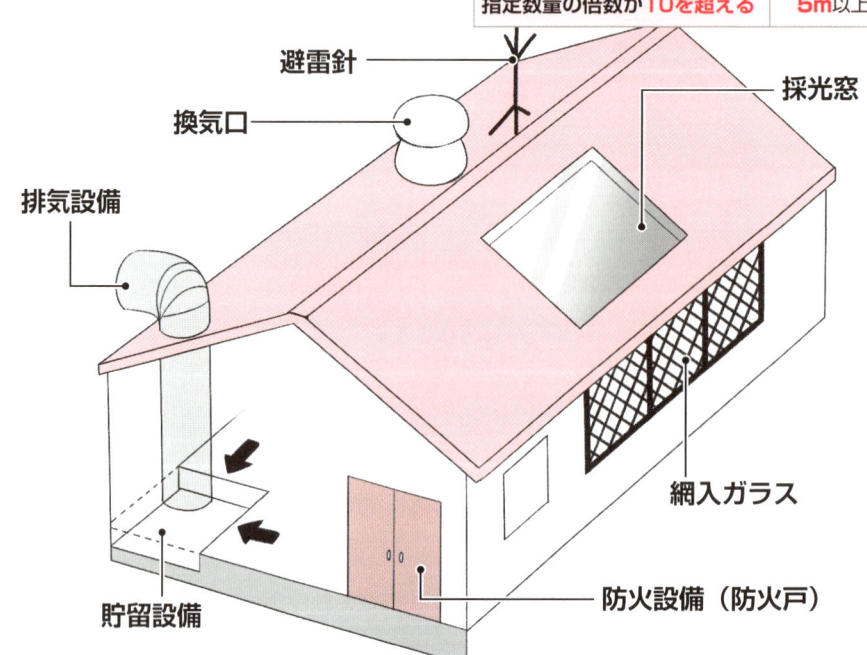

避雷針
採光窓
換気口
排気設備
網入ガラス
貯留設備
防火設備(防火戸)

54

第1章

▶ 各施設ごとに決められた保安距離

ちなみにいま我々はこの製造所の前にいるが

[地図]

製造所を中心に：
- 特別高圧架空電線（7,000ボルト〜35,000ボルト以下）：3m以上
- 学校・病院・映画館など：30m以上
- 特別高圧架空電線（35,000ボルト超）：5m以上
- 重要文化財など：50m以上
- 住宅：10m以上
- 高圧ガス・液化石油ガス施設など：20m以上

重要

住宅や学校重要文化財など保安対象物ごとに保安距離が定められているぞ

単にここがど田舎だから寂しいってわけでもないんですねー

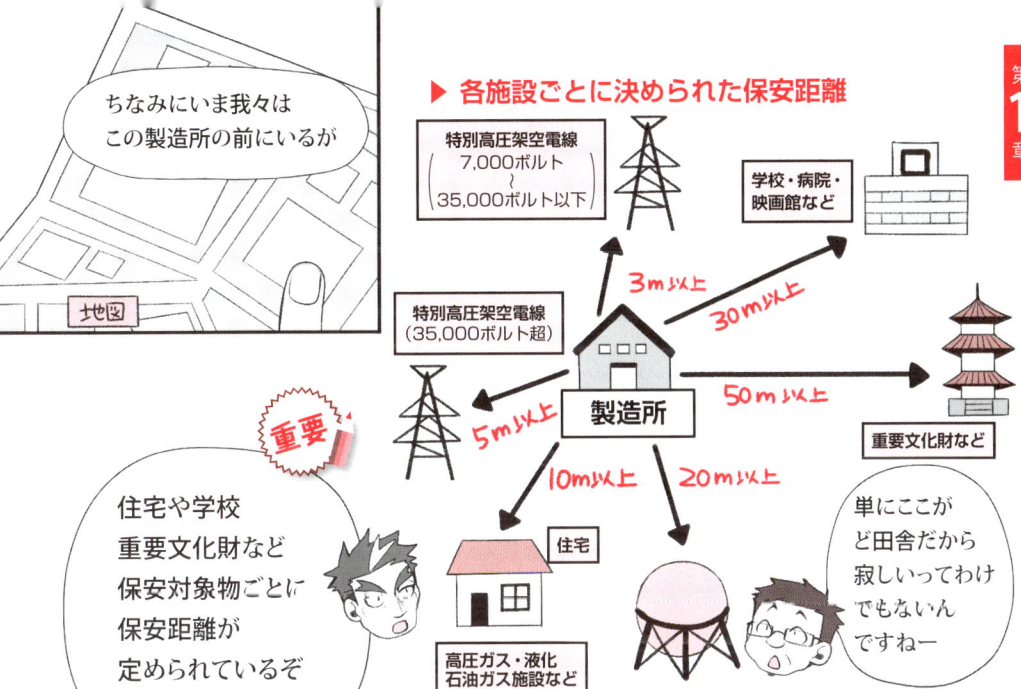

それに製造所の周辺が"殺風景（さっぷうけい）"なのにもちゃんと理由があるんだ

例えば火災が起きたとき製造所周辺にいろんな物が置かれていたら消火活動のじゃまにならないですか？

たしかに…

そこで施設ごとに必要な*保有空地が定められている
保有空地にはあらゆる障害物を置くことが禁じられているんだ

【用語】▶▶ *保有空地
延焼を防止したり、消火活動をスムーズに行うために、製造所等の建物の周囲に設けなければならない空地のこと。

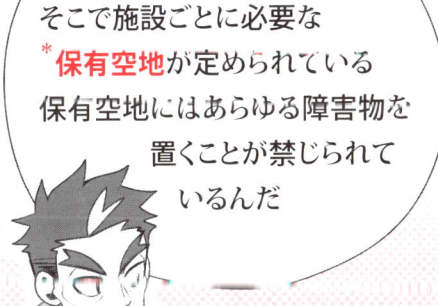

障害物を置いたらダメ！

⇒ 保有空地 ←→ 製造所等

なるほどね

2 よく出る!! 製造所等の位置・構造・設備

ではさっそく施設の中を見て回ろうか

施設の特徴を理解する上では「位置」「構造」「設備」の3つのポイントを押さえること

まずは製造所から見ていこう

位置・構造・設備の基準
- **位置**……保安距離、敷地内距離、保有空地などの基準。
- **構造**……建築物や危険物タンクの構造などの基準。
- **設備**……建築物の設備、消火設備、警報設備などの基準。

製造所の基準

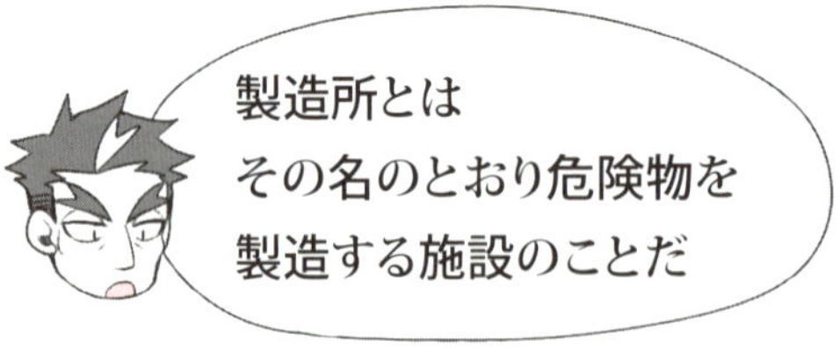

製造所とはその名のとおり危険物を製造する施設のことだ

位置の基準

製造所は、保安距離、保有空地ともに必要となる。

▶ 製造所の保有空地の基準

危険物の取扱最大数量	空地の幅
指定数量の倍数が**10以下**	**3m**以上
指定数量の倍数が**10を超える**	**5m**以上

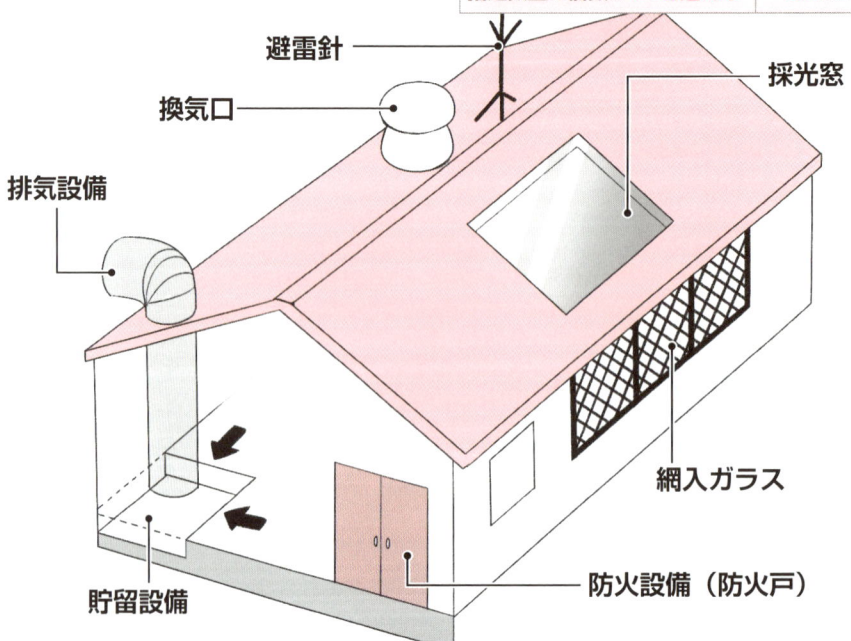

- 避雷針
- 換気口
- 排気設備
- 採光窓
- 網入ガラス
- 防火設備（防火戸）
- 貯留設備

構造の基準

❶ 建築物は**地階を有しない**。

❷ 壁、柱、床、梁及び階段は**不燃材料**で造る。また延焼の恐れのある外壁は、出入口以外の開口部を有しない**耐火構造**の壁にする。

❸ 屋根は**不燃材料**で造るとともに、金属板等の軽量な**不燃材料でふく**。

❹ 窓や出入口には**防火設備**(防火戸)を設ける。また延焼の恐れのある外壁に設ける出入口には、自動開閉式の**特別防火設備**を設ける。

❺ 窓や出入口にガラスを用いる場合は、**網入ガラス**にする。

> 万が一 爆発した際にガラスが飛散しないようにガラスは網入りにするんですよ！

> 試験では❷の基準がよく出るぞ

設備の基準

❶ 危険物を取扱う上で必要な**採光、照明、換気**の設備を設ける。

❷ **可燃性蒸気**等が**滞留**する恐れのある場合は、その蒸気などを**屋外の高所**に排出する設備を設ける。

❸ 電気設備は、電気工作物にかかわる法令に基づき設置し、**可燃性ガス**などが**滞留**する恐れのある場所に設置するときは、**防爆構造**とする。

❹ **静電気**が発生する恐れのある設備には、**接地導線**(アース)など静電気を有効に**除去する装置**を設ける。

❺ 指定数量の倍数が**10以上**の製造所には、**避雷設備**を設ける。

❻ 「**危険物製造所**」の標識と、「**火気厳禁**」など防火に関する必要事項を掲げた掲示板を設ける。

❼ 配管は**十分な強度**を有するものを使用し、その配管にかかる最大常用圧力の1.5倍以上の**水圧実験**を行い、漏えいその他の異常がないものとする。

> じゃあ次行くぞ

> えっ

> 早くないですか!?

> 今日中にあと2つ見学しないといかんからな

> 時間がないのだ

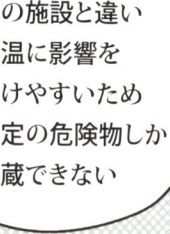

さて次は「屋外貯蔵所」だが……

危険物がこんなにたくさん……たまらないですぅ！

いやあぁぁあ！

…あいつは極度の危険物マニアなのだ

マニア？

屋外貯蔵所は他の施設と違い気温に影響を受けやすいため特定の危険物しか貯蔵できない

▶ 屋外貯蔵所で貯蔵できる危険物　暗記しよう

第２類危険物	● 硫黄または硫黄のみを含有するもの ● 引火性固体（引火点が０℃以上のもの）
第４類危険物	● **第１石油類（引火点が０℃以上のもの）** ● アルコール類、第２石油類、第３石油類、第４石油類、動植物油類

きっと硫黄の危険な臭いにグッときてしまったのだろう

犬並みの嗅覚だな

貯蔵所の説明なら私に任せてください！

ぼくはついていきますよ

はいはい

ヘンタイだわ…

キャー♥

屋外貯蔵所の基準

屋外貯蔵所は屋外で危険物を貯蔵したり取扱ったりする施設です

位置の基準

屋外貯蔵所は、保安距離、保有空地ともに必要となる。

▶ 屋外貯蔵所の保有空地の基準

指定数量の倍数	空地の幅
10以下	3m以上
10を超え20以下	6m以上
20を超え50以下	10m以上
50を超え200以下	20m以上
200を超える	30m以上

※保安距離は製造所の基準と同じ(➡P51)。

構造と設備の基準

❶屋外貯蔵所は、**湿潤ではなく**、かつ**排水のよい場所**に設置する。
❷1つの囲いの内部面積は、**100㎡以下**とする。
❸**架台**を設けるときは**不燃材料**で造る。また架台の高さは**6m未満**とする。

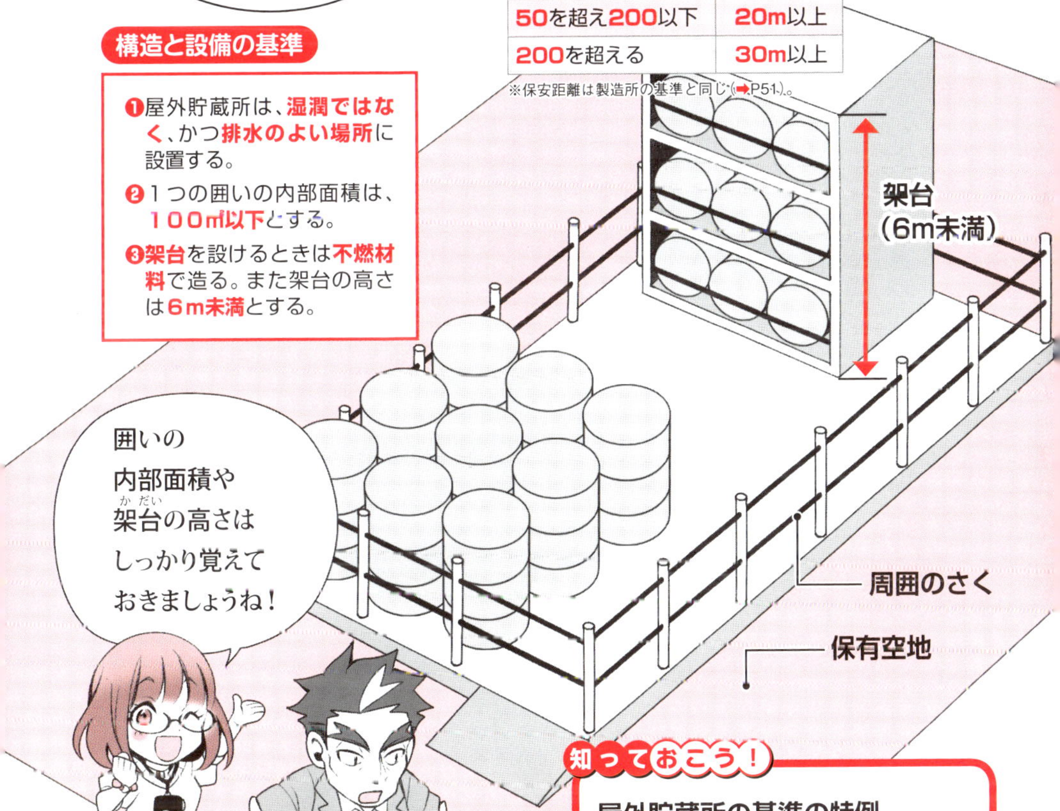

囲いの内部面積や架台の高さはしっかり覚えておきましょうね!

架台(6m未満)

周囲のさく

保有空地

第4類でも特殊引火物や第1石油類のガソリン アセトン ベンゼンは貯蔵できないぞ!

知っておこう!

屋外貯蔵所の基準の特例

❶引火性固体(引火点が21℃未満のもの)、第1石油類、アルコール類を貯蔵・取扱う場合は、散水設備などを設ける。
❷第1石油類、アルコール類を貯蔵・取扱う場合は、排水溝、貯留設備を設ける。
❸第1石油類が非水溶性のときは、貯留設備に油分離装置を設ける。

最後は給油取扱所だな

やっと終わり…

…ってウチのお店じゃないですかーっ！

いらっしゃ〜い！特別講師の大輔の父でーす！

親父さんとは昔からのつき合いでな 四ツ谷のゼミ参加も親父さんの紹介だ

なるほどそれで…

親子で軽いわ

じゃあさっそく案内しよう！**給油取扱所**は固定の給油設備を使って給油する施設のことでガソリンスタンドが代表的だね

給油取扱所の基準

- 防火塀
- 固定給油設備
- 給油用固定注油設備
- 奥行6m以上
- 間口10m以上

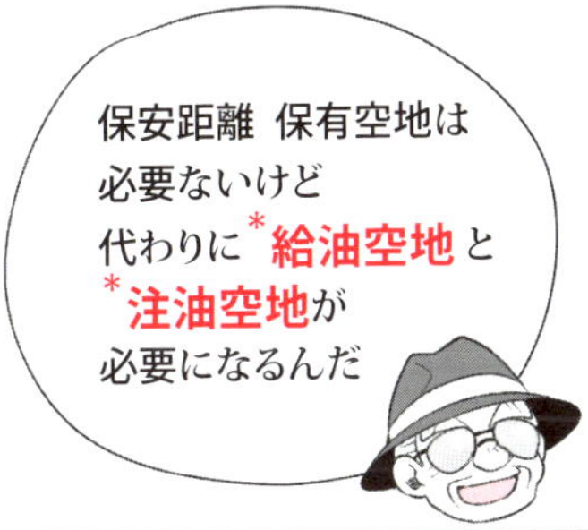

保安距離 保有空地は必要ないけど代わりに *給油空地 と *注油空地 が必要になるんだ

用語 ▶▶ *給油空地
固定給油設備の周囲にある、自動車などが給油のために出入りするスペースのこと。間口10m以上、奥行6m以上が必要。

用語 ▶▶ *注油空地
固定注油設備の周囲（給油空地以外の場所）に設けるスペースのこと。灯油、軽油を容器に詰め替えたり、固定注油設備を設ける場合に必要になる。

第1章

構造と設備の基準

❶ 給油取扱所の周りには、火災による被害の拡大を防ぐために、**高さ2m以上の防火塀**または**壁**を設ける。

❷ 給油空地は、**漏れた危険物**や**可燃性蒸気**が**滞留**せず、かつその給油空地及び注油空地以外の部分に**流出しないような措置**（排水溝、油分離装置を設けるなど）を講じる。

❸ 固定給油設備もしくは固定注油設備に接続する**専用タンク**、または容量**10,000ℓ以下の廃油タンク**などは、**地盤面下に埋設**して設けられる。

❹ 固定給油設備及び固定注油設備は、**全長5m以下の給油ホース**または**注油ホース**を取りつける。また、これらの先端には、蓄積される**静電気を除去する装置**を設ける。

❺ 給油ホースまたは注油ホースの直近の位置に、取扱う危険物の**品目**を表示する。

ここでは特に❸が大切になるよ！

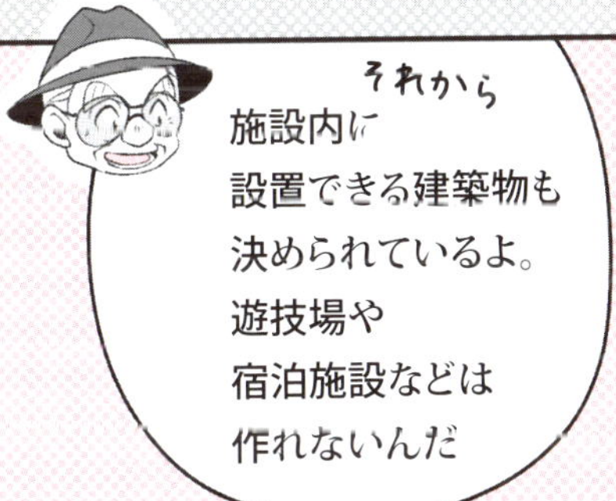

それから施設内に設置できる建築物も決められているよ。遊技場や宿泊施設などは作れないんだ

▶ 給油取扱所内に設置できない用途または建築物　【重要】

❶ 病院、特別養護老人ホーム、保育所・幼稚園等
（自力避難困難者が多数利用する用途）

❷ 遊技場、宿泊施設、学校等
（構造特性や利用形態の特性により避難が困難となる用途）

❸ 車両の停車場等、飛行機等の格納庫、重要文化財等
（火災のリスクが高まるおそれがある用途・特に火災から保護すべき建築物）

※ただし床面積の合計が300m²以下の場合。

施設の用途によって設置できるかか決まっているのね

59

3 標識・掲示板の基準 (ふつう)

> じゃあ勉強はこれぐらいでご飯でも食べに行こっか

> ちょっと待った
> 標識と掲示板についても説明しないと

▶ 標識の記載例

> 製造所等には見やすい場所に危険物の施設であることを示す標識をとりつけなければならないんだ

危険物製造所

0.6m以上 / 0.3m以上

> 例えば
> 製造所ならコレ！
> サイズや文字の色まで決められているんですよ

- 下地の色　白色
- 文字の色　黒色

> それから掲示板には防火に関する必要事項を記載する。
> 記載事項はどの施設も共通だから覚えておけよ

▶ 掲示板の記載例

危険物の種別　第　類
危険物の品名
貯蔵又は取扱最大数量
指定数量の倍数　　倍
危険物保安監督者

0.6m以上 / 0.3m以上

> よし今日はこれぐらいにするか！

> やっと終わった！
> めし！

> あなた？

> あなたはまだ仕事が残ってるでしょーが！！

> いや～！

第1章 もっとよく知ろう！ 製造所等の位置・構造・設備の基準を学ぼう

出題傾向

保安距離・保有空地が必要な施設を問う問題はよく出ます。また製造所等の設置基準は、温度や容量などの数値の正誤が問われることが多いです。項目がたくさんあるため、少しずつ覚えていきましょう。

1 保安距離と保有空地

保安距離は5施設、保有空地は7施設で必要

製造所等は危険物を扱う性質上、事故発生時に他の商業施設などより災害の規模が大きくなりやすいといえます。そこで被害の拡大を防ぐために、一部の施設には「保安距離」と「保有空地」の確保が義務づけられています。

保安距離は、住居や学校などの保安対象物に被害が及ぶのを防ぐために確保しなければならない距離のことで、保安対象物ごとに必要な距離が決められています。

一方、保有空地は消火活動をスムーズに行うために施設の周囲に確保しなければならない空地のことで、施設ごとに必要な幅は変わってきます。

保安距離が必要な施設は5つ、保有空地が必要な施設は**7つ**あるので、しっかり覚えておきましょう。

- 製造所の基準 ➡ P54
- 屋外貯蔵所の基準 ➡ P57
- 給油取扱所の基準 ➡ P58

▶ 製造所等に必要な保安距離　　　　【暗記しよう】

7,000ボルト～35,000ボルトの高圧架空電線	3m以上
35,000ボルトを越える高圧架空電線	5m以上
敷地外の住居	10m以上
高圧ガス・液化石油ガス施設 など	20m以上
学校（幼稚園、小学校、中学校、高校など）、病院、劇場、公会堂 など	30m以上
重要文化財 など	50m以上

▶ 保安距離・保有空地を必要とする施設　　【暗記しよう】

保安距離・保有空地ともに必要になる施設（5つ）	●製造所　●屋内貯蔵所　●屋外貯蔵所
	●屋外タンク貯蔵所　●一般取扱所
保有空地のみ必要になる施設（2つ）	●簡易タンク貯蔵所 （簡易タンクを屋外に設置する場合のみ、1m以上の保有空地が必要）
	●移送取扱所 （地上に設置する場合のみ）

61

2 製造所等の位置・構造・設備

屋内貯蔵所

屋内貯蔵所は、容器に収納した危険物を倉庫などの屋内で貯蔵するための施設です。**保安距離、保有空地ともに必要**になります。

位置・構造・設備のおもな基準については、以下のように定められています。

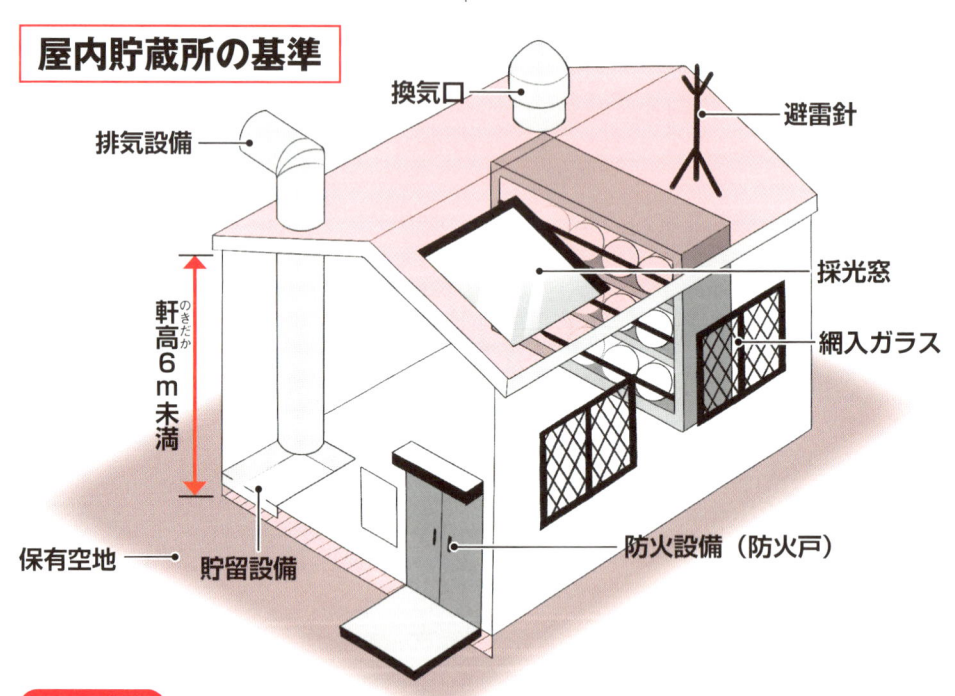

屋内貯蔵所の基準

（図：換気口、排気設備、避雷針、採光窓、網入ガラス、防火設備（防火戸）、軒高6m未満、保有空地、貯留設備）

位置の基準

▶ **屋内貯蔵所の保有空地の基準**

屋内貯蔵所は、保安距離、保有空地ともに必要です。

▶ **屋内貯蔵所の保有空地の基準**

指定数量の倍数	必要な空地の幅	
	耐火構造の場合	それ以外の場合
5倍以下	なし	0.5m以上
5倍を超え10倍以下	1m以上	1.5m以上
10倍を超え20倍以下	2m以上	3m以上
20倍を超え50倍以下	3m以上	5m以上
50倍を超え200倍以下	5m以上	10m以上
200倍を超える	10m以上	15m以上

※保安距離は製造所の基準と同じ（➡P54）。

> 屋内貯蔵所の保有空地は指定数量の倍数だけでなく「壁」「柱」「床」が耐火構造かどうかによっても異なるぞ！

構造・設備の基準

❶ 貯蔵倉庫は、**独立した専用の平屋建て**とする。
❷ 貯蔵倉庫は、地盤面から軒までの高さを**6m未満**とする。
❸ 貯蔵倉庫の床は、**地盤面の高さ以上**に設ける。
❹ 貯蔵倉庫の床面積は**1,000㎡以下**とする。
❺ 壁、柱、床は、**耐火構造**とする。
❻ 屋根、梁は**不燃材料**で造る。
❼ **天井**は設けない。
❽ 液体危険物の貯蔵倉庫の床は、危険物が**浸透しない構造**にし、**適当な傾斜**をつける。また**貯留設備**を設ける。
❾ 貯蔵倉庫に**架台**を設ける場合は、**不燃材料**で造り、堅固な基礎に固定する。

❿ 貯蔵倉庫には、**照明・換気・採光**の設備を設ける。
⓫ **引火点が70℃未満**の危険物の貯蔵倉庫にあっては、内部に滞留した**可燃性蒸気**を**屋根上に排出する設備**を設ける。
⓬ 危険物は、原則として基準に適合する**容器に収納**して貯蔵する。
⓭ 容器を積み重ねる高さは**3m以下**とする（ただし第3石油類、第4石油類、動植物油類だけの場合は**4m以下**）。
⓮ 貯蔵する危険物の温度は、**55℃を超えない**ようにする。
⓯ 指定数量の**10倍以上**の危険物を取扱う貯蔵倉庫には、**避雷設備**を設ける。
⓰ **「危険物屋内貯蔵所」**の標識と**「火気厳禁」**の掲示板は必須である。

2 製造所等の位置・構造・設備

屋外タンク貯蔵所

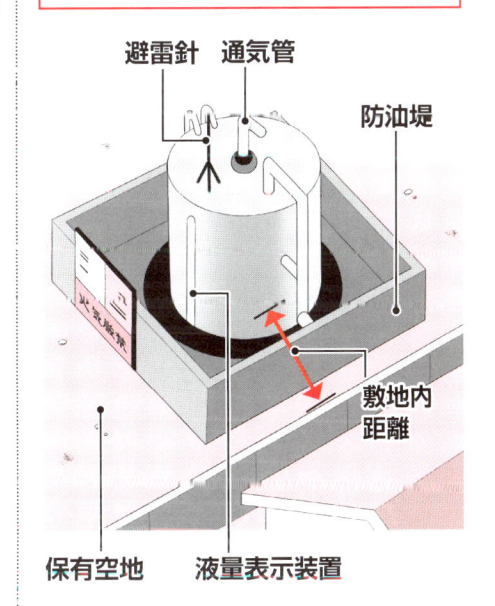

屋外タンク貯蔵所は、**屋外に設けたタンクで危険物の貯蔵・取扱いを行う施設**です。保安距離、保有空地ともに必要です。設置する場合は、保有空地の他に**「敷地内距離」**を確保する必要があります。敷地内距離とは、火災などが発生した際、隣り合う場所へ延焼するのを防ぐために、貯蔵タンクの側板から敷地境界線まで確保しなければならない一定の距離のことです。敷地内距離が必要なのは、**屋外タンク貯蔵所のみ**です。必要な距離は、屋外タンク貯蔵所の規模や形態、貯蔵する危険物に応じて変わってきます。位置・構造・設備のおもな基準については、次ページ(P64)のように定められています。

屋外タンク貯蔵所の基準

避雷針　通気管
防油堤
敷地内距離
保有空地　液量表示装置

位置の基準

屋外タンク貯蔵所は、保安距離、保有空地ともに必要です。

> 屋外タンク貯蔵所は**保安距離****保有空地****敷地内距離**の3つの距離の基準があるんだな

▶ 屋外タンク貯蔵所の保有空地の基準

危険物の区分	保有空地の幅
指定数量の倍数が**500**以下	**3m**以上
指定数量の倍数が**500**を超え**1,000**以下	**5m**以上
指定数量の倍数が**1,000**を超え**2,000**以下	**9m**以上
指定数量の倍数が**2,000**を超え**3,000**以下	**12m**以上
指定数量の倍数が**3,000**を超え**4,000**以下	**15m**以上
指定数量の倍数が**4,000**超	タンクの**直径**または**高さ**のうち、大きいものに等しい距離以上(ただし、**15m**以上)

※保安距離は製造所の基準と同じ(→P54)。

構造・設備の基準

❶屋外貯蔵タンクは、内圧が異常に高くなったとき、内部のガスなどを**上部に放出できる構造**にする。
❷圧力タンクには、**安全装置**を設ける。
❸圧力タンク以外のタンクには、**通気管**を設ける。
❹通気管の先端は、水平より**下に45°以上**曲げ、**雨水の侵入を防ぐ**構造にする。
❺液体危険物(二硫化炭素を除く)の屋外貯蔵タンクの周囲には、危険物がもれたときその流出を防ぐため、**防油堤**を設ける。
❻防油堤の容量は、タンク容量の110%以上とし、2基以上タンクがある場合は、最大であるタンク容量の110%以上とする。
❼防油堤の高さは、**0.5m以上**とする。
❽防油堤の面積は**80,000㎡以下**とする。
❾防油堤には、その内部に溜まった水を外部に排出するための**水抜口**と、これを**開閉する弁**などを**防油堤の外部**に設ける。
❿防油堤内に設置できるタンクの数は**最大10基**である。

知っておこう！

防油堤容量の計算方法

同じ防油堤に2基以上のタンクが設置されている場合は、最大タンクの110%以上の容量が必要となる。

右の場合、最大タンクは(2)となるため以下の計算で容量が計算できる。

500(kℓ)×1.1(110%)=550(kℓ)

この防油堤では、550kℓ以上の容量が必要になる。

(1) ガソリン 100kℓ
(2) 重油 500kℓ
(3) 灯油 200kℓ

2 製造所等の位置・構造・設備

屋内タンク貯蔵所

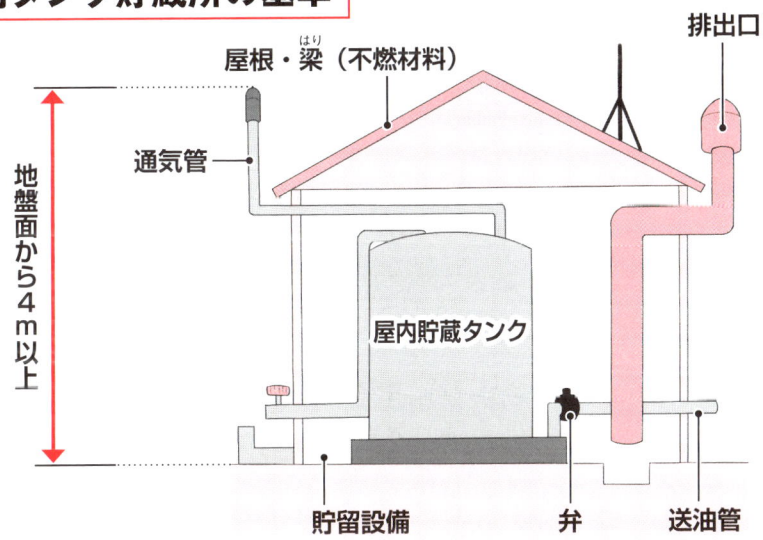

　屋内タンク貯蔵所は、**屋内に設置したタンクによって危険物の貯蔵・取扱いを行う施設**です。屋内タンク貯蔵所には、保安距離、保有空地は必要ありません。構造・設備のおもな基準については、以下のように定められています。

屋内タンク貯蔵所の基準

（図：屋内タンク貯蔵所の構造）
- 屋根・梁（不燃材料）
- 排出口
- 通気管
- 地盤面から4m以上
- 屋内貯蔵タンク
- 貯留設備
- 弁
- 送油管

構造・設備の基準

❶ 施設は、**平屋建て**とする。

❷ 屋内貯蔵タンクは、**タンク専用室**に設置する。

❸ 屋内貯蔵タンクの外面には、**さび止め**のための**塗装**をする。

❹ 屋内貯蔵タンクとタンク専用室の壁との間に、**0.5m以上の間隔**をあける。

❺ 屋内貯蔵タンクの容量は、指定数量の**40倍以下**とする。ただし、第4類危険物（第4石油類、動植物油類を除く）の場合、最大容量は**20,000ℓ以下**とする。

❻ 圧力タンクには、**安全装置**を設ける。圧力タンク以外のタンクには、**無弁通気管**を設ける。

❼ 液体危険物の屋内貯蔵タンクには、危険物の量を**自動的に表示する装置**（メーターなど）を設ける。

❽ タンク専用室は、壁、柱、床を**耐火構造**、梁、屋根を**不燃材料**で造る。また天井は設けない。

❾ タンク専用室の出入口の敷居の高さは、床面から**0.2m以上**とする。

❿ 床は**危険物が浸透しない構造**にし、**適当な傾斜**をつける。また**貯留設備**を設ける。

⓫ 同一のタンク専用室に**2基以上のタンク**を設置する場合の最大容量は、それぞれのタンク容量を**合計した容量**である。

知っておこう！

屋内タンク貯蔵所の通気管の基準

屋内貯蔵タンクには、通気のための管を設置する必要があります。この通気管にも、右のような基準が定められています。

❶ 先端は、**屋外にあって地上4m以上の高さ**。かつ、建築物の窓、出入口などから**1m以上離す**。
❷ 引火点が40℃未満の危険物を貯蔵する場合、先端を敷地境界線から**1.5m以上離す**。
❸ 高引火点危険物のみを**100℃未満で貯蔵**し、取扱うタンクに設ける通気管は、先端をタンク専用室内とすることができる。
❹ 滞油する恐れのある屈曲をさせてはならない。
❺ その他屋外タンク貯蔵所の例による。

② 製造所等の位置・構造・設備

地下タンク貯蔵所

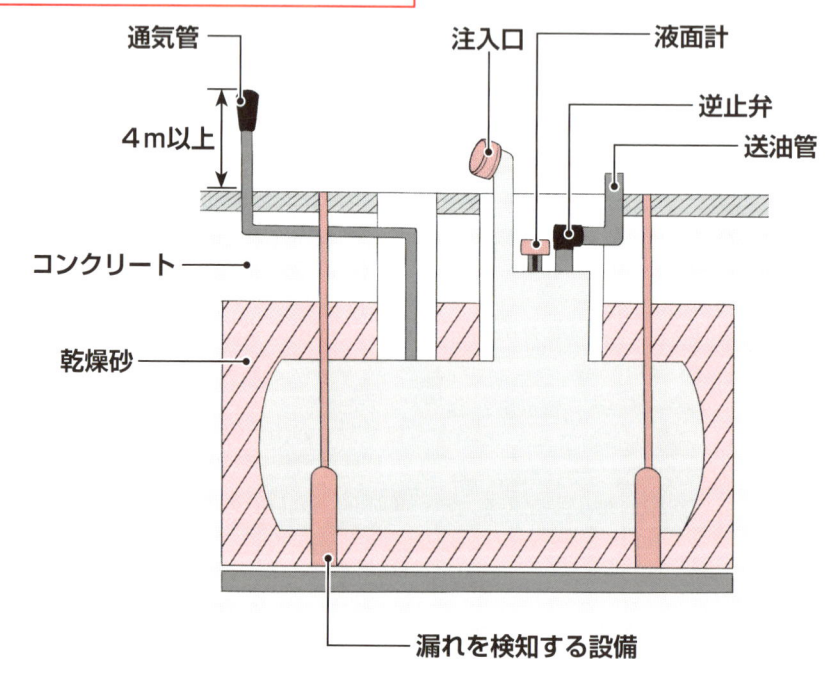

地下タンク貯蔵所は、**地下に埋めたタンクの中で危険物の貯蔵・取扱いを行う施設**です。地下タンク貯蔵所は、保安距離、保有空地は必要ありません。

構造・設備のおもな基準については、以下のように定められています。

地下タンク貯蔵所の基準

図中ラベル：通気管、4m以上、コンクリート、乾燥砂、注入口、液面計、逆止弁、送油管、漏れを検知する設備

構造・設備の基準

❶ 地下貯蔵タンクは、**地盤面下**に設けられた**タンク室**に設置する、直接地盤面下に埋設する、コンクリートでおおって埋設する3種類の方法がある。

❷ 地下貯蔵タンクとタンク室の内側とは、**0.1m以上の間隔**を保ち、かつ、タンクの周囲に**乾燥砂**を詰める。

❸ 地下貯蔵タンクの**頂部**は、**0.6m以上**地盤面から**下**にする。

❹ 地下貯蔵タンクを**2基以上隣接して設置**する場合は、その間に**1m以上の間隔**を保つ。ただし、タンク容量の総和が指定数量の**100倍以下**のときは**0.5m以上**の間隔とする。

❺ 地下貯蔵タンクには、法令で定めるところにより**通気管**または**安全装置**を設ける。通気管の先端は、**屋外**にあって地上から**4mの高さ**とする。

❻ 地下貯蔵タンクの周囲には、液体危険物の漏れを検知する設備、漏えい検査管を**4か所以上**設ける。

❼ 液体危険物の地下貯蔵タンクには、**危険物の量**を自動的に表示する計量装置（メーターなど）を設ける。

❽ 液体危険物の地下貯蔵タンクの**注入口**は、**屋外**に設ける。

❾ 地下貯蔵タンクの**配管**は、タンクの**頂部**に取りつける。

❿ 地下タンク貯蔵所には、**第5種消火設備**を**2個**以上設置する。

⓫ **「危険物地下タンク貯蔵所」**の標識と、**「火気厳禁」**の掲示板を設ける。

貯蔵タンクの設置方法には以下の3種類の方法があることを覚えておくといいぞ！

❶ **地盤面下に設けられたタンク室に設置する。**

❷ **直接地盤面下に埋設する。**

❸ **コンクリートで覆って埋設する。**

予備知識

地下タンク貯蔵所の通気管の基準

地下貯蔵タンクには、通気のための管を設置する必要があります。この通気管にも、右のような基準が定められています。

❶ 地下貯蔵タンクの**頂部**に設ける。

❷ **地下埋設部分**については、地盤面にかかる**重量**が直接当該部分にかからないように保護する。

❸ 通気管の接合部分の**損傷の有無**を点検するための措置を講ずる。

❹ 可燃性蒸気を回収するための弁を設ける場合は、この弁は危険物注入時を除き**常時開放**している構造とする。閉鎖した場合は、10KPa（キロパスカル）以下の圧力で開放する構造とする。

② 製造所等の位置・構造・設備

移動タンク貯蔵所

　移動タンク貯蔵所は、**車両にタンクを取りつけ危険物を取扱う施設**で、いわゆる**タンクローリー**と呼ばれるものです。

　保安距離、保有空地に関する規制はありませんが、**車両を常置する場所**（決まった駐車スペース）を設ける必要があります。

　さらに、常置する場所が屋外の場合は**「防火上安全な場所」**、屋内の場合は「耐火構造、不燃材料で造った**建築物の1階**」と決められています。

　また、常置する場所を変更する場合は、許可権者の**変更許可**が必要です。

　構造・設備のおもな基準については、右ページのように定められています。この他にも、移動タンク貯蔵所には「取扱いの基準」や「移送の基準」があるので、しっかり確認しておきましょう。

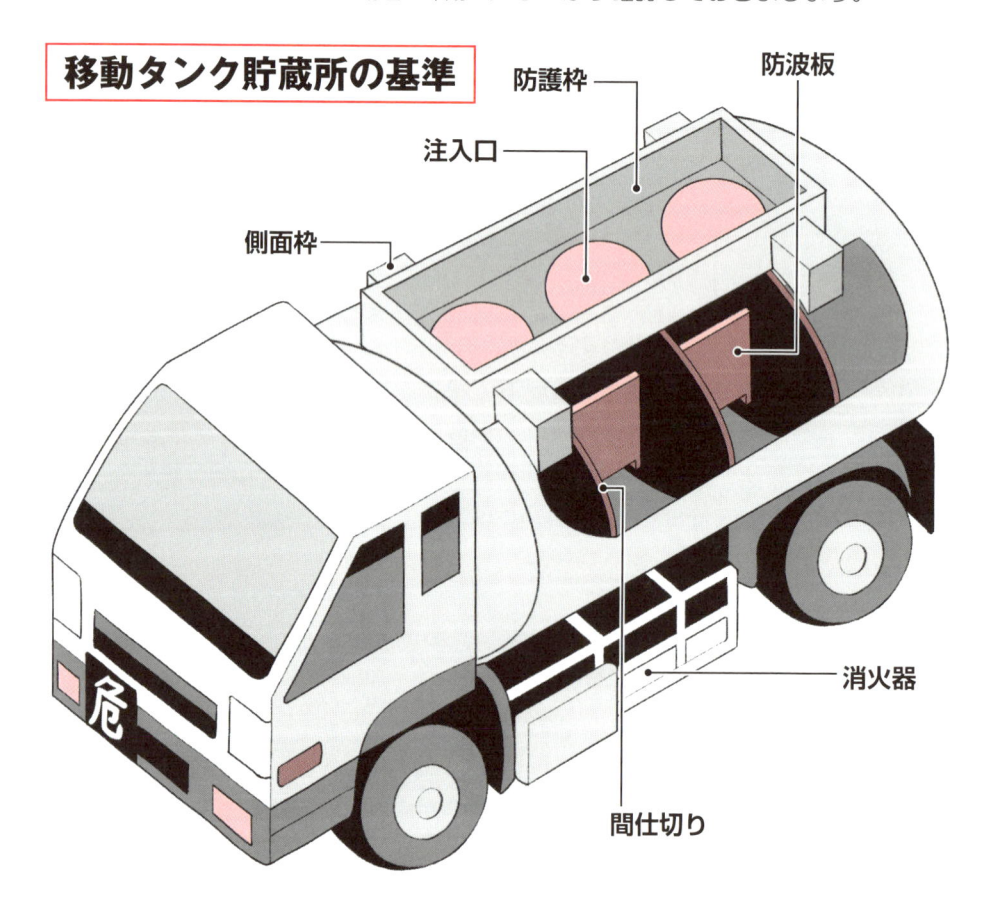

移動タンク貯蔵所の基準

- 防護枠
- 防波板
- 注入口
- 側面枠
- 消火器
- 間仕切り

構造・設備の基準

❶ 移動貯蔵タンクは、**厚さ3.2mm以上の鋼板**か、それと同等以上の機械的性質を有する材料で、**気密**に造る。

❷ 圧力タンクは最大常用圧力の1.5倍の圧力で、それ以外のタンクは70kPaの圧力で、10分間水圧試験を行い、漏れたり、変形したりしないものにする。

❸ 移動貯蔵タンクの容量は、**30,000ℓ以下**とする。

❹ 移動貯蔵タンクの内部は**1室4,000ℓ以下**となるように完全な**間仕切り**を設ける。

❺ 1室の容量が**2,000ℓ以上**のタンク室には、**防波板**を設ける。

❻ 移動貯蔵タンクの下部に**排出口**を設ける場合には、排出口の**底弁**を設けるとともに、非常時にすぐに閉鎖できるよう**手動閉鎖装置**および**自動閉鎖装置**を設ける。

❼ 移動貯蔵タンクの**配管**は、先端部に**弁**などを設ける。

❽ ガソリン、ベンゼンなど、**静電気による火災**が発生する恐れのある液体危険物の移動貯蔵タンクには、**接地導線**（アース）を設ける。

❾ 移動タンク貯蔵所には、**自動車用消火器を2個以上**設置する。

❿ 移動貯蔵タンクの**前後**の**見やすい箇所**に**「危」**の標識を掲げる。

⓫ 移動貯蔵タンクには、そのタンクが貯蔵・取扱う危険物の**類**、**品名**及び**最大数量**を表示する。

取扱いの基準

❶ 危険物を**注入**するときは、**注入ホース**を注入口にしっかりと結合する。

❷ 移動貯蔵タンクから、液体危険物（ガソリンなど）を**直接容器に詰め替えない**。ただし、**引火点40℃以上**の**第4類危険物**（灯油、軽油、重油など）はこの限りではない。

❸ **ガソリン**を貯蔵していた移動貯蔵タンクに**灯油**または**軽油**を**注入**するときは**静電気**などによる災害を防止する措置を講ずる。

❹ 移動貯蔵タンクから、**引火点40℃未満**の危険物を他のタンクに注入するときは、移動タンク貯蔵所の**エンジンを停止**させること。

❺ ガソリン、ベンゼンなど、静電気による火災が発生する恐れのある液体危険物を移動タンクに注入する場合は、注入管を用いるとともに、**注入管**の先端を底部につけ、**接地導線**（アース）を行う。

移送（危険物を運ぶ）の基準（➡P112）

❶ 移送時は、危険物を扱える**危険物取扱者資格**を持った人の免状の**携帯と乗車**が必要となる。

❷ 移送開始前には、必ず設備の点検を十分に行う。

❸ **連続4時間、1日9時間**を超える移送の場合は、**運転手を2人以上**確保しなくてはならない。

❹ 休憩などで**一時停止**するときは、**安全な場所**で停止する。

❺ 移送中に**災害発生**の恐れがあるときは、**応急措置**を行うとともに**消防機関などへ通報**を行う。また、**消防吏員及び警察官**は、災害防止のため走行中の移動タンク貯蔵所を停止させ、**危険物取扱者免状提示**を求めることができる。

移送時に常時備えなければならない書類

❶ 完成検査済証
❷ 定期点検記録
❸ 譲渡・引渡しの届出書
❹ 品名・数量または指定数量の倍数の変更の届出書（※写し〔コピー〕は不可）

② 製造所等の位置・構造・設備

販売取扱所

販売取扱所は、**容器入りの危険物を販売する施設**です。保安距離、保有空地は必要ありません。

販売取扱所は、取扱う危険物の指定数量によって第1種と第2種の2つに分けられます。また、構造・設備のおもな基準については、以下のように定められています。

- **第1種販売取扱所**……指定数量の倍数が**15**以下のもの。
- **第2種販売取扱所**……指定数量の倍数が**15**を超え**40**以下のもの。

販売取扱所の基準

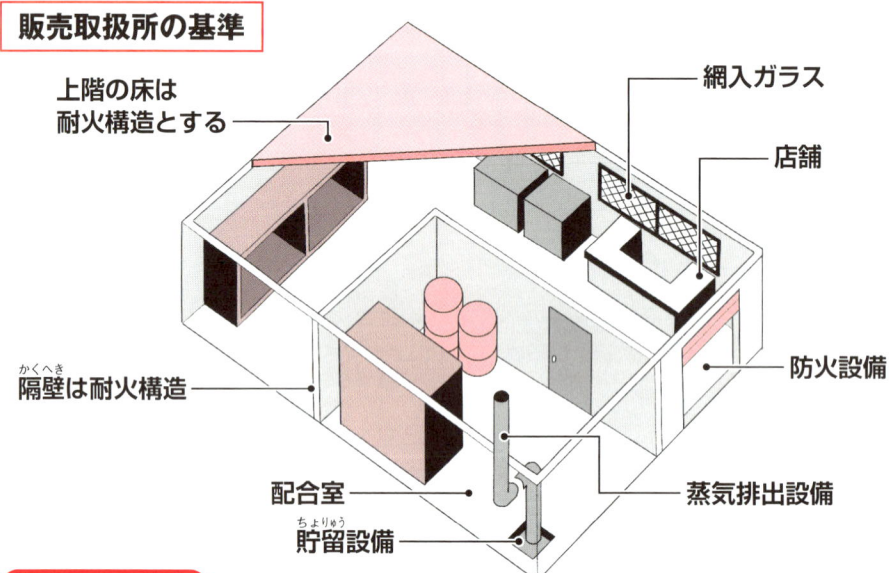

- 上階の床は耐火構造とする
- 網入ガラス
- 店舗
- 防火設備
- 蒸気排出設備
- 貯留設備
- 配合室
- 隔壁は耐火構造

構造・設備の基準

1. 販売取扱所は、**建物の1階**に設置する。
2. **第1種**販売取扱所の**窓はどこでも**設置できる。
3. **第2種**販売取扱所では、**延焼の恐れがない部分**に限り、窓を設けられる。
4. **配合室の床**は危険物が浸透しない構造で適当な**傾斜**をつけ、貯留設備を設ける。
5. 配合室には内部に滞留した可燃性の蒸気を屋根上に排出する設備を設ける。
6. 危険物は必ず容器に入れて販売し、顧客の持参した容器に**移し替えて販売してはならない**。

> ポイントは
> **建物の2階に設置できないことと小分けして販売できないことだ！**
> 試験に出るから覚えておけよ！

❷ 製造所等の位置・構造・設備
顧客に自ら給油等をさせる給油取扱所（セルフスタンド）

セルフスタンドとは、**客が自ら自動車やバイクなどに給油したり、灯油や軽油を容器に詰め替えたりできる給油取扱所**のことです。保安距離、保有空地は必要ありません。

構造・設備、取扱い、制御卓のおもな基準については、以下のように定められています。

構造・設備の基準

❶ **見やすい箇所**に、**顧客自らが給油**などを行うことのできる給油取扱所である旨を表示しなければならない（ 例 セルフスタンド）。

❷ 給油ホースの**先端**には、**手動開閉装置**を備えた**給油ノズル**を設ける。

❸ 給油ノズルは、自動車などの燃料タンクが**満量**となったときに、**給油を自動的に停止する構造**のものとする。

❹ 固定給油設備は、**1回の連続した給油量**および**給油時間の上限**を設定できる構造にしなければならない。

❺ 固定給油設備は、ガソリンと軽油の種類を間違えるなど**誤給油**を**有効に防止できる構造**のものとする。

❻ 固定給油設備などには、自動車などの**衝突**を防止するための措置を講ずる。

❼ **引火点が40℃未満**の危険物を取扱う**給油ノズル**は、給油時に人体に蓄積された**静電気を除去できる構造**とする。

❽ 固定給油設備は、地震などの災害時に危険物の**供給を自動的に停止する構造**にしなければならない。

❾ 固定給油設備、固定注油設備の周囲の地盤面に自動車などの**給油のための停車位置**、注油のための**容器置場**を表示する。

❿ 固定給油設備、固定注油設備の近くには、**ホース機器**などの使用方法や危険物の品目を表示する。また、顧客が使用する設備に**彩色**する場合は、**指定された色**を用いる（ハイオクガソリンは黄色、レギュラーガソリンは**赤**、軽油は**緑**、灯油は**青**）。

⓫ 顧客自ら行う給油作業などを監視するための**制御卓**その他の設備を設ける。

⓬ **第3種固定式泡消火設備**を設けなければならない。

取扱いの基準

❶ 顧客は**顧客用固定給油設備**、**顧客用固定注油設備**を使用して給油、注油を行う。

❷ 給油量、給油時間の**上限を設定する場合**は、**適正な数値**にしなければならない。

制御卓での監視基準

❶ 顧客の給油作業は、**直視**または制御卓で**監視**しなければならない。

❷ 顧客が注油作業などを行うとき、**火の気がないこと**や**安全上支障のないこと**を確認しなければならない。

❸ 顧客が給油作業を終了したとき、**顧客が給油作業などができない状態**にしなくてはならない。

❹ 非常時には、給油取扱所のすべての固定給油設備などの**取扱いができない状態**にしなくてはならない。

❺ 顧客と**容易に会話ができる装置を設ける**とともに、顧客に必要な指示を行うための**放送機器**を設けなければならない。

3 標識・掲示板の基準

標識・掲示板

52～71ページまでの「製造所等の位置・構造・設備」の基準以外にも、製造所等は安全管理の意識を高めるために、**標識**や**掲示板**の設置が義務づけられています。

標識とは、製造所等の危険物施設であることを示すもので、客や通行人など周囲の人間に注意を喚起する目的があります。そのため製造所等は、危険物の製造所、貯蔵所、取扱所であることを示す標識を、**見やすい場所**に掲げなければなりません。

標識の種類と基準については、以下のとおりになります。

標識の種類と基準 　重要

①製造所等の区分を表わす標識

製造所等の施設名を書き、周りに危険物施設であることを知らせるための標識。

- **サイズ** 幅**0.3m**以上、長さ**0.6m**以上
- **地色と文字** 地色は**白色**、文字は**黒色**
- **表示内容** 「危険物製造所」「危険物屋内貯蔵所」「危険物給油取扱所」など、施設名を表示する

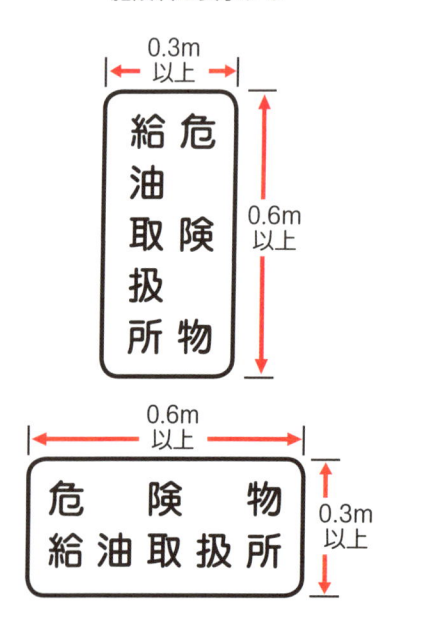

（図：縦型標識 0.3m以上×0.6m以上「危険物給油取扱所」／横型標識 0.6m以上×0.3m以上「危険物給油取扱所」）

②移動タンク貯蔵所に掲げる標識

タンクローリーの車両前後の見やすい箇所に設置し、対向車や後続車などに注意喚起するための標識。危険物運搬車両（→P114）の場合も同様に設置が必要になる。

- **サイズ** 縦、横各**0.3m以上0.4m以下**（危険物運搬車両の場合は、縦、横各0.3m）
- **地色と文字** 地色は**黒色**、文字は**黄色の反射塗料**
- **表示内容** 「危」の漢字を表示

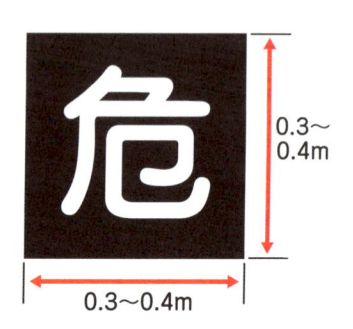

（図：0.3～0.4m四方の「危」標識）

一方、掲示板とは、防火に関して必要な事項を掲示したものです。どのような危険物をどれだけの量貯蔵・取扱いしているのか、また扱う上で注意すべきことなどを見やすい場所に表示しなければなりません。

掲示板の種類と基準については、以下のとおりです。

掲示板の種類と基準

①危険物等を表示する掲示板

その施設で貯蔵・取扱いを行う危険物の種類や数量などを表示する掲示板。すべての製造所等に設置義務がある。

サイズ 幅**0.3m**以上、長さ**0.6m**以上

地色と文字 地色は**白色**、文字は**黒色**

表示内容 危険物の種別、品名、貯蔵・取扱いの最大数量、指定数量の倍数、危険物保安監督者の氏名または職名

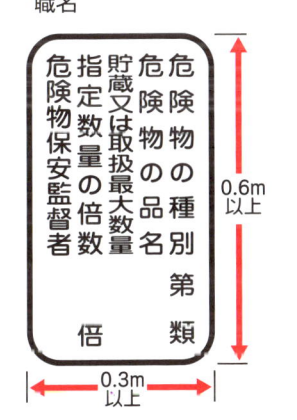

②注意事項を表示する掲示板

扱う危険物の種類や施設によって必要になる掲示板。貯蔵・取扱いを行う危険物の性状に応じて、禁忌(してはいけないこと)を表示する。また、給油取扱所の場合は、一般客の出入りがあることから、注意喚起のために「給油中エンジン停止」の掲示板を設置する必要がある。

サイズ 幅**0.3m**以上、長さ**0.6m**以上

地色と文字 「禁水」「火気注意」「火気厳禁」「給油中エンジン停止」

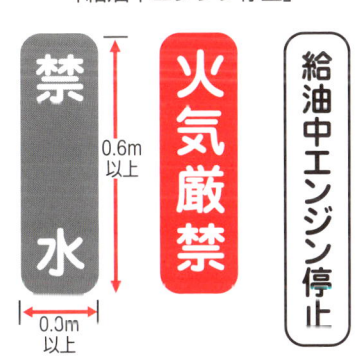

注意事項の内容	地色と文字色	危険物の区分と性状
禁水	●地　色➡青 ●文字色➡白	第1類危険物(アルカリ金属の過酸化物) 第3類危険物(カリウム、ナトリウムなどの禁水性物質など)
火気注意	●地　色➡赤 ●文字色➡白	第2類危険物(引火性固体を除く)
火気厳禁	●地　色➡赤 ●文字色➡白	第2類危険物(引火性固体) 第3類危険物(自然発火性物質) 第4類危険物 第5類危険物
給油中 エンジン停止	●地　色➡黄赤色 ●文字色➡黒	※給油取扱所のみ表示する

得点力UPテスト❸

問題1 消火設備の種類は、第1種から第6種までの「6つに区分」されている。

問題2 大型消火設備は、第4種消火設備に分類される。

問題3 二酸化炭素消火設備は、第2種消火設備である。

問題4 消火が困難な製造所等には、第3種消火設備と第4種消火設備を設置しなければならない。

問題5 製造所等は、重要文化財との間に30m以上の距離(保安距離)を保たなければならない。

問題6 危険物は、指定数量の10倍を1所要単位とする。

問題7 学校、病院などから一定の距離(保安距離)を保たなければならない施設は、保有空地を必要としない。

問題8 警報設備は、指定数量の10倍以上の危険物を貯蔵・取扱う製造所等すべてに設置義務がある。

問題9 警報設備には、自動火災報知設備、消防機関に報知できる電話、非常ベル、拡声装置、サイレンの5つがある。

問題10 製造所では、可燃性蒸気または微粉などが滞留する建築物には、その蒸気または微粉などを屋外の低所に排出する設備を設けなければならない。

問題11 屋外タンク貯蔵所の防油堤の容量は、2つ以上のタンクがあるときは、最大タンクの110%以上とする。

問題12 屋内タンク貯蔵所のタンク専用室は、屋根を不燃材料で造り、かつ、不燃材料の天井を設ける。

問題13 移動タンク貯蔵所の容量は、50,000ℓ以下である。

問題 14 屋外貯蔵所では、特殊引火物や引火点が0℃未満の危険物(ガソリンなど)は貯蔵できない。

問題 15 屋内貯蔵所では、引火点が70℃未満の危険物の貯蔵倉庫で、内部に滞留した可燃性蒸気を床下に排出する設備を設けなければならない。

問題 16 セルフスタンドで灯油を取扱う顧客用固定注油設備に彩色を施す場合は、黄色を使用する。

問題 17 セルフスタンドでは、顧客用固定給油設備以外の固定給油設備を使用して、顧客に給油作業を行わせてもよい。

問題 18 第1種販売取扱所の用に供する部分には、窓を設置してはならない。

問題 19 第4類危険物を貯蔵・取扱う製造所等は、「火気厳禁」の掲示板を掲げなければならない。

問題 20 標識や掲示板については、大きさ、記載内容、色は定められていない。

【解答欄】 ※解答は○か×で記入してください。

問題1 [　　]	問題8 [　　]	問題15 [　　]
問題2 [　　]	問題9 [　　]	問題16 [　　]
問題3 [　　]	問題10 [　　]	問題17 [　　]
問題4 [　　]	問題11 [　　]	問題18 [　　]
問題5 [　　]	問題12 [　　]	問題19 [　　]
問題6 [　　]	問題13 [　　]	問題20 [　　]
問題7 [　　]	問題14 [　　]	

➡答えは119ページ

第1章 危険物に関する法令

6 各種申請手続き

製造所等を設置する場合は、市町村長等に許可を申請しなければなりません。他にも内容に応じて、必要な手続きがあります。

ここが大切!
- 許可権者について学ぶ
- 許可申請から使用開始までの流れを理解する
- 各種手続きの種類と申請先を覚える

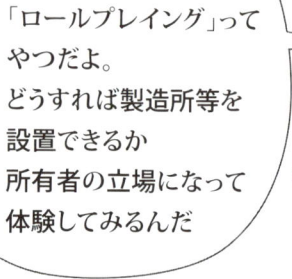

1 設置・変更の許可

ぐた〜〜っ

何だお前たち元気ないぞ

昨日あれだけ連れ回されたんだから当たり前でしょ！

今からお前たちにはガソリンスタンドをつくってもらう！

ええっ!?

いいだろうでは座学はなしとしよう ただし

「ロールプレイング」ってやつだよ。どうすれば製造所等を設置できるか所有者の立場になって体験してみるんだ

わーっ！楽しそう

知っておこう！

許可権者への申請

許可権者とは、**許可をする権限を持っている長**のこと。製造所等を設置する場合に、この許可権者へ申請する。申請内容によって申請先が違うので注意。市町村長が基本だが、消防署がない市町村や2つ以上の市町村にまたがる場合は、都道府県知事が申請先になる。

2 完成検査前検査と完成検査

用語 ▶▶ *完成検査前検査

完成検査を行う前に「特定事項（タンクの水張りなどの検査）」について市町村長等が行う検査のこと。屋外タンク貯蔵所（タンク容量が1,000kℓ以上）、指定数量以上の液体危険物タンクを持つ製造所等が対象となる。

第1章

*完成検査では法律で定められた技術上の基準に適しているかをチェックします！

知っておこう！
完成検査でチェックされる技術上の基準
- 製造所等の位置・構造・設備の技術上の基準
- 危険物の類ごとの技術上の基準
- 貯蔵に関する技術上の基準
- 取扱いに関する技術上の基準

用語 ▶▶ *完成検査
施設が技術上の基準に適合しているかどうか、工事完了後に市町村長等が行う検査のこと。検査に合格して、はじめて製造所等の使用が可能となる。

3 出る！各種申請手続き

▶ **申請から使用開始までの流れ**　暗記しよう

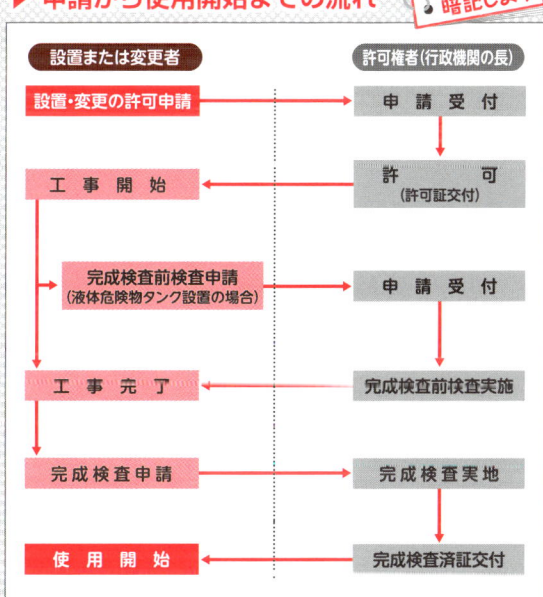

よし！

設置または変更者	許可権者（行政機関の長）
設置・変更の許可申請 →	申請受付
	↓
工事開始 ←	許可（許可証交付）
完成検査前検査申請（液体危険物タンク設置の場合）→	申請受付
	↓
工事完了	完成検査前検査実施
完成検査申請 →	完成検査実地
	↓
使用開始 ←	完成検査済証交付

めでたくガソリンスタンド開業だな！　申請から使用開始までの流れもしっかり頭に入れておけよ

では最後に完成検査済証を渡しておこう

完成検査済証　剣持徹
おれの手作りだぜ!!

いらないです

79

製造所等の使用に必要な手続きを知ろう

申請から使用までの流れの他、各種手続きの内容や申請先をしっかり覚えましょう。また、過去の出題では、製造所等の仮使用や仮貯蔵・仮取扱いの手続きの正誤を問う問題がよく出ています。

1 設置・変更の許可

設置・変更には許可権者の許可が必要

製造所等は、施設の基準(➡P52～71)さえ満たしていれば、自由に設置できるわけではありません。製造所等を新しく設置する場合、またはすでに設置した製造所等の位置・構造・設備などを変更する場合は、**許可権者に申請**を行い、許可を受ける必要があります。製造所等の新設・変更時の許可権者は、原則として**製造所等を設置する区域の市町村長**になります。しかしその市町村に消防本部や消防署がない場合は、市町村長に代わり**都道府県知事**が許可権者となります。

さらに移送取扱所(パイプライン)については、**総務大臣**が許可権者になることもあります(➡下表)。

製造所等の所有者等は、設置または変更計画書を作成して許可権者に提出し、許可の申請を行います。許可が下りるためには、計画書が次の❶❷の条件を満たしている必要があります。

▶ 計画書を満たす条件

❶ 位置、構造及び設備が技術上の基準に適合している。
❷ 危険物の貯蔵・取扱いが公共の安全の維持、災害の発生の防止に支障を及ぼす恐れがない。

▶ 製造所等を設置・変更するときの許可権者

設置場所	許可権者
消防本部及び消防署を設置している市町村の区域(移送取扱所を除く)に設置される製造所等	その区域を管轄する市町村長
消防本部及び消防署を設置していない市町村の区域(移送取扱所を除く)に設置される製造所等	その区域を管轄する都道府県知事
消防本部及び消防署を設置している1つの市町村の区域のみに設置される移送取扱所	その区域を管轄する市町村長
消防本部及び消防署を設置していない市町村の区域または2つ以上の市町村の区域にわたって設置される移送取扱所	その区域を管轄する都道府県知事
2つ以上の都道府県にわたって設置される移送取扱所	総務大臣

2 完成検査前検査と完成検査

完成検査に合格してはじめて使用できる

　許可権者による許可を受けた所有者等は、下表のように①製造所等の設置・変更の工事を②着工することができます。しかし工事が完了したからといって、すぐに使用できるわけではありません。工事完了後には、許可権者による④**完成検査**を受ける必要があります。

　完成検査は、その危険物施設が安全に使用できる状態にあるかどうかを確認するための検査で、おもに4つの技術上の基準を満たしているかどうかが確認されます（→P79）。これらの技術上の基準を満たして④完成検査に合格すると、許可権者から⑤**完成検査済証**が交付されます。これが交付されて、はじめて⑥製造所等を使用できるのです。

　また、指定数量以上の液体危険物タンクを設置・変更する場合は、③**完成検査前検査**を受けなければなりません。完成検査前検査とは、文字どおり施設が完成する前（工事中）に受けなければならない検査のことです。これは工事が完了しタンクが完成してしまうと、タンクの内部が検査できなくなってしまうために設けられています。

　検査は、**屋外タンク貯蔵所**（タンク容量が1,000kℓ以上）、**液体危険物タンクを持つ製造所等**（タンク容量が1,000kℓ未満）が対象となります。

　完成検査前検査では、おもに水圧検査や水張検査などが行われます。

▶ **申請から使用開始までの流れ**

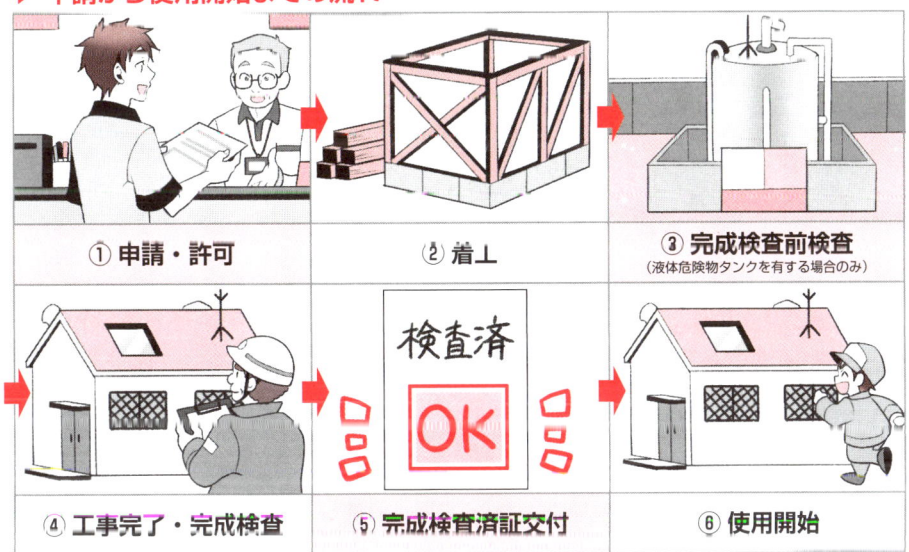

① 申請・許可
② 着工
③ 完成検査前検査（液体危険物タンクを有する場合のみ）
④ 工事完了・完成検査
⑤ 完成検査済証交付
⑥ 使用開始

3 各種申請手続き
申請手続きは5種類ある

製造所等は、設置・変更の工事をするときの許可申請だけでなく、新たに人員を配置したり、貯蔵・取扱う危険物の種類や数量を変更したりするときにも、市町村長等に対する「届出」という手続きが必要になります。申請手続きには、**「許可」「承認」「検査」「認可」「届出」の5つ**があります。それぞれ手続きが必要になるときや申請先が異なるので、しっかりと確認しておきましょう。

①許可
許可とは、もともと法律で禁止されている行為を、特定の基準を満たすことで容認してもらうことです。製造所等の設置・変更工事を行う場合、許可が必要になります。

②承認
承認とは、行政機関が、所有者等の行為を認める（同意する）ことです。承認が必要になるのは、製造所等を「仮使用」または「仮貯蔵・仮取扱い」する場合です。これらは営業上やむを得ない場合に、特例的に容認されるものになります。

重要

仮使用
製造所等の変更工事を行う場合に、**市町村長等の承認を受けて、変更工事にかかわる部分以外のぜんぶまたは一部**を完成検査を受ける前に使用すること。変更工事で施設のすべてが使えなくなってしまうと、営業に支障が出ることから認められている。

重要

仮貯蔵・仮取扱い
指定数量以上の危険物を、**所轄の消防長または消防署長**の承認を受けて**10日以内**に限り、製造所等の施設以外で貯蔵・取扱うこと。危険物を船で運ぶとき、港にある倉庫などに一時的に危険物を保管したいときなどに認められる。

③検査
検査とは、製造所等が定められた基準を満たしているか、市町村長等が確認することです。検査には、「完成検査」「完成検査前検査」(→P79)以外に、「保安検査」があります。これは一定規模以上の屋外タンク貯蔵所または移送取扱所が対象となる検査で、これらの所有者等は、政令で定める時期ごとに、市町村長等が行う保安に関する検査を受ける必要があります。

④認可
行政機関が第3者の行為を認めることにより、法律上の効力が有効になることをいいます。認可が必要になるのは、**予防規程**を定めたときと、変更したときです(→P33)。

⑤届出
文書などで行政機関に報告を行うことをいいます。許可、承認、認可とは異なり、行政機関から行為の可否を受ける必要はなく、届出を行うだけで完了します。消防法では、貯蔵・取扱う危険物の種類や数量を変更したときや必要な人員を選任・解任したとき、製造所等を譲ったり廃止したりしたときに、届出が必要と定めています。

▶ 各種申請手続きの内容と申請先

暗記しよう

申請手続き	手続きが必要になるとき	申請先
許可	製造所等を設置するとき	市町村長等
	製造所等の位置・構造・設備を変更するとき	
	2つ以上の市町村にまたがる移送取扱所を設置(変更)するとき	都道府県知事
	2つ以上の都道府県にまたがる移送取扱所を設置(変更)するとき	総務大臣
承認	仮貯蔵・仮取扱いが必要なとき	所轄の消防長または消防署長
	仮使用したいとき	市町村長等
検査	完成検査	市町村長等
	完成検査前検査	
	保安検査[※1]	
認可	予防規程を制定したとき	市町村長等
	予防規程を変更したとき	
届出	危険物の品名、数量または指定数量の倍数を変更したとき[※2]	市町村長等
	危険物保安統括管理者を選任・解任したとき	
	危険物保安監督者を選任・解任したとき	
	製造所等を譲渡・引渡したとき	
	製造所等を廃止したとき	

※1 検査対象の製造所等は、屋外タンク貯蔵所又は移送取扱所。
※2 危険物の品名、数量または指定数量の倍数を変更したときは変更しようとする日の**10日前**まで、それ以外は遅滞なく届出を行う。

知っておこう！

押さえておきたい仮使用のポイント

仮使用の内容は、試験でも頻出する。特に仮貯蔵と混同しないように覚えておきたい。

▶ 仮使用と仮貯蔵・仮取扱いの違い

	内容	期間	申請先
仮使用	使用中の危険物施設の一部で、変更工事中に、変更工事に係らない部分の施設を使用することができる。	工事期間中	市町村長等の承認が必要
仮貯蔵 仮取扱い	指定数量以上の危険物を10日以内の期間、貯蔵しまたは取扱うことができる。	10日以内	所轄消防長または消防署長の承認が必要

第1章 危険物に関する法令

7 措置命令と定期点検

製造所等の所有者等が違反行為をした場合は、市長村長等から許可の取消しや使用停止命令を受ける場合があります。

ここが大切!
- 措置命令の意味と該当行為を理解する
- 許可の取消しと使用停止命令に該当する行為を覚える
- 定期点検の内容と対象となる施設を覚える

1 許可の取消しと使用停止命令 よく出る!!

あ～ やっと お昼だー

味噌汁が染みる…

ガヤ ガヤ キーンコーン

ったく アイツは昔から無茶苦茶なんだから

昔って ななみんは剣持先生のこと知ってたの?

知ってるもなにもアイツはわたしのママの兄貴 つまり伯父(おじ)よ

ええーっ!!

すぐ怒るとか

人づかい荒いとかとか

似てる!

何コソコソ話してんのよ

許可の取消しまでいかなくても使用停止命令を受けることもあるから注意してくださいね

これ以外にも製造所等の所有者等は状況に応じて市町村長等からさまざまな*措置命令を受けることがある

用語 ▶▶ *措置命令
違反行為が認められた場合に、安全管理・災害防止のために、製造所等の所有者、管理者、占有者に対して市町村長等が命じる行政処分のこと。

▶ 措置命令の種類とおもな内容

措置命令	内容
危険物の貯蔵・取扱い基準遵守命令	危険物の貯蔵・取扱いの方法が、政令で定める**技術上の基準に違反している**とき技術上の基準に従い、危険物を貯蔵・取扱うことを命じる。
無許可貯蔵等の危険物に対する措置命令	**許可を受けないで、指定数量以上の危険物を貯蔵**し、あるいは取扱っている者に対して危険物の除去、その他危険物による災害防止のための必要な措置をとることを命じる。
製造所等の基準適合命令（修理、改造または移転の命令）	製造所等の位置、構造及び設備が技術上の基準に違反しているとき、技術上の基準に適合するように、これらを**修理**し、**改造**し、または**移転**させるように命じる。
製造所等の緊急使用停止命令	公共の安全の維持、または災害発生予防のため、緊急の必要があると判断したときは、該当する製造所等の使用を**一時停止**させる。
危険物保安統括管理者または危険物保安監督者の解任命令	**危険物保安統括管理者**、または**危険物保安監督者**が、法令に基づく命令の規定に違反したとき、あるいはこれらの者が業務を行うときに災害発生の防止に支障を及ぼすと認められたときは解任を命じる。
予防規程変更命令	火災予防のため必要があるときは、**予防規程の変更**を命じる。
製造所等の応急措置命令	危険物流出、その他の事故が発生したときで、**応急措置**を何もしていない場合に、応急の措置をするよう命じる。

夢を持つのはいいが最低限のルールは知っておこうな？

2 立入検査

わたし もう帰るから あんた 適当に何かいってごまかしといてよ

ちょっと

ええっ 何かって……

第1章

はい検査入りまーす！

お前たちちゃんと話聞いていたか？

えっと…

市町村長等は火災防止のために必要とあらば**立入検査**ができるってことだよ

知っておこう！

立入検査の項目

- 保安距離、保有空地が確保されていること。
- 建築物が無許可改造されていないこと。
- 製造設備等が無許可改造されていないこと。
- 危険物の許可数量、品目が厳守されていること。
- 危険物保安監督者の選任、解任がなされていること。
- 年1回の定期点検が実地されていること。
- 消火設備の点検が実地されていること。
- 施設の整理整頓がなされていること。

…など

ななみ おれはお前の母から夜更かしを防止するよう頼まれている

必要とあらばお前の部屋まで立入検査しにいってもいいんだぞ？

※実は汚い……

ぜっったいに嫌！

3 定期点検 (ふつう)

「許可の取消し」でも触れたが所有者等は 製造所等の位置・構造・設備などが劣化などによって基準違反にならないように保守点検する義務がある。そこで必要になるのが定期点検だ

▶ 定期点検の概要

項 目	内 容
点検実施者	❶**危険物取扱者**（甲種、乙種、丙種） ❷**危険物施設保安員**（定期点検の立会いは不可） ❸**無資格者**（危険物取扱者の立会いが必要、甲種・乙種・丙種いずれも可）
点検時期	1年に1回以上
点検記録の保存	3年間保存
点検記録事項	❶点検した製造所等の**名称** ❷点検方法及び**結果** ❸点検**年月日** ❹点検者**氏名** ※点検結果を市町村長等や消防機関に報告する必要はない。
漏れの点検	危険物を**貯蔵するタンク**などは、通常の定期点検に加えて、**漏れの点検**も行わなければならない。

重要

定期点検は所有者等が自主的に行いその記録を保存しておく義務があるんですよ

危険物施設保安員は点検の立会いはできないこと

危険物取扱者ならば丙種でも立会いができることがポイントだ！

キーンコーンカーン

おっ、もう1時か 教室に戻って授業再開だな！

せっかくの昼休みが……

措置命令・立入検査・定期点検について学ぼう

もっとよく知ろう！

出題傾向
許可の取消しと使用停止命令に該当する行為についての正誤問題は出題される確率が高いです。また、定期点検の対象となる施設や点検実施者、実施要件について答えさせる問題も出題されています。

1 許可の取消しと使用停止命令

違反したら市町村長等から措置命令

　製造所等は、使用開始までにさまざまな基準を満たす必要がありますが、使用開始後も**それらの基準を守り、維持し続ける義務**があります。

　守らなければならない義務は大きく2つあります。製造所等の**位置・構造・設備などの技術上の基準**(→P52〜71)と危険物の**貯蔵・取扱いの基準**です。この基準に従っていないと判断した場合、市町村長等は製造所等の所有者等に対して、貯蔵・取扱いの方法や施設を改善し、基準に従うよう命ずることができます。この命令を**「措置命令」**といいます。

　また、市町村長等は、製造所等の所有者等が次の違反を行った場合、その製造所等の設置（変更）許可を取消したり、製造所等の使用を一定期間停止するよう命ずることができます。

▶ 許可の取消しまたは使用停止命令の該当行為　**重要**

■ 許可の取消しまたは使用停止命令

❶製造所等の位置・構造または設備を**許可を受けないで変更した**とき。

❷完成検査済証の**交付を受ける前**に、製造所等を使用したとき、または**仮使用の承認を受けないで**製造所等を使用したとき。

❸位置、構造、設備にかかわる**措置命令に違反したとき**（位置、構造、設備の修理、改造、移転命令に従わなかったとき）。

❹政令で定める屋外タンク貯蔵所、または移送取扱所の**保安検査を受けていない**とき。

❺製造所等の**定期点検の実施、記録の作成、保存がなされていない**とき。

■ 使用停止命令

❶製造所等において、危険物の貯蔵・取扱い基準の**遵守命令に違反した**とき。

❷危険物保安統括管理者を**定めていない**とき、またはその者に危険物の保安業務を**統括管理させていない**とき。

❸危険物保安監督者を**定めていない**とき、またはその者に危険物の取扱い作業に関しての**保安監督をさせていない**とき。

❹危険物保安統括管理者、危険物保安監督者の**解任命令に違反した**とき。

第1章

89

2 立入検査

立入検査は市町村長等が実施

市町村長等は、危険物による火災を防止するため、必要があると認めたときは、消防職員を製造所等に立ち入らせて検査することができます。これを**「立入検査」**といいます。

立入検査では、消防職員が所有者等に質問したり、施設内部を見学したりして、もろもろの基準が守られているかを確認します。また、場合によっては、施設内から危険物を収去させることもできます。

これ以外に、***消防吏員**または**警察官**は、火災を防止するために必要があると認めた場合、**走行中の移動タンク貯蔵所**（タンクローリー）を一時停止させることができます。

またその際、乗車している危険物取扱者に対し、危険物取扱者免状を提示するよう求めることができます。

> 用語 ▶▶ *消防吏員
> 消防本部に勤務する消防職員のうち階級を有する者で、消火・予防・救急・救助などの業務にあたる者。

3 定期点検

危険物取扱者の立会いがあれば無資格者でも可能

前述のとおり、所有者等は製造所等の位置・構造・設備などの技術上の基準を守り、それを維持し続けなければなりません。

しかし故意ではなくとも、年月が経てば施設の劣化などにより、気づかないうちに基準を違反してしまう可能性もあります。

そこで一部の製造所等の所有者等は、定期的に製造所等を自ら検査して、技術上の基準に適合しているかどうかを確認する必要があります。これを**「定期点検」**といいます。

定期点検は、**1年に1回以上**行い、技術上の基準に適合しているか否かを確認します。

点検は、原則**危険物取扱者**か**危険物施設保安員**が行わなければなりませんが、危険物取扱者の立会いがあれば、一般の従業員でも点検できます。

また、危険物を貯蔵するタンクについては、通常の定期点検に加え、危険物が漏れ出ていないかどうかの点検も行わなければなりません。

漏れの点検は、危険物取扱者、危険物施設保安員、または危険物取扱者の立会いを受けた者で、漏れの点検に関する知識及び技能を有する者（漏れの点検に関する技術講習修了者）が実施しなければなりません。

▶ 危険物タンクなどの漏れの点検要件

点検する施設		点検頻度（完成検査済証の交付を受けた日又は直近において点検を行った日を起点とする）	記録の保存
地下貯蔵タンク	下記以外	1年を経過する日の属する月の末日までに1回	3年間
	完成検査（設置・交換）を受けた日から15年を超えないもの等	3年を経過する日の属する月の末日までに1回	
地下埋設配管	下記以外	1年を経過する日の属する月の末日までに1回	
	完成検査（設置・交換）を受けた日から15年を超えないもの等	3年を経過する日の属する月の末日までに1回	
二重殻タンクの強化プラスチック製の外殻		3年を経過する日の属する月の末日までに1回	
移動貯蔵タンク		5年を経過する日の属する月の末日までに1回	10年間

▶ 定期点検が必要な製造所等

対象となる製造所等	対象となる条件	対象となる製造所等	対象となる条件
製造所・一般取扱所	指定数量の倍数が10以上及び地下タンクを有するもの	地下タンク貯蔵所	すべて
屋外貯蔵所	指定数量の倍数が100以上	移動タンク貯蔵所	すべて
屋内貯蔵所	指定数量の倍数が150以上	給油取扱所	地下タンクを有するもの
屋外タンク貯蔵所	指定数量の倍数が200以上	移送取扱所	すべて

得点力UPテスト④ ここまでのおさらい

問題1 仮使用とは、変更工事に係わる部分以外のぜんぶまたは一部において、市町村長等の承認を受けて、仮に使用することである。

問題2 指定数量以上の危険物の取扱いは、どのような場合でも危険物取扱いができる場所以外で取り扱ってはならない。

問題3 製造所等の位置・構造・設備を変更せずに、取扱う危険物の品名・数量または指定数量の倍数を変更する場合、変更しようとする日の7日前までに市町村長等へ届け出なければならない。

問題4 製造所等の設置または変更の許可を受けた者は、製造所等を設置したときまたは製造所等の位置、構造もしくは設備を変更したときは、市町村長等が行う完成検査を受け、位置、構造、及び設備の技術上の基準に適合していると認められた後でなければ、これを使用してはならない。

問題5 法令上、製造所等に関して、市町村長等の認可を受けなければならないのは、危険物保安監督者を定めたときである。

問題6 法令上、市町村長等に対する届出を必要とするのは、危険物施設保安員を定めたとき、製造所等の用途を廃止したとき、製造所等の譲渡または引渡しを受けたとき、である。

問題7 危険物保安統括管理者を定めないとき、またはその者に危険物の保安業務を統括管理させていないときは、設置許可の取消しを受ける場合がある。

問題8 定期点検が義務づけられている製造所等において、定期に点検を行わなかったときは、許可の取消しを受ける場合がある。

問題9 製造所等で危険物の取扱い作業に従事している危険物取扱者が、免状の書き換えをしていない場合は、使用停止命令が出される場合がある。

問題10 製造所等の位置・構造及び設備が技術上の基準に適合していないとき、製造所等の修理、改造または移転命令が出される。

問題 11 危険物保安監督者がその責務を怠っているとき、危険物の取扱い作業の保安に関する講習の受講命令が出される。

問題 12 丙種危険物取扱者は、定期点検を行うことができない。

問題 13 製造所等において、指定数量の倍数が10以上の製造所、移動タンク貯蔵所、地下タンクを有する給油取扱所は定期点検を行わなければならない。

問題 14 定期点検の結果は、市町村等に届出をしなければならない。

問題 15 定期点検の記録は、1年間保存しなければならない。

問題 16 地下貯蔵タンクのうち、完成検査を受けた日から15年を超えたものについては、漏れの点検を1年を経過する日の属する月の末日までに1回以上実施しなければならない。

問題 17 定期点検を実施しなければならない移動タンク貯蔵所は、移動貯蔵タンクの容量が10,000ℓ以上のものである。

問題 18 定期点検の点検記録には、点検を行った製造所等の名称、点検方法及び結果、点検した日を市町村長に報告した年月日などを記載しなければならない。

問題 19 消防吏員または警察官は、火災防止のために走行中の移動タンク貯蔵所を停止させることができる。

問題 20 定期点検はいかなる場合においても、危険物取扱者が行わなければならない。

【解答欄】 ※解答は○か×で記入してください。

問題 1 [　]	問題 8 [　]	問題 15 [　]
問題 2 [　]	問題 9 [　]	問題 16 [　]
問題 3 [　]	問題 10 [　]	問題 17 [　]
問題 4 [　]	問題 11 [　]	問題 18 [　]
問題 5 [　]	問題 12 [　]	問題 19 [　]
問題 6 [　]	問題 13 [　]	問題 20 [　]
問題 7 [　]	問題 14 [　]	

➡答えは120ページ

第1章 危険物に関する法令

8 危険物取扱者制度と保安管理体制

危険物取扱者は、免状の種類によって権限が変わってきます。また施設ごとに、危険物を扱うための管理体制を築く必要があります。

ここが大切!
- 危険物取扱者制度の概要を理解する
- 保安講習の受講期限を知る
- 危険物を扱う上で必要な役割を知る

1 危険物取扱者の区分と資格 出る!

では授業再開といくか

あのー

剣持先生は何で仕事じゃないのに危険物のゼミを開いているんですか？

なぜそんなことを聞く？

だって おかしいじゃない？「ボランティア大好き!」って顔でもないしさ

ふむ……

第1章

おれは高校を卒業した後
塗料製造工場で働き始めたんだが……

バカヤローっ！

それに勝手に触るなっていっただろ！

す…すいません！

鳥取豊（とっとりゆたか）
剣持の上司

剣持（18歳のころ）

いいか
危険物を扱うときは
必ず*危険物取扱者の
立会いが必要に
なるんだ

これが
危険物取扱者の
免状だ！

用語 ▶▶ *危険物取扱者
危険物取扱者試験に合格し、都道府県知事から危険物取扱者免状の交付を受けた者のこと。危険物取扱者免状には、甲種、乙種、丙種の3種類がある。

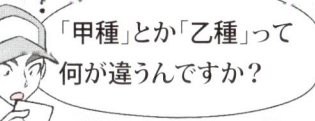

「甲種」とか「乙種」って何が違うんですか？

危険物取扱者の資格は3種類に分けられるそれぞれ扱える危険物の範囲が違うんだぞ

▶ **種別の区分と権限**　　　　　　　　　　　重要

種別	取扱える危険物	立会い権限
甲種	すべての危険物	すべての危険物
乙種	取得した類のみ	取得した類のみ
丙種	第4類危険物のうち、ガソリン、灯油、軽油、第3石油類（重油、潤滑油および引火点が130℃以上のもの）、第4石油類、動植物油類	できない

ちなみに おれは「甲種」だ 危険物のことなら 何でも聞け！
ははは
頼もしいや
ポロ・
ぶくぶく
どわぁぁああ!!
…こりゃあ 再交付してもらわんと
す、スイマセンでした！
鳥取さんは おれにとって 兄貴のような 存在だった
へー
剣持先生にも そんな時代が！
想像できない わ……
よく出る!!
2 保安講習
親父が病気で 他界したんだ
だから早く働いて 家族を支え たかったという のもある
あのときはおれも 必死だったなぁ……
おれも 危険物取扱者の 資格を取って 鳥取さんに認めて もらうぞ！

用語▶▶ *保安講習

製造所等において、危険物の取扱い作業に従事している危険物取扱者を対象に、都道府県知事が行う保安に関する講習のこと。

▶ 保安講習の受講期限

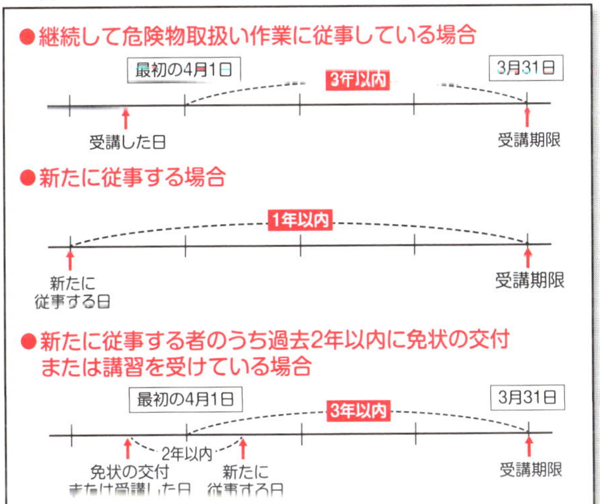

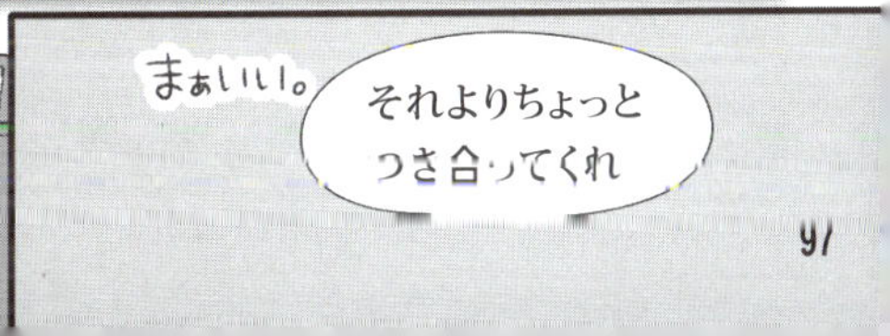

3 よく出る!! 保安管理体制

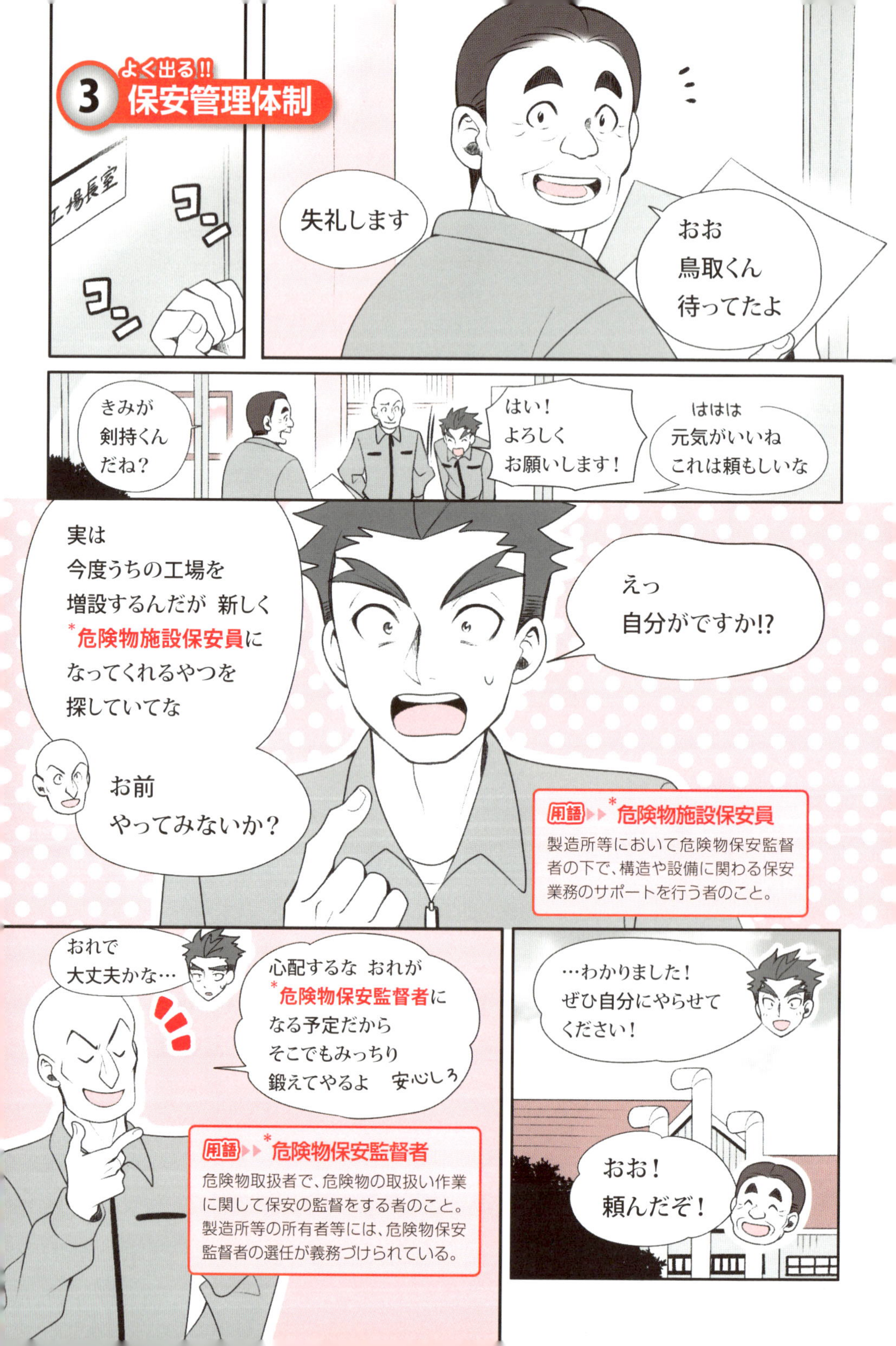

鳥取さんと
出会って学んだことで
おれは人生が変わった
それから
3年間工場で働いて
貯めたお金で
大学に行ったんだ
だから 1人でも
望む生徒がいるなら
同じような経験を
させてあげたいんだ
それで合格
したら……
では授業に
戻るぞ
ガタッ
おれ
がんばります！
もっと真面目に
勉強して
乙種第4類の資格
とってみせます！
桐谷さんに
ちゃんと気持ちを
伝えます！
えっ
し
しまったぁぁぁぁぁ！
気づいて
ねぇ……
質問があるなら
今聞きますよー？

危険物取扱者の分類と保安体制の役割を学ぼう

出題傾向　危険物の立会い権限を持つのは甲種・乙種の2つだけであることを押さえておきましょう。また、保安講習の受講期限や保安体制にかかわる選任の要件を問う問題も出題されます。

1 危険物取扱者の区分と資格

丙種危険物取扱者に立会い権限はない

危険物取扱者とは、危険物取扱者試験に合格し、都道府県知事から**危険物取扱者の免状を交付された者**のことです。

この免状には**「甲種・乙種・丙種」**の3つの種類があり、それぞれ試験内容が異なる他、免状交付後に扱える危険物の種類や権限も違ってきます。それぞれの違いを把握しておきましょう。

▶ 危険物取扱者の立会い権限

免状の種類	立会い権限のある者	危険物保安監督者になれる者
甲種危険物取扱者	○	○（実務経験6か月以上）
乙種危険物取扱者	○ ※	○ ※（実務経験6か月以上）
丙種危険物取扱者	×	×

※ただし、取得した類の危険物のみ。

> 丙種の資格を持っているだけでは**立会いはできない**んだね

また、製造所等で危険物を取扱う場合は、原則としてその危険物を取扱える資格を持った危険物取扱者でなければなりませんが、甲種または乙種危険物取扱者が立会えば、**資格がない者でも危険物を取扱うことができます。**ただし、丙種危険物取扱者の立会いでは、無資格者は危険物を取扱うことはできません。

それ以外に、危険物保安監督者に選任されるには、**甲種または乙種の危険物取扱者の免状と一定の実務経験が必要**になります。

試験に合格したら、都道府県知事に免状の交付を申請します。ただし、いったん免状を交付されても、消防法または消防法に基づく命令等に違反した場合は、都道府県知事から**免状の返納**（返すこと）を命じられることがあります。返納を命じられた者は、**ただちに資格を失います。**

免状の返納を命じられた場合は、再試験を受けて合格しなければ、資格を取り戻せません。

ただし、試験に合格しても、免状の返納を命じられた日から数えて1年が経たないうち（罰金以上の刑に処された者は、執行を終わりまたは執行を受けることがなくなった日から起算して2年を経過しないうち）は、新たに免状の交付を受けられません。

▶ **危険物取扱者免状にかかわる手続き** 　暗記しよう

手続き	内容	申請先
交付	危険物取扱者試験に合格した者	都道府県知事
書換え	①氏名、本籍（都道府県名）が変わったとき ②免状の写真が撮影日から10年を経過したとき など	免状を交付した都道府県知事または居住地もしくは勤務地を管理する都道府県知事
再交付	免状の亡失、滅失、汚損、破損したとき など	免状の交付または書換えをした都道府県知事
亡失した免状を発見	発見された（旧）免状を10日以内に提出	免状の再交付を受けた都道府県知事

知っておこう！

危険物取扱者の種類と権限

- **甲種危険物取扱者**
  第1類〜第6類のすべての危険物について取扱いと立会いができる。
- **乙種危険物取扱者**
  第1類〜第6類のうち免状を取得した類の危険物について取扱いと立会いができる。
- **丙種危険物取扱者**
  第4類危険物のうち、ガソリン、灯油、軽油、第3石油類（重油、潤滑油及び引火点が130℃以上のもの）、第4石油類、動植物油類の取扱いができる。立会いはできない。

2 保安講習

保安講習は3年に1回が原則

危険物取扱者が危険物を取扱うには、免状の交付の他に、定期的に**「保安講習」**を受ける必要があります。保安講習は、危険物取扱者を対象に都道府県知事が行う保安に関する講習です。

講習では、おもに危険物に関係する法令や火災予防についての講義が行われます。**なお、危険物取扱者であっても、危険物の取扱い作業に従事していない場合は、受講する必要はありません。**

保安講習は、各地域の所定の場所で開かれており、消防署等に希望日を申請すれば受講できます。また、職場や居住地にかかわらず**全国どこの都道府県であっても受講可能**です。ただし、危険物の取扱い作業に従事した日などを起点に、**受講しなければならない期限が決められている**ので注意しましょう。

▶ **保安講習の受講期限**

❶ 継続して危険物の取扱い作業に従事している者は、前回受講した日以後の**最初の4月1日から3年以内**。

❷ 危険物の取扱い作業に従事していなかった者が、その後従事した場合は、**従事することになった日から1年以内**。

❸ 従事することになった日から起算して**過去2年以内**に免状の交付を受けている、または受講している場合には、免状交付日またはその受講日以後の**最初の4月1日から3年以内**。

重要

3 保安管理体制

危険物保安監督者は甲乙かつ6か月の実務経験が必要

「**保安管理体制**」とは、製造所等に必要な人員を配置、危険物を安全に貯蔵・取扱うための組織体制のことです。製造所等の所有者等は、保安管理体制を整えるため、「**危険物保安監督者**」「**危険物施設保安員**」「**危険物保安統括管理者**」の3名を選任しなければなりません。

それぞれ選任されるために必要な資格や業務の内容などが異なるので、違いをしっかりと把握しておきましょう。

▶ **危険物保安監督者**

危険物保安監督者は、製造所等で危険物が安全に取扱われるよう監督する者のことです。選任されるためには、甲種危険物取扱者か乙種危険物取扱者の免状を持ち、かつ6か月以上の実務経験が必要になります。

■ **業務の内容**

❶ 危険物取扱い作業の実施に際し、その作業が技術上の基準や予防規程などの保安基準に適合するように、作業者に対して必要な指示を行う。

❷ 火災などの災害が発生したとき、作業者を指揮して応急措置を講じるとともに、ただちに消防機関やその他の関係者に連絡をとる。

❸ 危険物施設保安員に必要な指示を行う。

❹ 火災などの災害を防止するため、隣接する製造所やその他関連する施設の関係者と連絡を保つ。

■ **選任と解任**

製造所等の所有者等は、危険物保安監督者を選任(または解任)したときは、遅滞なく市町村長等に届出を行う。また、市町村長等は、製造所等の所有者等に対し、次の場合に危険物保安監督者の解任を命じることができる。

❶ 消防法あるいは消防法に基づく命令の規定に違反したとき。

❷ 公共の安全の維持、災害の発生防止に支障を及ぼす恐れがあるとき。

■ **必要とする製造所**

危険物保安監督者が必要な製造所等は下表のとおり。その他の施設は、貯蔵・取扱う危険物の数量や引火点によって、選任対象になるかどうかが異なる。

必要な施設
● 製造所
● 屋外タンク貯蔵所
● 給油取扱所
● 移送取扱所
● 一般取扱所(容器の詰替えなどを除く)
● 屋外貯蔵所(指定数量の倍数が30を超えるもの)

必要のない施設
● 移動タンク貯蔵所

▶ 危険物施設保安員

危険物施設保安員は、危険物保安監督者の下で、製造所等の構造・設備の点検や応急措置などの保安業務の補佐を行う者のことです。選任されるために必要な資格は特にありません（危険物取扱者でなくてもOKです）。

■ 業務の内容

❶ 製造所等が技術上の基準に適合している状態を維持するために、定期点検や臨時点検を行う。

❷ 点検の状況や保安のために行った措置を記録・保存する。

❸ 製造所等の構造・設備に異常を発見した場合、危険物保安監督者へ連絡するとともに適当な措置を行う。

❹ 火災、または火災発生の危険が著しいときは、危険物保安監督者と協力して応急措置を行う。

❺ 計測装置、制御装置、安全装置などの機能を保持するための保安管理を行う。

■ 選任と解任

危険物施設保安員の選任（または解任）については、市町村長等への届出は必要ない。また市町村長等は、危険物施設保安員を解任できない。

■ 必要とする製造所

危険物施設保安員が必要な製造所等は下表のとおり。

製造所等の区分	取扱う危険物の数量
製造所	指定数量の倍数が100以上
一般取扱所	指定数量の倍数が100以上
移送取扱所	すべて

▶ 危険物保安統括管理者

危険物保安統括管理者は、大量の第4類危険物を取扱う製造所等において、危険物の保安に関する業務を統括管理する者をいう。

選任されるために必要な資格は特にありませんが、（危険物取扱者でなくてもOK）製造所等の保安に関するすべての業務を管理しなければならないため、その施設の最高責任者（工場長や支店長等）が当たるのが通常です。

■ 業務の内容

事業所における危険物、または製造所等の保安業務をまとめて管理し、事業所全体の安全を確保する。

■ 選任と解任

製造所等の所有者等は、危険物保安統括管理者を選任（または解任）したときは、遅滞なく市町村長等に届出を行う。また、市町村長等は、製造所等の所有者等に対し、次の場合に危険物保安統括管理者の解任を命じることができる。

❶ 消防法あるいは消防法に基づく命令の規定に違反したとき。

❷ 公共の安全の維持、災害の発生防止に支障を及ぼす恐れがあるとき。

■ 必要とする製造所

危険物保安統括管理者が必要な製造所等は下表のとおり。貯蔵・取扱う危険物が第4類危険物以外の場合は必要ない。

製造所等の区分	取扱う危険物の数量
製造所	指定数量の3,000倍以上
一般取扱所	指定数量の3,000倍以上
移送取扱所	指定数量以上

保安管理体制は試験に出るぞ！しっかり覚えておこう！

第1章 危険物に関する法令

9 貯蔵・取扱いの基準

製造所等での貯蔵・取扱い方法について、すべてに共通する基準の他、危険物の類や施設ごとなど個別の基準も覚えましょう。

ここが大切!!
- すべての製造所等に共通する基準を覚える
- 第4類危険物に共通する基準を覚える
- 施設ごとの個別の基準を知る

1 貯蔵・取扱いの共通基準 よく出る!!

「ここで復習をかねて早押しテストをやる」

「さて「危険物に関する法令」の授業もそろそろ大詰めなわけだが……」

「早押しテスト?」

「これからおれが製造所等の「貯蔵・取扱いに関する共通基準」の問題を出す わかった者はボタンを押してくれ」

「いつの間に…」

「問題は全3問! 優勝者には何と豪華景品があるぞ!」

「豪華景品!?」

104

▶ すべての製造所等に共通する技術上の基準

❶ 許可もしくは届出にかかわる**品名以外の危険物**、また、**許可もしくは届出にかかわる数量**もしくは**指定数量の倍数を超える危険物**を貯蔵・取扱いしてはならない。

❷ みだりに**火気**を使用しない。

❸ 係員以外の者を**みだりに出入り**させてはいけない。

❹ 常に**整理及び清掃を行う**他、みだりに空箱、その他の**不必要な物件を置かない**。

❺ 貯留設備または油分離装置に溜まった危険物は、あふれないように**随時汲み上げる**。

❻ 危険物のくず、かすなどは、**1日1回以上**、危険物の性質に応じて安全な場所で廃棄、その他適当な処置をする。

❼ 危険物を貯蔵・取扱う建築物、その他の工作物、または設備は、その危険物の性質に応じて**遮光**や**換気**をする。

❽ 危険物は、性質に応じて適性な**温度、湿度**、または**圧力**を保つように貯蔵・取扱う。

❾ 危険物が**漏れ、あふれ**、または**飛散**しないように必要な措置を講ずる。

❿ 危険物の**変質、異物の混入**などにより、危険物の危険性が増大しないように必要な措置を講ずる。

⓫ 危険物が残存、または残存している恐れがある設備、機械器具、容器などを**修理**する場合は、安全な場所において、危険物を**完全に除去した後**に行う。

⓬ 危険物を収納する容器は、**危険物の性質に適応したもの**で、かつ、破損、腐食、裂け目などがないこと。

⓭ 危険物を収納する容器は、みだりに転倒、落下させたり、衝撃を加えたり、引きずったりするなど**粗暴な行為**をしない。

⓮ 可燃性蒸気などが漏れたり、滞留する恐れのある場所では**電線と電気器具とを完全に接続**し、かつ火花を発する機械器具、工具、履物などを使用しない。

⓯ 危険物を保護液中に保存する場合は、危険物が**保護液から露出しない**ようにする。

2 出る！ 貯蔵・取扱いの個別基準

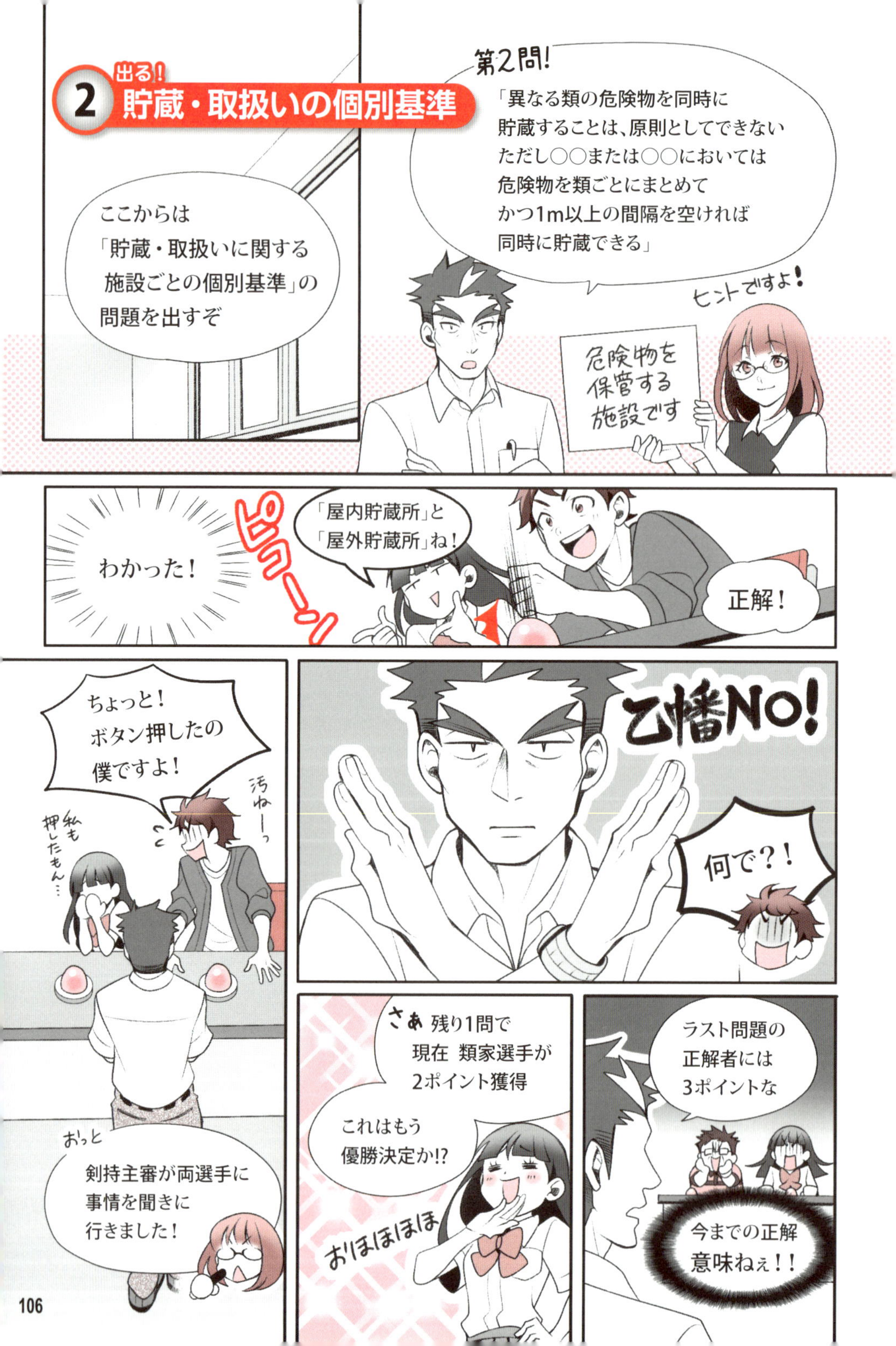

第1章

ラスト問題!
「危険物を焼却する場合は必ず○○○を付けなければならない」

わかった！
見張人だ！

大正解！

はい、「立会人」！

残念！
身近なところでは学校の試験のとき先生たちが同じ役割をしていることがありますよ〜

ちなみに取扱いの基準はこのように定められているぞ

▶ 危険物の取扱いに関する技術上の基準

取扱い	技術上の基準
詰替	危険物を容器に詰め替える場合、**基準で定められた容器に収納するとともに防火上安全な場所**で行う。
消費	吹付塗装作業：防火上有効な**隔壁などで区画された安全な場所**で行う。
	焼入れ作業：危険物が**危険な温度**にならないようにする。
	染色または洗浄作業：換気をよくして行い、**生じる廃液は適正**に処理する。
	バーナーを使用する場合は、**逆火防止と燃料のあふれに注意**する。
廃棄	焼却する場合は、安全な場所で、他に危害を及ぼさない方法で行い、**必ず見張人をつける**。
	危険物は、**海中や水中に流出または投下しない**。
	埋没する場合は、**その性質に応じて安全な場所**で行う。

ありがとうございます……

いらねぇ

さて、景品は特製「乙(おつ)かれメダル」だ！

これも手作りだぞ

もっとよく知ろう！

危険物の貯蔵・取扱いの共通・個別の基準を学ぼう

出題傾向

過去の出題では、貯蔵・取扱いの共通基準について正誤を問う問題が非常に多く出ています。特に、危険物のかすなどの廃棄頻度、火気使用の可否などがポイントになります。

1 貯蔵・取扱いの共通基準

第4類危険物は火気を避け、蒸気を発生させない

危険物を安全に管理するためには、製造所等の建造物に関する基準だけでなく、**従業員などがどのように危険物を扱えばいいか**も大変重要です。そこで消防法では、危険物の貯蔵・取扱いについても細かな基準を定めています。

貯蔵・取扱いの基準は、**施設や危険物の類（性状）によって決められています**。大きく分けると「**すべてに共通する技術上の基準**」「**類ごとの共通基準**」「**施設ごとの個別基準**」の3つがあります。

すべてに共通する技術上の基準とは、すべての施設、すべての危険物で例外なく守らなければならない貯蔵・取扱いの基準です。

類ごとの共通基準は、危険物の類ごとに共通する貯蔵・取扱いの基準です。危険物は類によって性状が異なるため、貯蔵・取扱いの適切な方法も変わってきます。

▶ 危険物の類ごとの共通基準

種類	性状	共通基準
第1類	酸化性固体	可燃物との接触もしくは混合、分解を促す物品との**接近または過熱、衝撃**もしくは**摩擦を避ける**。アルカリ金属の過酸化物（含有するものを含む）については**水との接触を避ける**。
第2類	可燃性固体	酸化剤との接触もしくは混合、炎、火花もしくは高温体との**接近、過熱を避ける**。鉄粉、金属粉、マグネシウム（いずれかの含有物を含む）については、**水または酸との接触を避ける**。引火性固体については、みだりに蒸気を発生させないようにする。
第3類	自然発火性物質及び禁水性物質	自然発火性物品（アルキルアルミニウム、アルキルリチウム、黄リンなど）については、炎、火花、もしくは高温体との**接近、過熱、空気との接触を避ける**。禁水性の物品については、**水との接触を避ける**。
第4類	引火性液体	炎、火花、高温体との**接近または過熱を避ける**。みだりに蒸気を発生させないようにする。
第5類	自己反応性物質	炎、火花、高温体との**接近、過熱、衝撃または摩擦を避ける**。
第6類	酸化性液体	可燃物との接触もしくは混合、分解をうながす物品との**接近または過熱を避ける**。

2 貯蔵・取扱いの個別基準
施設ごとに守るべき貯蔵・取扱いの基準

施設ごとの個別基準とは、製造所等の施設ごとに定められた**貯蔵・取扱いの基準**です。該当する施設は、先ほどのすべてに共通する**技術上の基準、類ごとの共通基準**と合わせて、この基準も守る義務があります。施設ごとの個別基準は、**貯蔵の基準**と**取扱いの基準**(→P107)に分けられます。

▶ 施設ごとの貯蔵の個別基準

■ 危険物以外の物品の貯蔵
危険物と危険物以外の物品を同時に貯蔵することは、原則的にできない。これは火災が発生したときに、延焼が拡大する恐れがあるためである。
ただし、屋内貯蔵所または屋外貯蔵所において、第4類危険物の特定の物品(可燃性固体類、可燃性液体類、合成樹脂類)については、それぞれを取りまとめて貯蔵し、かつ、1m以上の間隔を置けば、同時に貯蔵することができる。

■ 異なる類の危険物の貯蔵
異なる類の危険物を同時に貯蔵することは、原則的にできない。これは類ごとに危険性が異なるため、災害が発生した場合に被害を拡大する危険性があり、消火方法も異なるためである。
ただし、屋内貯蔵所または屋外貯蔵所において、次の危険物を類ごとにそれぞれ取りまとめて貯蔵し、かつ、1m以上の間隔を置けば、同時に貯蔵することができる。

❶ 第1類(アルカリ金属の過酸化物とその含有物を除く)と第5類。
❷ 第1類と第6類。
❸ 第2類と自然発火性物品(黄りんとその含有物に限る)。
❹ 第2類(引火性固体)と第4類。
❺ アルキルアルミニウムなどと第4類のうちアルキルアルミニウムなどの含有品。
❻ 第4類(有機過酸化物とその含有品)と第5類(有機過酸化物とその含有品)。

■ その他の基準
❶ 屋内貯蔵所においては、容器に収納した危険物の温度が55℃を超えないようにする。
❷ 屋外貯蔵タンク、屋内貯蔵タンク、地下貯蔵タンクの元弁、注入口の弁、ふたは、危険物を出し入れするとき以外は閉鎖しておく。
❸ 屋外貯蔵タンク、屋内貯蔵タンク、地下貯蔵タンク、簡易貯蔵タンクの計量口は、計量するとき以外は閉鎖しておく。
❹ 屋外貯蔵所において、危険物を収納した容器を架台で貯蔵する場合の高さは、6m未満とする。
❺ 屋内貯蔵所、屋外貯蔵所で危険物を貯蔵する場合、容器の積み重ね高さは、3m以下とする。

異なる類の危険物を同時に貯蔵することは、原則的にできません。

第1章 危険物に関する法令

10 運搬・移送の基準

危険物を運搬・移送する上でも基準が定められています。運搬時の3つの基準の他、タンクローリーの移送基準を学びましょう。

ここが大切!
- 運搬と移送の違いを理解する
- 運搬容器、積載方法、運搬方法の基準を覚える
- 移送の基準を覚える

1 運搬に関する3つの基準 よく出る!!

どちらも「運ぶ」ことですよね 何が違うんですか?

法令に関する授業の最後は危険物の *運搬と *移送についてだ

運搬と移送には次のような違いがあるんですよ

用語▶▶ *運搬
移動タンク貯蔵所を除いた車両によって危険物を運ぶこと。指定数量未満の危険物についてもこの規定が適用される。

用語▶▶ *移送
移動タンク貯蔵所(タンクローリー)や移送取扱所(パイプライン)によって、危険物を運ぶこと。

危険物を運搬する際は3つの基準がある。それが
①運搬容器
②積載方法
③運搬方法だ

▶ 運搬の3つの基準
① 入れ物(運搬容器)
② 載せ方(積載方法)
③ 運び方(運搬方法)

第1章

❶の運搬容器とは 危険物を入れる容器のことだ。例えば容器の材質は鋼板やアルミニウム板、ブリキ板やガラスなどでなければならない。これらの素材は**機密性が高い**だけでなく危険物による**化学変化を起こしにくい**んだ

その他にもいくつかの基準を覚えておきましょう！

▶ 運搬容器の基準　**重要**

❶ 運搬容器は、**鋼板、アルミニウム板、ブリキ板、ガラス**などを材質とする。
❷ 運搬容器の構造は、**堅固**で容易に破損する恐れがなく、収納口から**漏れる恐れがないもの**でなければならない。
❸ 運搬容器の構造及び**最大容積**は、危険物の類別及び危険等級に応じて基準が定められている。
❹ 危険物の**危険等級**は、危険性の高い順番に**Ⅰ～Ⅲの3つに区分**されている。それぞれの区分に適応した運搬容器を使用しなければならない。

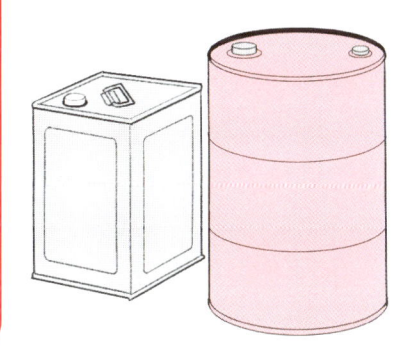

❷の**積載方法**とは
危険物の積み方や積む量についてだ。
運ぶときの揺れなどで危険物が
漏れたり落下したりしないように
基準が決められている

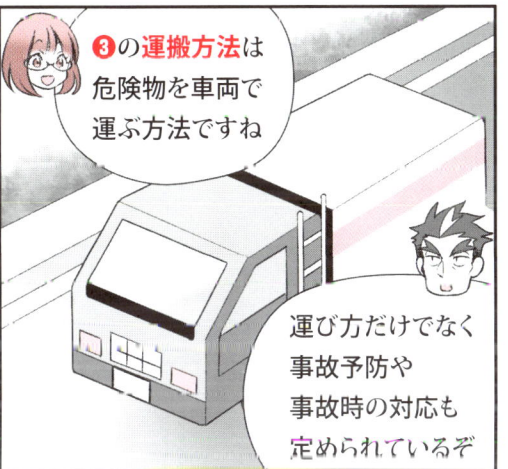

口元のゆる～い誰かさんも見習ったら？

ななみんってさー彼氏いたことないでしょ？

細かく基準があるから覚えておけよー

もはや無視か……

❸の**運搬方法**は危険物を車両で運ぶ方法ですね

運び方だけでなく事故予防や事故時の対応も**定められているぞ**

111

2 出る！ 移送の基準

事故時の被害も大きくなりやすいので基準も厳格なんですね

次は**移送**についての基準だがタンクローリーなどの移動タンク貯蔵所で危険物を運ぶ場合などは点検や運転する人員も基準の対象になる

▶ 移送（移動タンク貯蔵所）の基準

❶ 移動タンク貯蔵所には、移送する危険物を取扱うことができる資格を持った**危険物取扱者が乗車**し、**危険物取扱者免状を携帯**しなければならない。

❷ 移送の開始前に、移動貯蔵タンクの底弁、マンホール注入口のふた、消火器などの**点検を十分に行う**。

❸ 長時間（連続運転時間が4時間超、または1日当たりの運転時間が9時間超）移送の場合には、**原則として2名以上の運転要員を確保**しなければならない。

❹ 休憩などのため移動タンク貯蔵所を一時停止させるときは、**安全な場所を選ばなければならない**。

❺ 移動タンク貯蔵所からの漏油など災害発生の恐れがある場合には、**応急措置を講じるとともに消防機関などに通報**する。

❻ 移動タンク貯蔵所には、**完成検査済証、定期点検記録、譲渡・引渡の届出書、品名・数量または指定数量の倍数の変更の届出書を備え付ける**。

重要

さて、本日の授業はこれで終了明日は1号館の第3研究室に集まるように

なぜですか？

化学ですよ……

ついにめくるめく化学ワールドを旅する時間がやってくるんですよ……！

一体何がはじまるんだ……！

第1章

もっとよく知ろう！ 危険物の「運び方」に関する基準について知ろう

出題傾向　運搬と移送の違いはしっかり理解しておきましょう。また、運搬する際に必要な届出、危険物取扱者免状の有無、運搬容器の材質、混載可能な類の組み合わせなどについて正誤を問う問題がよく出ます。

1 運搬に関する3つの基準

運搬容器・積載方法・運搬方法の基準がある

運搬・移送の基準は、危険物を製造所等から安全に運んだり、移動させたりするために守らなければならない基準です。**運搬**はトラックなどの車両に危険物を積んで運ぶことで、**移送**は移動タンク貯蔵所（タンクローリー）や移送取扱所（パイプライン）によって危険物を移動させることです。

また、危険物の運搬は危険性が高くなるため、その量が指定数量未満であっても消防法が適用されます。危険物の貯蔵・取扱いの規制（指定数量未満の場合は消防法ではなく、市町村条例が適用）とは異なります。

さらに、危険物を運搬する場合は危険物取扱者が同乗しなくても構いませんが、移送する場合は危険物取扱者の同乗が必要です。この違いに気をつけましょう。

運搬の基準は、**運搬容器、積載方法、運搬方法**の3つについて決められています。それぞれ基準を覚えましょう。

運搬容器の基準

運搬容器の基準は、容器の材質や構造についての基準です。ここで知っておきたいのが「危険等級」による分類です。**危険等級**とは、危険物の危険度をランクづけしたもので、危険性の高いものから順にⅠ～Ⅲの3つに区分されています。危険物を運搬する際は、運搬容器に危険等級を表示しなければなりません。

▶ 第4類危険物の危険等級　　🎵 暗記しよう

等級	分類
危険等級Ⅰ	特殊引火物（ジエチルエーテル、二硫化炭素等）
危険等級Ⅱ	第1石油類、アルコール類
危険等級Ⅲ	第2石油類、第3石油類、第4石油類、動植物油類

113

積載方法の基準

積載方法の基準は、運搬容器に危険物の情報を表示する方法や危険物を車両に積むときの方法、積める量などについての基準です。おもな基準は、以下のとおりになります。

❶危険物は、原則として**運搬容器に収納**して積載する。

❷危険物は、温度変化などにより危険物が漏れないように、運搬容器を密封して収納する。

❸固体の危険物は、原則として運搬容器の内容積の**95%以下**の収納率で収納する。

❹液体の危険物は、運搬容器の内容積の**98%以下**の収納率で、かつ、**55℃**の温度において漏れないように十分な空間容積を有して収納する。

❺1つの外装容器に、類の異なる危険物を収納してはならない。

❻危険物を収納する運搬容器の外部には、以下の項目を表示する。
- 危険物の品名
- 危険等級
- 化学名(第4類危険物で水溶性のものは「水溶性」の表示も必要)
- 危険物の数量
- 収納する危険物に応じた注意事項(第4類危険物は「火気厳禁」)

▶ 運搬容器の表示 (例：エタノール)

危険物の品名	第4類 アルコール類	エタノール
危険等級		危険等級Ⅱ
水溶性 (水溶性のもののみ表示)		水溶性
危険物の数量		20ℓ
収納する危険物に応じた注意事項		火気厳禁

❼運搬時に運搬容器が転落、落下、転倒、破損などを起こさないように積載する。

❽運搬容器は、収納口を**上方に向けて積載**する。

❾危険物を収納した運搬容器を積み重ねる場合は、高さは**3m以下**とする。

❿同じ車両において類の異なる危険物を運搬する場合は、**混載が禁止**されているものがある。

▶ 混載可能な類の組み合わせ

区分	第1類	第2類	第3類	第4類	第5類	第6類
第1類		×	×	×	×	○
第2類	×		×	○	○	×
第3類	×	×		○	×	×
第4類	×	○	○		○	×
第5類	×	○	×	○		×
第6類	○	×	×	×	×	

※ただし指定数量の1/10以下の危険物については、この規制は適用されない(すべて混載可能)。

▶ 積載・運搬時のポイント

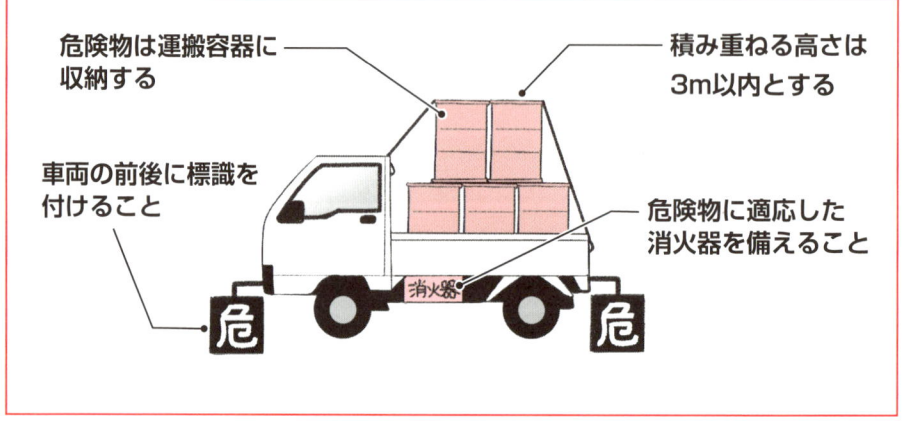

- 危険物は運搬容器に収納する
- 積み重ねる高さは3m以内とする
- 車両の前後に標識を付けること
- 危険物に適応した消火器を備えること

運搬方法の基準

運搬方法の基準は、危険物の運び方や事故時の対応、周囲への注意喚起の方法などについての基準です。おもな基準は、以下のとおりになります。

❶ 危険物を収納した運搬容器に、**著しい摩擦や動揺が起きないように運搬**する。

❷ 運搬中に危険物が著しく漏れるなど、災害が発生する恐れがある場合は、応急措置を講じるとともに、最寄りの消防機関に通報する。

❸ 指定数量以上の危険物を運搬する場合は、次の規制を守る。
- 車両の前後の見えやすい位置に「危」の標識を掲げる。
- 危険物の積替え、休憩、故障などのために、車両を一時停止させる場合は、安全な場所を選び、かつ、運搬する危険物の保安に注意する。
- 運搬する危険物に適応する消火設備を備えつける。

❹ 危険物の運搬を行う場合は、**危険物取扱者の同乗は必要ない**。

2 移送の基準

タンクローリーとパイプラインの2つの基準

移送の基準には、**移動タンク貯蔵所（タンクローリー）についての基準**と、**移送取扱所（パイプライン）についての基準**の2つがあります。

タンクローリーの場合は、一般の車両で運ぶよりも危険物の数量が多く、危険度が特に高くなります。またパイプラインの場合は、導管によって危険物を輸送する特殊な方法をとります。

そのためこれらを移送の基準として運搬の基準とは区別しています。

タンクローリーとパイプラインのそれぞれの施設の特徴を理解した上で基準を覚えるとよいでしょう。

知っておこう！

移送取扱所（パイプライン）のおもな移送の基準

❶ 移送は、危険物を移送するための配管やポンプ、付属する設備の安全を確認してから開始すること。

❷ 移送中は、危険物の圧力及び流量を常に監視すること。また、1日1回以上、配管やポンプ、付属する設備の安全を確認するための巡視を行うこと。

❸ 地震を感知または地震情報を得た場合は、速やかに災害の発生や拡大を防ぐための措置を講じること。

得点力UPテスト ❺

問題1 危険物取扱者免状には、甲種と乙種の2種類がある。

問題2 丙種危険物取扱者が立会っても、危険物取扱者以外の者は危険物を取扱うことができない。

問題3 免状を亡失し、その再交付を受けるときは、亡失した日から10日以内に亡失した区域を管轄する都道府県知事に届出をする。

問題4 危険物取扱者のうち、甲種及び乙種危険物取扱者は3年に1回、丙種危険物取扱者は5年に1回、保安講習を受講しなければならない。

問題5 危険物取扱者であっても、現に危険物の取扱作業に従事していない者は、保安講習の受講義務はない。

問題6 保安講習は、居住地または勤務地がある都道府県で受講しなければならない。

問題7 危険物保安監督者は、すべての製造所等に定めておかなければならない。

問題8 危険物保安監督者に選任されるためには、甲種危険物取扱者で、6か月以上の実務経験が必要となる。

問題9 製造所等の所有者等は、危険物施設保安員を危険物取扱者の中から定めて、遅滞なく市町村長等に届け出なければならない。

問題10 危険物保安統括管理者は、危険物取扱者でなくてもよい。

問題11 危険物施設保安員の業務は、危険物取扱者に必要な指示を与えることである。

問題12 廃油などは、いかなる場合であっても、焼却による廃棄処分をしてはならない。

問題13 製造所等においては、許可もしくは届出に係わる品名以外の危険物であっても、危険性の少ないものであれば貯蔵することができる。

問題14 可燃性蒸気が漏れる恐れのある場所で、火花を発する機械器具を使用する場合は、可燃性蒸気に注意をして使用する。

問題15 製造所等ではみだりに火気を使用してはならないが、必要な場合の制限はない。

問題16 貯留設備または油分離装置に溜まった危険物は、希釈して下水道に流して処理する。

問題17 第4類の危険物と第3類の危険物は、車両で混載して運搬することができる。

問題18 液体の危険物の運搬容器は、内容積の98％以下の収納率で、かつ、55℃において漏れないような空間容積が必要である。

問題19 指定数量以上の危険物を車両で運搬する場合は、所轄消防長または消防署長に届け出なければならない。

問題20 危険物を運搬する際に使用する容器は、密栓し、注入口を横向きにして積載する。

【解答欄】 ※解答は○か×で記入してください。

問題1 [ ]	問題8 [ ]	問題15 [ ]
問題2 [ ]	問題9 [ ]	問題16 [ ]
問題3 [ ]	問題10 [ ]	問題17 [ ]
問題4 [ ]	問題11 [ ]	問題18 [ ]
問題5 [ ]	問題12 [ ]	問題19 [ ]
問題6 [ ]	問題13 [ ]	問題20 [ ]
問題7 [ ]	問題14 [ ]	➡答えは120ページ

得点力UPテスト 解答&解説

得点力UPテスト❶（P36、37）の解答

問題1	×	消防法上の危険物は固体と液体だけで、気体は含まれない。
問題2	×	消防法上の危険物は、性質により、第1類から第6類に分類されている。
問題3	○	
問題4	×	第4類危険物は、7種類に区分される。
問題5	×	第4類危険物の性質の特徴は、「液体」で「引火性」である。
問題6	×	ガソリンは、第1石油類に相当する。
問題7	×	シリンダー油は第4石油類に相当する。
問題8	×	特殊引火物とは、1気圧において発火点が100℃以下のものまたは引火点が-20℃以下で沸点が40℃以下のものをいう。
問題9	○	
問題10	×	アルコール類とは、1分子を構成する炭素の原子の数が1〜3個までの飽和1価アルコール（変性アルコールを含む）をいい、組成などを勘案して総務省令で定めるものを除く。
問題11	○	
問題12	×	製造所は1施設、貯蔵所は7施設、取扱所は4施設に区分されている。
問題13	○	
問題14	×	移動タンク貯蔵所とは、車両に固定されたタンクにおいて、危険物を貯蔵し、または取り扱う施設であり、鉄道に関する定めはない。
問題15	×	店舗において容器入りのままで販売するため危険物を取扱う施設は、一般取扱所ではなく、販売取扱所である。
問題16	×	予防規程は、危険物保安監督者ではなく、製造所等の所有者、管理者、占有者等が定めなければならない。
問題17	×	予防規程を新たに作成または変更したときは、市町村長等の許可ではなく、認可を受けなければならない。
問題18	○	
問題19	×	予防規程は、法令により定められたすべての項目について定めなければならない。
問題20	×	指定数量の倍数によって予防規程を定めなければならない製造所等は、製造所、一般取扱所、屋外貯蔵所、屋内貯蔵所、屋外タンク貯蔵所の5施設である。指定数量に規制がなく、すべてに必要な施設が給油取扱所、移送取扱所の2施設である。

得点力UPテスト❷（P44、45）の解答

問題1	○	
問題2	○	
問題3	×	指定数量の数値が大きくなるほど、危険物の危険度は低くなっていく。
問題4	○	
問題5	×	ジエチルエーテルの指定数量は、50ℓである。
問題6	×	灯油、軽油は非水溶性で、指定数量は1,000ℓである。
問題7	○	
問題8	×	第3石油類の水溶性液体の指定数量は4,000ℓ、第4石油類は6,000ℓで指定数量は同一ではない。
問題9	○	
問題10	○	

問題11	×	指定数量の異なる危険物A、B及びCを同一の貯蔵所で貯蔵する場合の指定数量の倍数は、A、B及びCのそれぞれの貯蔵量を、それぞれの指定数量で除して得た値の和となる。
問題12	○	
問題13	○	
問題14	×	第4石油類の指定数量は6,000ℓ、動植物油類は10,000ℓで指定数量は同一ではない。
問題15	○	
問題16	×	火災予防条例(市町村条例)に従わなければならない。
問題17	×	(メタノール:200／400=0.5)+(ガソリン100／200=0.5)=1で、指定数量に達する。
問題18	○	重油は4,000／2,000=2、ジエチルエーテルは600／50=12で、ジエチルエーテルのほうが指定数量の倍数が大きくなる。
問題19	×	(重油:1,000／2,000ℓ=0.5)+(軽油:1,000／1,000ℓ=1)+(ガソリン:300／200ℓ=1.5)+(灯油:500／1,000ℓ=0.5)=0.5+1+1.5+0.5=3.5
問題20	×	〔重油(200ℓ×3本):600／2,000=0.3〕1(灯油:200／1,000=0.2)=0.5 指定数量は、商の和が1以上で指定数量に達し、ガソリン100ℓを貯蔵すれば100／200=0.5で合わせて1となるため、100ℓが正しい。

得点力UPテスト❷ (P74、75) の解答

問題1	×	消火設備の種類は、第1種から第5種までの5つに区分されている。
問題2	○	
問題3	×	二酸化炭素消火設備は、第3種消火設備である。
問題4	×	第4種消火設備と第5種消火設備の両方を設置しなければならない。

問題5	×	製造所等は、重要文化財との間に50m以上の距離(保安距離)を保たなければならない。
問題6	○	
問題7	×	保安距離を必要とする製造所等の施設は、保有空地も必要である。
問題8	×	移動タンク貯蔵所には、警報設備を設置しなくてもよい。
問題9	×	警報設備には、自動火災報知設備、消防機関に報知できる電話、非常ベル、拡声装置、警鐘の5つがあり、サイレンは警報設備に該当しない。
問題10	×	可燃性蒸気または微粉などが滞留する建築物には、床に側溝等を設け、屋外の高所に排出する設備を設けなければならない。
問題11	○	
問題12	×	タンク専用室は、屋根を不燃材料で造り、かつ、天井を設けないことと定められている。
問題13	×	移動タンク貯蔵所の容量については、30,000ℓ以下と定められている。
問題14	○	
問題15	×	引火点が70℃未満の危険物の貯蔵倉庫では、内部に滞留した可燃性蒸気を屋根上に排出する設備を設けなければならない。
問題16	×	顧客用固定注油設備に彩色を施す場合、灯油は青色を使用する。
問題17	×	セルフスタンドでは、顧客用固定給油設備以外の固定給油設備(一般の計量器)を使用して給油させてはならない。
問題18	×	第1種販売取扱所の用に供する部分には、窓を設置することができる。
問題19	○	
問題20	×	標識や掲示板については、大きさ、地色、文字色、記載内容のすべてが細かく定められている。

得点力UPテスト❹（P92、93）の解答

問題 1	○	
問題 2	×	指定数量以上の危険物の取扱いは、仮貯蔵、仮取扱いの申請を行えば、危険物取扱いができる場所以外でも取扱うことができる。
問題 3	×	変更する場合は、変更しようとする日の10日前までに市町村長等へ届け出なければならない。
問題 4	○	
問題 5	×	市町村長等の認可を受けなければならないのは、予防規程を作成または変更したときである。
問題 6	×	市町村長等に対する届出を必要とするのは、製造所等の譲渡または引き渡しを受けたとき。危険物の品名、数量または指定数量の倍数を変更したとき。製造所等の用途を廃止したとき。危険物保安統括者を選任、または解任したとき。危険物保安監督者を選任、または解任したときである。危険物施設保安員を定めたときは、届出る必要はないため誤りとなる。
問題 7	×	危険物保安統括管理者を定めないとき、またはその者に危険物の保安業務を統括管理させていないときは、設置許可の取消ではなく、使用停止命令が出される。
問題 8	○	
問題 9	×	使用停止命令ではなく、免状の返納命令が出される。
問題 10	○	
問題 11	×	危険物保安監督者がその責務を怠っている場合は、危険物の取扱い作業の保安に関する講習の受講命令ではなく、使用停止命令が出される。
問題 12	×	定期点検の実施者は、危険物取扱者、危険物施設保安員、無資格者（ただし、危険物取扱者の立会いが必要）であり、丙種危険物取扱者は定期点検を行うことができる。
問題 13	○	
問題 14	×	定期点検の結果を市町村等に届出をしなければならないという旨の定めはない。
問題 15	×	定期点検の記録は、3年間保存が義務付けられている。
問題 16	○	
問題 17	×	移動タンク貯蔵所は、貯蔵し、または取扱う危険物の数量などに関係なく、すべて定期点検を実施しなければならない。
問題 18	×	定期点検の点検記録には、点検を行った製造所等の名称、点検方法及び結果、点検年月日、点検を行った危険物取扱者もしくは危険物施設保安員または点検に立ち会った危険物取扱者の氏名を記載する。点検した日を市町村長に報告した年月日等を記載するという旨の定めはない。
問題 19	○	
問題 20	×	当該危険物を取扱う免状を有する危険物取扱者が立会えば、無資格者でも点検を実施できる。

得点力UPテスト❺（P116、117）の解答

問題 1	×	免状には甲種、乙種、丙種の3種類がある。
問題 2	○	
問題 3	×	免状をなくし、その再交付を受けるときは、免状を交付または書換えをした都道府県知事に申請する。なくした日から10日以内というような期間の定めはない。
問題 4	×	保安講習について、丙種危険物取扱者のみが5年に1回受講するという旨の定めはない。受講義務のある危険物取扱者は、甲種、乙種、丙種いずれも3年に1回受講しなければならない。
問題 5	○	

問題6	×	保安講習は、全国どこの都道府県で行われている講習であっても、受講することができる。
問題7	×	品名や指定数量などに関係なく危険物保安監督者を必要とする施設は、製造所、屋外タンク貯蔵所、給油取扱所、移送取扱所、一般取扱所の5つである。
問題8	×	危険物保安監督者に選任されるためには、甲種危険物取扱者または当該危険物を取扱うことができる乙種危険物取扱者で、6か月以上の実務経験が必要となる。
問題9	×	危険物施設保安員は、危険物取扱者の資格を必要とせず、また、届出の必要もない。
問題10	○	
問題11	×	危険物施設保安員の業務は、定期点検、臨時点検の実施、保安管理などを行うことで、危険物取扱者に必要な指示を与えるという旨の定めはない。
問題12	×	廃油などを廃棄する場合は、安全な場所で見張り人をつければ焼却できる。
問題13	×	製造所等においては、許可もしくは届出に係わる品名以外の危険物は貯蔵できない。
問題14	×	可燃性蒸気が漏れる恐れのある場所で、火花を発する機械器具を使用してはならない。
問題15	○	
問題16	×	貯留設備、または油分離装置に溜まった危険物は、あふれないように随時汲み上げる。廃棄する場合は、海水や水中に流出させてはならない。
問題17	○	
問題18	○	
問題19	×	指定数量以上の危険物を車両で運搬する場合であっても、所轄消防長または消防署長に届け出る必要はない。
問題20	×	運搬容器は、すべて注入口を上方に向けて積載しなければならない。

間違えた問題はもう一度マンガと解説をよく読んで復習しておこう！

Column01
試験に合格するための5つのツボ！

　危険物取扱者乙種第4類(以下、乙4)の合格率は30％前後と言われています。4類以外の乙種の合格率が70％前後であることを考えると、乙4の合格率は低いということが言えます。

　これは、受験資格が特になく、受験者層が広いということも理由のひとつですが、「勉強しないと合格できない！」資格であることは間違いありません。

　さて、それではどうすれば合格できるか、合格するための〝ツボ〟をいくつかお教えましょう。

ツボ1　勉強より先に、まず試験日を決めて申し込む！

乙4受験者の中には、勉強して自信がついてから受験申請しようという人がたまにいますが、こういう人は一生合格できません！　受けようと思ったら即申し込んで、自分を追い込んでそこから逃げられない状況を作ることが大事。覚悟を決めて、試験日までのスケジュールを組みましょう。

ツボ2　参考書、問題集は浮気をしない！

本屋さんに行けばたくさんの危険物乙4テキストや問題集がところ狭しと並んでいます。つい迷って何冊か購入してしまったという人もいるかもしれませんが、それはお金と時間の無駄。なるべく解説がわかりやすいもの、イラスト・図表が入っていて見やすいもの…など、好みに合わせて参考書と問題集1冊ずつ選んでください。これで十分です。

ツボ3　毎日15分でも勉強する！

学業、仕事、家事、育児、人にはそれぞれの事情があり、勉強時間もまちまち。「今日は忙しくて時間がとれなかった」というのは言い訳です。誰にも1日24時間平等にあるのです。短時間でも毎日勉強しましょう。通学時、通勤時、ランチ時、すきま時間を利用してたとえ1〜2問の問題を解いただけでも、モチベーションの維持につながります。教材は常に持ち歩いてください。

ツボ4　勉強場所を定めない！

いつ勉強するかと同様、どこで勉強するかも人ぞれぞれ。電車内、居間、トイレ、風呂、ベッドの上など…。さらにインターネットの普及でジョギング・運動しながらの勉強も可能になりました。要は、リラックスかつ集中できる場所であれば、どこでもいいのです。柔軟な発想ができれば、勉強場所は無限大に広がります。

ツボ5　過去問を制す！

資格試験において「過去問を制するものは試験を制す」とはよく言われることですが、これは乙4の試験においても同じです！　過去問題集とは、過去に本試験で実際に出題された問題を編纂したものですが、乙4の試験も、大半は過去に出題されたものから似たような形で出題される傾向があります。つまり過去問1冊を繰り返し解けば、本試験でも似たような問題に複数遭遇することになるのです。さあ、参考書で知識の定着をはかったら、ひたすら過去問演習です！　これが合格への一番の近道です！

第2章
基礎的な物理学及び基礎的な化学

この章で学ぶこと

1. 燃焼の定義と種類
2. 燃焼範囲と消火の原理
3. 静電気と湿度
4. 物質の状態変化
5. 密度と比重・気体の性質
6. 熱の性質について
7. 物質の種類・化学変化
8. 原子と分子
9. 化学の基本法則・化学反応式
10. 熱化学と溶液
11. 金属の特性とイオン化傾向
12. 有機化合物とは何か？
13. 酸と塩基・酸化と還元

第2章 基礎的な物理学及び基礎的な化学

1 燃焼の定義と種類

危険物による火災の仕組みを理解するには、まず燃焼の原理を知る必要があります。燃焼に必要な要素や条件などについて学びましょう。

ここが大切!
- 燃焼の3要素を覚える
- 燃焼しやすい条件を覚える
- 燃焼の種類を知る

1 よく出る!! 燃焼の定義と難易

えーっと 今日の授業はここでいいんだよね？

き 桐谷さん 何やってんすか！

ゴオーッ

いやああぁ!!

パチ

やけに中が暗いわね……

失礼しま…

みなさん、お待ちしておりました！

ちょっと *燃焼反応のテストをしてたんです

プス プス

用語 ＊燃焼反応
熱や光を発生させながら、物質が酸素と結びつく化学的な反応のこと。

第2章

皆さんは 何で ものが燃えるのか わかりますか?

改めて言われると説明できないかも……

燃焼を 起こすには 3つの要素が 必要なんです

1つ目は**可燃物**。当たり前ですけど燃えるものがなければ燃焼は起こりませんよね

2つ目は**熱源**。火気だけでなく電気や摩擦の火花なんかもそうです

そして 3つ目はコレ！

何にも ありませんが……

バカね

酸素よ

ピンポーン！

酸素が 足りないと 燃焼は 起こりません

この3つを **燃焼の3要素** というんですよ

▶ 燃焼の3要素　　　　　　　　　　　　　　**重要**

要素	特徴	例
❶ 可燃物	着火した場合に燃焼する物質のこと。燃焼は酸化反応の一種なので、可燃物は酸化される（酸素と化合する）物質でなければならない。	●ほとんどの有機化合物 ●木材 ●石油 ●ガソリン　など
❷ 熱源（点火源）	可燃物と酸素を結びつけ、燃焼反応を起こさせるためのエネルギーとなるもの。	●火気（炎） ●**摩擦や衝撃による火花** ●高温体 ●**静電気**　など
❸ 酸素供給源	燃焼に必要となる酸素を供給するもの。代表例の空気には、約21％の酸素が含まれている。	●空気 ●第1類・第5類・第6類危険物　など

1つでも欠けると 燃焼は起こらない！

125

2 よく出る!! 燃焼の種類

また ものの燃え方には種類があります

例えば 木材は *分解燃焼 といって加熱されて熱分解を起こし発生した可燃性ガスが燃焼しています

用語 ▶▶ *分解燃焼
分解燃焼とは、可燃物(固体)が加熱されて熱分解を起こし、そのときに発生する可燃性ガスが燃焼することをいう。おもな例として木材、石炭、プラスチックなどがある。

さらに燃えやすさの観点ではバーベキューのときに開いた傘のように薪(木材)をくべることで燃えやすくなります

▶ **酸素供給と燃焼の関係性**

空気　　　空気

これは風の通りをよくして空気が常に供給されるようにすることで 酸素供給源を確保しているからです

それから― 木材は燃えると灰になるのにアルコールランプの芯は燃えても減らないのはなぜか?

そう言われてみると不思議ね

このように可燃物が固体か液体か気体かによって ものの燃え方も変わってくる

第2章

実は芯自体が燃えているわけではなく芯から蒸発したアルコールが空気と混ざって燃えているんだ。これを*蒸発燃焼というぞ

私のセリフ…

これは自己燃焼の爆発的燃焼では…

重要

用語 ▶▶ *蒸発燃焼
引火性の液体の表面から蒸発した可燃性蒸気が酸素と混ざり合い、何らかの熱源によって燃焼すること。※特に第4類危険物の燃焼はこの蒸発燃焼なので覚えておこう!

3 よく出る!! 完全燃焼と不完全燃焼

▶ 酸素量と燃焼の種類

最後に燃焼の種類を覚えておきましょう!
ポイントは酸素ですよ

二酸化炭素 ← 完全燃焼 ← 酸素 → 不完全燃焼 → 一酸化炭素
水蒸気 ↑　　　　　　　　　　　　　　　　↑ すす

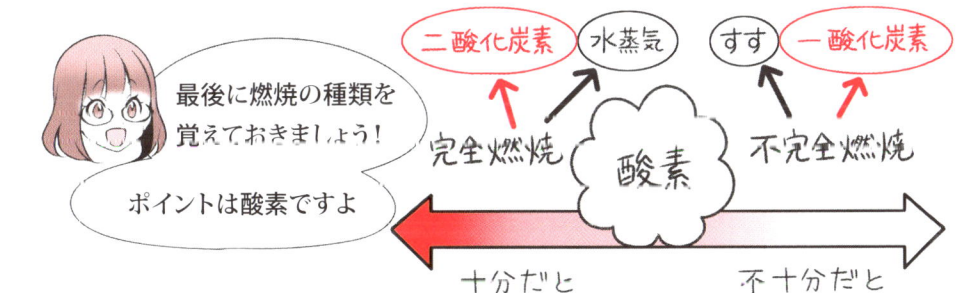

十分だと ←――――――→ 不十分だと

▶ 二酸化炭素と一酸化炭素の性質

二酸化炭素	空気より重い
	燃焼しない
	水に溶けて弱い酸性を示す
	無害である
	凍らせるとドライアイスになる

一酸化炭素	空気より軽い
	燃焼して二酸化炭素になる
	水にほとんど溶けない
	有毒である
	還元剤になる

127

燃焼の3要素などの定義と種類を知ろう

出題傾向　消火や火災予防の観点の問題では、燃焼の3要素を理解しているかを問う問題が出題されます。また、液体・固体・気体の燃焼の種類もしっかりと覚えておきましょう。

1 燃焼の定義と難易

燃焼するためには「3つの要素」が必要になる

「ものが燃える」反応を化学的に見ると、**物質が熱と光の発生を伴いながら酸素と化合（酸化反応）している状態**を指し、これを**燃焼**といいます。燃焼には、**①可燃物、②点火源（熱源）、③酸素供給源**の3つが必要となります。これを燃焼の3要素といいます（➡P125）。

①可燃物とは、着火時に燃焼するもの、そのものを指し、木材、石油、石炭、ガソリン（の蒸気）などが挙げられます。

②酸素供給源とは、燃焼に必要な酸素を供給するものをいいます。代表的なものは空気です。空気は通常環境において酸素を約21％程度含有しており、最も身近な酸素供給源といえます。また、第1類・第5類・第6類危険物など、加熱により自ら酸素を発生させるものもあります。

③点火源（熱源）とは、燃焼するためのきっかけとなるエネルギーを指します。マッチやライターなど火気の他、衝撃・摩擦などによる火花や酸化熱、静電気火花があります。特に静電気火花が点火源となることは試験で頻出です。

また、燃焼の3要素の状態によって、燃焼の難易（燃えやすさ）が決まります。例えば、液体の可燃物を霧状に噴射すると、空気との接触面積を大きく取るので、酸素と接触しやすくなり、燃えやすくなります。

▶ 燃焼しやすい条件

条件	理由
空気との接触面が大きい	酸素供給源となる**酸素とより接触しやすくなるため**。 例 霧状の液体、裁断した木材など。
熱伝導率が小さい	熱が周囲に伝わりにくいため、熱が可燃物にたまり**一点が高温となるため**。
酸化されやすい	可燃物が**もともと酸化しやすい性質**を持っている。
可燃物や周囲の温度が高い	引火点に達して**可燃性蒸気を発生させやすくなる**ため。
蒸発しやすい（揮発性が高い）	**可燃性蒸気**を発生させやすくなるため。

2 燃焼の種類

可燃物の状態により燃焼の仕方も変わる

物質によって燃焼の仕方はさまざまです。気体・固体・液体といった状態や性質に応じて、**燃焼の種類が区分**されています。例えば、ガソリンなどの第4類危険物（引火性液体）が燃焼する際は、ガソリンという液体そのものが燃焼しているのではなく、ガソリンが引火点に達することで液面に可燃性蒸気が発生し、その可燃性蒸気が空気（酸素）と混合することによって燃焼しています。これを**蒸発燃焼**といいます。

特に、**第4類危険物はすべて蒸発燃焼である**ということや、木材、木炭、石炭の燃焼の種類が試験に頻出です。

▶ 燃焼の種類

●暗記しよう

	燃焼の種類	燃焼の仕方	例
気体	定常燃焼	制御可能な燃焼であり、次の2つがある。 **混合燃焼**：あらかじめ可燃性気体と空気を混合させて燃焼。 **非混合燃焼**：ガスコンロのように、可燃性気体を連続的に空気中に放出して燃焼（拡散燃焼）。	都市ガス、プロパンガス
気体	非定常燃焼 （爆発燃焼）	可燃性気体と空気とが混合し密閉状態で点火されたときに起こる燃焼。 制御しにくい、または制御不能である。	ガソリンエンジンなどの爆発
液体	蒸発燃焼	可燃物が加熱されたとき、熱分解を起こさずに、液面から蒸発した蒸気が空気と混合して起こる燃焼。	ガソリン、灯油、軽油、重油、アルコールなど、第4類危険物すべて
固体	分解燃焼	可燃物が加熱されて熱分解を起こし、そのときに発生する可燃性ガスにより燃焼。	木材、石炭、プラスチック
固体	表面燃焼	可燃物が熱分解を起こさず、蒸発もしないで可燃物の表面が直接燃焼すること。	木炭、コークス
固体	蒸発燃焼	可燃物が加熱されたとき、熱分解を起こさずに、固体から蒸発した蒸気により燃焼。	ナフタレン、硫黄
固体	自己燃焼 （内部燃焼）	加熱、衝撃により、可燃物が保有している酸素により燃焼。	ニトロセルロース、セルロイド

3 完全燃焼と不完全燃焼

酸素量によって分かれる完全燃焼と不完全燃焼

燃焼の際に酸素が十分にあるか否かにより、「**完全燃焼**」と「**不完全燃焼**」に分かれます。

「完全燃焼」とは、可燃物が十分な酸素供給のもとで燃え尽き、水（水蒸気）と二酸化炭素を発生することをいいます。

一方、「不完全燃焼」とは、酸素供給が不十分な環境下で可燃物が燃焼することをいい、すす（黒煙）と一酸化炭素を生じます。

第2章 基礎的な物理学及び基礎的な化学

2 燃焼範囲と消火の原理

ここでは燃焼に関するさまざまな温度とその変化、蒸気の濃度などについてと、火災の性質に適した消火方法も学んでいきましょう。

ここが大切!
- 引火点・燃焼点・発火点の定義を覚える
- 燃焼範囲を正しく理解する
- 消火の4要素と火災の性質を知る

1 よく出る!! 引火点・燃焼点・発火点

駐車場

今からちょっとした実験を行うぞ〜

乙幡！ダッシュでアイス買ってきて！
暑すぎ
えーっ 何でおれが！
ガコッ

はい 注目！

何も起こらない
ずる

ここにクーラーボックスで冷えた灯油がある
これに火を近づけると…

では こっちのビーカーに火を近づけてみましょう

真夏の直射日光とアツアツのタイルでほどよく温まった灯油でーす

ボッ！
燃えた！
危険物の種類も量も同じなのにどうして？
温度が違うからですか？
そうだ！こっちのビーカーの灯油は*引火点に達していたんだ
灯油の引火点は40℃ 温められて液面上に蒸気が発生して燃えたわけだな
用語 *引火点
可燃性の液体が、燃焼するために必要な濃度の蒸気を発生させる最低の液温のこと。
ちなみに 燃え続けるためには一定量以上の蒸気の発生が必要です
この蒸気が発生し続けるための温度を*燃焼点といいます
用語 *燃焼点
可燃性の液体が燃焼するのに必要な濃度の蒸気の発生を継続する最低の温度のこと。
それから実験をもう1つ
ガスコンロで灯油を温め続けると…
ジッ…
ボッッ
灯油に火を直接近づけたわけじゃないのに燃えた！
うむ。これは灯油が*発火点220℃に達したためだ。自然発火は滅多にしないんだ
用語 *発火点
点火源がなくとも、可燃物が自ら燃えはじめる最低の温度のこと。
一般に発火点は引火点や燃焼点よりも高くなることがポイントですよ！
さて 次
ジリ
ジリ
っていい加減にしなさいよ！もう暑すぎ～！

② よく出る!! 燃焼範囲

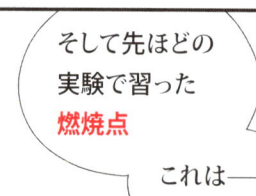

ところで四ツ谷。液体の燃焼の種類を覚えているか？

はーっ やっぱり冷房の効いた部屋はサイコーねー

は はい！蒸発燃焼ですよね？

↑ねてた

結局おごらされた↓

そうだ 液体の表面から蒸発した可燃性の蒸気が空気と混ざって燃えるんだったよな

コクリ

燃え続けるためには一定量以上の蒸気が発生し続けなければならないでしょ？

そして先ほどの実験で習った **燃焼点** これは——

そう 蒸発燃焼を起こすためには単純に蒸気が出るだけじゃダメ

蒸気と空気の割合が *燃焼範囲内になければならない

用語▶▶ *燃焼範囲
空気中で可燃性蒸気が燃えるために必要な蒸気の濃度範囲のこと。

つまり 空気と可燃性蒸気の「濃度」が重要になるんだ

例えば空気と可燃性蒸気の合計が100%になるとした場合ガソリンの燃焼範囲は1.4〜7.6%。これより薄すぎても濃すぎても燃焼は起こらない

知っておこう！

▶ **燃焼範囲のイメージ**

気体全体の体積100

空気	ガソリン
92.4	7.6
98.6	1.4

蒸気が濃すぎる — 燃焼範囲の上限値を上回っているため燃えない

(上限値) **7.6vol%**

ガソリンの燃焼範囲。この範囲内であれば燃える

(下限値) **1.4vol%**

燃焼範囲の下限値を下回っているため燃えない

蒸気が薄すぎる

引火点 (−40℃)

可燃性蒸気が濃いほど燃えやすくなるってわけじゃないんですね

そうです 燃焼範囲も物質によって異なります。試験によく出るので覚えておきましょうね！

▶ **おもな物品の燃焼範囲** 　　暗記しよう

物品名	燃焼範囲(vol%)	物品名	燃焼範囲(vol%)
灯油	1.1〜6.0	ジエチルエーテル	1.9〜36.0
トルエン	1.1〜7.1	アセトン	2.5〜12.8
ベンゼン	1.2〜7.8	酸化プロピレン	2.3〜36.0
二硫化炭素	1.3〜50.0	エタノール	3.3〜19.0
ガソリン	1.4〜7.6	メタノール	6.0〜36.0
アセトアルデヒド	4.0〜60.0	軽油	1.0〜6.0

よく出る!!

3 消火の原理

はい先生!
ポッ
桐谷 火を
ちょっと!
授業中にタバコ吸うとか
信じらんない!
そうじゃない
これも実験道具なんだよ
よしお前ら 今すぐ
この火を消してみろ
えっ
いいから
早く!
フッ
ジュッ
カポッ

第2章

燃焼には3つの
要素が必要だって
ことは覚えてるな？

逆に考えれば
3つのうちどれか
1つでも取り除けば
火は消えるって
ことだ

さて 全員違う方法で
消したのに気づいたか？

そういえば！

▶ 消火の3要素

冷却消火
水などで熱源から温度を
奪って消火する方法

重要

これを
消火の3要素
というぞ

除去消火
可燃物を除去して
消火する方法

窒息消火
酸素の供給を止めて
消火する方法

これ以外にも、
化学的に
酸化(燃焼)を抑える
*抑制消火法という
消し方があります

覚えておきましょう！

用語 ▶▶ *抑制消火法
化学物質などを投入することで、酸化反
応を止めて(抑制させて)燃焼を止める
方法のこと。

ななみんの
怒りの炎の
消し方もあれば
いいのにねぇ？

あっ
窒息消火法
だ……

命の炎が
消えてしまう……!!

もっとよく知ろう！

消火の原理と火災の性質について学ぼう

出題傾向

引火点、燃焼点、発火点のそれぞれの定義の他、燃焼範囲の定義も正しく理解しておきましょう。また、消火の4要素や各消火剤に適応する火災、おもな消火効果に関する正誤問題も頻出しています。

1 引火点・燃焼点・発火点

燃焼にかかわる3つの温度

物質の危険性を把握するためポイントとなるのが、①引火点、②燃焼点、③発火点です。

①引火点とは、引火性液体に点火源を近づけた際、燃焼し始めるのに十分な可燃性蒸気を発生させる液温をいいます。前述の灯油の例（→P130）のように、引火点を下回っている場合は可燃性蒸気が発生していないため点火源を近づけても燃焼はしません。つまり、引火点が低いほど燃焼しやすくなるため危険であるといえます。また、**引火点は燃焼範囲の下限値**となるときの液温です。

②燃焼点とは、燃焼を継続させるための最低の液温をいいます。単に引火点に達したからといって着火しても、火はすぐに消えてしまいます。これは、燃焼反応のスピードよりも可燃性蒸気の発生速度の方が遅いために起こります。つまり、燃焼を継続させるためには必要とされる可燃性蒸気を一定のスピード以上で発生させ続けなければならず、これを達成できる液温が燃焼点ということになります。一般に、**引火点より高く**なります。

③発火点とは、引火性液体を加熱し続け、ある温度以上になって点火源がなくても自ら燃え始める温度をいいます。**発火点は引火点や燃焼点よりも高い**ことが特徴ですが、ガソリン（引火点−40℃、発火点300℃）と灯油（引火点20℃、発火点220℃）のように、引火点が低いものが発火点も同様に低いとは限らないので注意が必要です。

▶ おもな物質の引火点

物質名	引火点
ジエチルエーテル	−45℃
ガソリン	−40℃以下
アセトン	−20℃
ベンゼン	−11℃

物質名	引火点
灯　油	40℃以上
軽　油	45℃以上
重　油	60〜150℃
グリセリン	199℃

可燃物が加熱されなくても、常温の空気中で自然に発熱し、その熱を長時間蓄積することで発火点に達して自ら燃焼する現象を**自然発火**といいます。自然発火が起きやすい条件としては、粉末状など酸素との**接触面積（表面積）が大きい**こと、その**物質自体が酸化しやすい**性質を持つこと、**熱伝導率が小さく**熱を蓄積しやすいことや**風通しが悪い**ことなどが挙げられます。

また、自然発火は、**ヨウ素価の大きい動植物油類（乾性油）ほど起きやすい**傾向があります。ヨウ素価とは、油脂100gが吸収するヨウ素のグラム数を指し、ヨウ素価が大きいほど空気中の酸素と化合しやすい性質を持ちます。酸化の際には反応熱を生じるため、反応熱が蓄積し、自然発火に至ります。

自然発火と合わせて、**粉じん爆発**についてもおさえておきましょう。固体の可燃物が粉末状で空気中を舞っている際、酸素との接触面積が極端に大きくなるため非常に酸化しやすくなります。このとき、**点火源により爆発的に燃焼反応を起こすこと**を粉じん爆発といいます。粉じん爆発を起こしやすい例として、粉末状の石炭、硫黄、アルミニウムなどが挙げられます。

▶ おもな物質の発火点

物質名	発火点
ジエチルエーテル	160℃
灯　油	220℃
軽　油	220℃
重　油	250〜380℃

物質名	発火点
ガソリン	300℃
グリセリン	370℃
アセトン	465℃
ベンゼン	498℃

▶ 自然発火のおもな原因

①**酸化熱**
（石炭、鉄粉、乾性油など）

②**分解熱**
（セルロイドなど）

③**微生物**
（たい肥、ごみなど）

④**吸着熱**
（活性炭、木炭の粉末など）

⑤**重合熱**
（スチレンなど）

室内に鉄粉などが充満していると自然発火が起きやすい。

ごみやたい肥などに微生物が繁殖すると、自然発火しやすい。

2 燃焼範囲

可燃性蒸気と空気の割合が重要になる

危険物の温度が引火点に達すると、液面に可燃性蒸気が発生し、点火源により燃焼します。このとき、可燃性蒸気が可燃物、空気が酸素供給源となり燃焼の3要素を満たすことになりますが、燃焼するためには可燃物と酸素供給源のバランスも重要な要素となります。つまり、可燃性蒸気が多すぎても少なすぎても燃焼は起きません。

燃焼に必要なだけの空気中の可燃性蒸気の濃度範囲を燃焼範囲といいます。燃焼範囲は下図のような計算式で算出し、単位はvol%で表します。volはvolume(体積)の略で、「空気中に可燃性蒸気がどのくらいの量あるのかを体積で表した値」を意味しています。可燃性蒸気の濃度が燃焼範囲を外れると、点火源があっても燃焼は起きません。

燃焼範囲はガソリンの1.4～7.6vol%のように、一定の範囲をもって示されます。このとき、ガソリンは1.4vol%を下回る、もしくは7.6vol%を超えると燃焼せず、その間であれば燃焼することを指しています。1.4vol%が燃焼範囲の下限値、7.6vol%が燃焼範囲の上限値を指しています。

前述した引火点は、「引火性液体に点火源を近づけた際に燃焼し始めるのに十分な可燃性蒸気を発生させる液温」なので、**引火点は「燃焼範囲の下限値である蒸気を発生させる濃度」である**といえます。燃焼範囲が広く、燃焼範囲の下限値が低いものの方が引火の可能性が高く、危険です。

▶ 燃焼範囲の計算方法

燃焼範囲の公式

$$燃焼範囲 = \frac{可燃性蒸気の量(ℓ)}{可燃性蒸気の量(ℓ) + 空気の量(ℓ)} \times 100$$

燃焼範囲の計算

例1 空気10ℓ中にガソリンの蒸気10ℓが発生した場合(※ガソリンの燃焼範囲は1.4～7.7vol%)

$$\frac{ガソリン10(ℓ)}{ガソリン10(ℓ) + 空気10(ℓ)} \times 100 = 50\text{vol}\%$$

→ 燃焼範囲の上限値を超えているため**燃焼しない**

例2 空気49ℓ中にガソリンの蒸気1ℓが発生した場合

$$\frac{ガソリン1(ℓ)}{ガソリン1(ℓ) + 空気49(ℓ)} \times 100 = 2\text{vol}\%$$

→ 燃焼範囲内にあるため**燃焼する**

▶ おもな物質の燃焼範囲

可燃性気体	燃焼範囲（vol%）
灯油	1.1〜6.0
トルエン	1.1〜7.1
ベンゼン	1.2〜7.8
二硫化炭素	1.3〜50.0
ガソリン	1.4〜7.6
ジエチルエーテル	1.9〜36.0

可燃性気体	燃焼範囲（vol%）
アセトン	2.5〜12.8
アセチレン	2.5〜81.0
エタノール	3.3〜19.0
酸化プロピレン	2.3〜36.0
メタノール	6.0〜36.0
一酸化炭素	12.0〜75.0

③ 消火の原理
燃焼の種類ごとに適切な消火方法は異なる

物質の燃焼には、可燃物、酸素供給源、点火源といった燃焼の3要素が必要であり、これらのうち1つでも欠ければ燃焼しないと前述しました。

つまり、消火をする際にはこれらのうち1つでも除去すれば燃焼を止めることができるといえます。

このうち、可燃物を取り除く方法を①**除去消火**、酸素供給源を断つ方法を②**窒息消火**、点火源（熱源）を奪う方法を③**冷却消火**といい、これらを合わせて消火の3要素といいます。

▶ 消火の4要素

①除去消火
可燃物を物理的に除去することで消火する方法。息を吹きかけてロウソクの火を消して可燃物であるロウの蒸気を除去したり、ガスの元栓を閉めて火を消したりすることなどが当てはまる。

②冷却消火
冷却によって熱源の熱を奪い、可燃物の温度を燃焼に必要な温度（引火点）以下に下げることで消火する方法。木材などの火災を放水によって消火することなどが当てはまる。

③窒息消火
燃焼に必要な酸素の供給源を断つことで消火する方法。天ぷら鍋やアルコールランプにふたをして消火することなどが当てはまる。第4類危険物の火災が発生したとき、最も用いられる消火方法。

④抑制消火
ハロゲン化物などの化学物質を投入することで、**酸化反応を抑制**して消火する方法。粉末消火剤による消火や、ハロゲン化物消火剤による消火などが当てはまる。

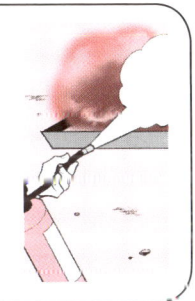

また、燃焼とは熱と光の発生を伴う酸化反応であると前述しました(→P128)。酸化反応という化学変化を、化学物質を用いて化学的に止める消火方法を④**抑制消火**(非触媒効果による消火)といいます。消火の3要素に抑制消火を加え、**消火の4要素**ということもあります。

一方で、火災の性質も燃えているものによって3種類に分けられます(→下表)。

気をつけなければならないのは、**火災の種類によって、使用できる消火剤の種類も異なる**ということです。

例えば、天ぷら鍋の油から出火した場合は、水をかけるとかえって危険なため、冷却消火ではなく除去消火と窒息消火(例:ガスの元栓を閉めた後、濡れタオルを何枚も天ぷら鍋の上に重ねて空気を遮断する)による対処が必要です。

このようにさまざまな火災に対応できるよう、**消火器(消火剤)にもいくつかの種類があります**。それぞれの消火剤の性質(消火効果)や適応できる火災の範囲を覚えておきましょう。

▶ 火災の種類と適応する消火剤

● **A火災(一般火災・普通火災)**
一般的な建築物や紙、木材などの可燃物による火災。使用できる消火剤は、水、強化液、泡、りん酸塩類粉末系など。

● **B火災(油火災)**
引火性液体や油脂などによる火災。使用できる消火剤は、霧状の強化液、泡、ガス、粉末系など。水消火器は、燃えた油が水面に浮いて流動することで被害を拡大する恐れがあるため使用できない。

● **C火災(電気火災)**
電気設備の火災。使用できる消火剤は、霧状の強化液、ガス、粉末系、ハロゲン化物など。泡や棒状の水(ホースから出す水など)は、感電の危険があるため使用できない。

▶ 火災の種類と適応する消火剤

①水を放射する消火剤 ●適応する火災➡A火災 ●おもな消火効果➡冷却	水は比熱(→P165)と蒸発熱が大きいため冷却効果が高く、**熱源から効果的に熱を奪うことができる**。ただし**B火災(油火災)の場合は被害を拡大する恐れがあるため使用できない**。また引火性液体である第4類危険物の消火にも適さない。
②強化液を放射する消火剤 ●適応する火災➡A・B・C火災 ●おもな消火効果➡冷却・抑制	強化液は、**水に炭酸カリウムを混ぜて消火力を高めた液体**のこと。凝固点(液体が固体に変化する温度)が水よりも低いため、寒冷地でも消火できるのが特徴である。性質的には**すべての火災に適応できる**が、**B・C火災については、霧状に放射した場合に限られる**(棒状に放射すると油を流動させ被害を拡大させたり、感電の恐れがあるため)。
③泡を放射する消火剤 ●適応する火災➡A・B火災 ●おもな消火効果➡冷却・窒息	大量の泡によって燃焼物の表面を覆い、**酸素の供給を断つことで消火する**。C火災(電気火災)については、感電の恐れがあるため使用できない。泡には、空気を含んだ**「機械泡」**と、二酸化炭素を含んだ**「化学泡」**の2種類がある。どちらも適応火災や消火効果は変わらない。

④二酸化炭素を放射する消火剤 ● 適応する火災➡B・C火災 ● おもな消火効果➡冷却・窒息	二酸化炭素は不燃性(燃えない)ガスであり、放射することで**空気中の酸素濃度を下げる**効果(窒息効果)がある。また電気をとおさないため、C火災にも適応できる。ただし狭い室内などで使用すると、**酸欠状態になる恐れ**があり危険である。
⑤粉末を放射する消火剤 ● 適応する火災➡種類により異なる ● おもな消火効果➡窒息・抑制	二酸化炭素や窒素ガスを噴射して、**抑制効果のある薬剤を燃焼物にふきつける**ことで消火する(薬剤で表面をおおうので窒息効果もあり)。薬剤は、おもに次の2種類がある。 ● 炭酸水素塩系 　炭酸水素ナトリウムなどを主成分とした薬剤。**B・C火災に適応できる**ことから、この薬剤を利用した消火器は「ＢＣ消火器」と呼ばれる。 ● りん酸塩類系 　りん酸アンモニウムなどを主成分とした薬剤。**A・B・Cすべての火災に適応できる**ことから、この薬剤を利用した消火器は「ＡＢＣ消火器」と呼ばれる。
⑥ハロゲン化物を放射する消火剤 ● 適応する火災➡B・C火災 ● おもな消火効果➡窒息・抑制	ハロゲン化物とは、フッ素や塩素などのハロゲン系の化合物のこと。これを**炭酸ガスなどを用いて放射する**ことで消火する。酸素の供給を断つ、あるいは**空気中の酸素濃度を下げる窒息効果がある**他、ハロゲン化物は燃焼反応を抑制する効果もある。一方で、冷却効果は低いことから、**A火災には適さない。**

▶ **消火剤と適応火災一覧**

消火剤		A火災	B火災		C火災	消火効果
^^	^^	^^	水溶性	非水溶性	^^	^^
水	棒状	○	×	×	×	冷却
^^	霧状	○	×	×	○	冷却
強化液	棒状	○	×	×	×	冷却・抑制
^^	霧状	○	○	○	○	冷却・抑制
泡(一般)		○	×	○	×	冷却・窒息
泡(水溶性液体用)		○	○	×	×	冷却・窒息
二酸化炭素		×	○	○	○	冷却・窒息
ハロゲン化物		×	○	○	○	窒息・抑制
粉末(リン酸塩類)		○	○	○	○	窒息・抑制
粉末(炭酸水素塩類)		×	○	○	○	窒息・抑制

得点力UPテスト❶ ここまでのおさらい

問題 1 燃焼は、熱と光の発生を伴う還元反応である。

問題 2 可燃物は、どんな場合でも空気がなければ燃焼しない。

問題 3 不完全燃焼すると、二酸化炭素の出る量も多くなる。

問題 4 分解及び蒸発しやすい物質は、燃焼しやすい。

問題 5 蒸発燃焼は、気体の燃焼である。

問題 6 引火点とは、可燃性液体が空気中で点火し燃焼するのに必要な最低の濃度の蒸気を液面上に発生する最低の液温である。

問題 7 発火点とは、可燃性物質を空気中で加熱した場合、空気がなくとも自ら燃え出すときの最低温度をいう。

問題 8 除去消火は、酸素と点火源を同時に取り去り消火する方法である。

問題 9 燃焼範囲とは、空気中において可燃性蒸気が燃焼することができる濃度範囲のことである。

問題 10 水は燃焼エネルギーの熱を奪う冷却効果が小さい。

問題 11 熱伝導率が小さいと燃焼しにくい。

問題 12 燃焼範囲が広いと燃焼しやすい。

問題 13 燃焼の3要素である可燃物、酸素供給源、点火源のひとつを取り去っただけでは消火できない。

問題 14 自然発火とは、他からの火源を近づけることなく、物質が空気中で自然に発熱し、その熱が蓄積され発火温度に達し、発火する現象である。

問題 15 粉じん爆発は、一般にガス爆発に比較して、最小着火エネルギーが小さい。

問題 16 泡消火剤にはいろいろな種類が存在するが、いずれも窒息効果がある。

問題 17 ハロゲン化物消火剤は、負触媒作用により燃焼を抑制する効果がある。

問題 18 油の染み込んだ布が燃えていたのを乾燥砂で覆って消すのは、抑制(負触媒)効果である。

問題 19 ふたを閉めてアルコールランプの火を消すことは、除去効果である。

問題 20 二酸化炭素消火剤は無色透明で無害な気体であり、小さな部屋で使用しても人体に影響はない。

【解答欄】
※解答は○か×で記入してください。

問題1 [　　]	問題8 [　　]	問題15 [　　]
問題2 [　　]	問題9 [　　]	問題16 [　　]
問題3 [　　]	問題10 [　　]	問題17 [　　]
問題4 [　　]	問題11 [　　]	問題18 [　　]
問題5 [　　]	問題12 [　　]	問題19 [　　]
問題6 [　　]	問題13 [　　]	問題20 [　　]
問題7 [　　]	問題14 [　　]	

➡答えは218ページ

第2章 基礎的な物理学及び基礎的な化学

3 静電気と湿度

静電気の発生により火災事故が引き起こされるケースがあります。
静電気の発生しやすい状況とその防止策について学びましょう。

ここが大切!
- 静電気の発生の仕組みを学ぶ
- 発生しやすい状況と防止策を覚える
- 湿度の表わし方を知る

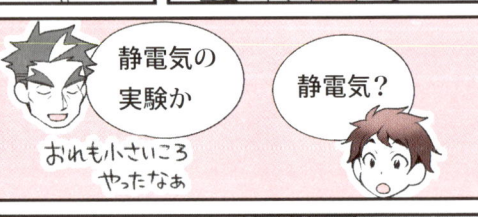

① よく出る!! 静電気の仕組み

「類家さーん ちょっといいですか?」

「なに……?」

コスコス コスコスコス
?!

わぁ♡かわいい!
ビヨーン

静電気の実験か
おれも小さいころやったなぁ

静電気?

……なんのつもりかしら桐谷センセっ!

ああ この世には **電気を通しやすい物質** と **電気を通しにくい物質** がある

静電気は電気を通しにくい物質同士がぶつかりあったり こすれ合ったりしたときに発生するんだ
?
何で物質同士がぶつかると静電気が生まれるんですか?
うむ 物質同士が接触すると片方は＋の電気をもう片方は－の電気を帯びる
物質A
物質B
先ほどの実験で類家さんの髪の毛が立ったのは
下敷きと髪の毛をこすり合わせることで髪の毛が＋の電気を 下敷きが－の電気を帯びたからなんですよ
こする
下敷き
互いに引き合う
それで下敷きを離しても髪の毛が引きつけられるわけか
そして この＋－の差が大きくなると2つの物質の間に電流が発生するわけです
あのバチッとくるやつです
他にもこんな状況で発生しやすい
電気抵抗が大きい物質がこすれると静電気が発生し帯電するぞ!
ガラス
ボール
木材
合成繊維の服

第4類危険物は多くが電気を通しにくい不導体だ。自らが帯電した静電気で引火するから注意が必要だぞ。最悪の場合 爆発などの大事故にもつながりかねないからな

▶ **静電気は点火源となる**

蓄積された静電気は、火花放電を起こし「点火源」となるため注意が必要。

重要

物体が電荷を帯びる現象を帯電といい4つに分けられます

知っておこう！

①摩擦帯電
下敷きなどで擦って起きる帯電。

③流動帯電
容器や管内を液体が流れたときに起きる帯電。

②接触帯電
接触した2つの物質間で電荷の移動が起きる帯電。

④沈降帯電
液体中に他の液体か固体が沈むときに起こる帯電。

2 出る！ 湿度の基準

空気が乾燥しているときほど静電気が発生しやすいが *湿度は火災の発生にも大きくかかわってくる

用語▶▶ *湿度
物質や空気中に含まれている水分の量を表わす指標のこと。一般に、空気の湿り具合を知る目安とされる。

よく天気予報で「湿度20％」とか表示を見るけど…

用語▶▶ *相対湿度
空気中に実際に含まれている水分の量と、空気中に最大限含むことのできる水分の量（飽和水蒸気量）を比較し、その割合をパーセンテージ（％）で表わしたもの。

一方で *絶対湿度 という表わし方もあります

うむ
実は湿度を表わす方法にはいくつか種類がある それは *相対湿度 だな

用語▶▶ *絶対湿度
単位体積（1㎥）当たりの空気中に含まれる水分の量（重さ）を表わしたもの。

静電気と湿度の仕組みを学ぼう

出題傾向 → 静電気の発生の仕組みや発生しやすい状況、また防止策について、正誤を問う問題が頻出しています。特に危険物の扱いに関連する部分はしっかり覚えておきましょう。湿度は参考程度でOKです。

1 静電気の仕組み

摩擦や衝突によって静電気が発生する

そもそも静電気とは、ある物質がプラス、もしくはマイナスの電気を帯びている状態のことをいいます。このような状態は、2つの異なる物質が衝突したり擦れあったりすることで発生します。

地球上には、電気を通しやすい物質「良導体」と電気を通しにくい物質「不導体」があります。

電気を通しやすい物質であれば、プラスもしくはマイナスの電気を帯びても、その他の物質から逆の電気を吸収したり、電気を他の物質に逃がしたりすることで、すぐに元の状態（電気を帯びていない状態）に戻ります。

しかし、**電気を通しにくい物質の場合**、電気を周りに逃がすことができず、**自らに電気を蓄積してしまいます**。この帯電量が大きくなったときに、**他の物質との接触時に火花放電**します。

静電気による火花放電が点火源となりえるため、試験では「どのようなときに静電気が発生しやすいのか」「静電気を防ぐためにはどのようにしたらよいのか」といった観点の問題が頻出です。静電気による事故を防ぐための注意点について理解しておきましょう。

▶ **電気を通しやすい導体と通しにくい導体**

●良導体のおもな例

●不導体のおもな例

金、銀、銅、鉄、アルミニウムなどの金属類は電気を通しやすいため、静電気が発生しにくい！

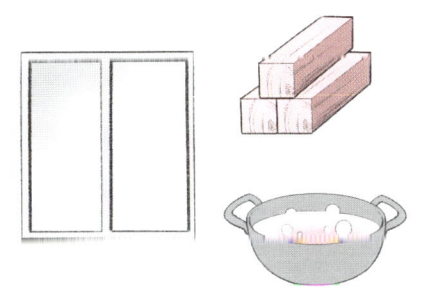

ガラス、ゴム、プラスチック、木材、油などは電気を通さないため、静電気が発生しやすい！

▶ 静電気の発生状況まとめ

条件	静電気が発生しやすい	静電気が発生しづらい
摩擦	大きい	少ない
液体の流速	速い(大きい)	遅い(小さい)
湿度	低い(乾燥している)	高い
電気伝導性	小さい(電気が流れにくい)	大きい(電気が流れやすい)
電気絶縁性	大きい(電気が流れにくい) ➡電気が流れにくいために帯電しやすい	小さい(電気が流れやすい)
物体の性質	不導体(電気を通さない)	導体(電気を通す)
接地	アース(接地)しない	アース(接地)する
衣服	合成繊維の服	帯電防止服、木綿素材の服
靴	絶縁性の大きい靴	帯電防止靴
第4類危険物	非水溶性(ガソリン・灯油・軽油 など)	水溶性(エタノール・アセトン など)

　では、危険物を扱う上で静電気による事故を防ぐためには、どのような点に注意すればいいのでしょうか。

　まず注意したいのが危険物の性質です。**非水溶性(油類)の引火性液体**は、電気を通しにくいため静電気が発生しやすく危険です。また、**合成樹脂や石油系の原料**も、摩擦によって静電気が発生する危険があります。

　それから静電気は、固体同士がぶつかり合ったときだけでなく、**液体が流れたり揺れたりしたときにも発生**します。

　第4類危険物は引火性液体であるため、移動させたり、他の容器に移し替えたりするときに注意が必要です。特にガソリンや灯油などを給油ホースを使って流す(容器に入れる)ときは、ホースと液体、容器と液体が擦れ合うことで静電気が発生しやすくなります。

　そのためタンクなどに大量に危険物を流し込むときなどは、**アース**(接地)をすることが大切です。アースとは、金属の棒(もしくは鉄線)のことで、片方を容

▶ 静電気火災を防ぐポイント

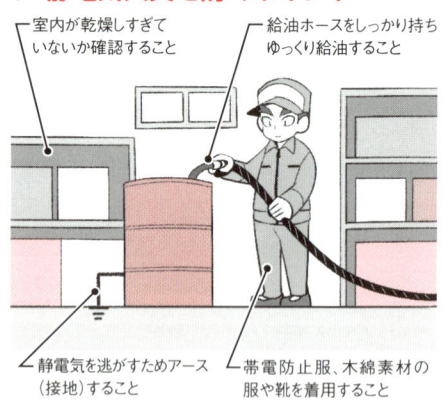

- 室内が乾燥しすぎていないか確認すること
- 給油ホースをしっかり持ちゆっくり給油すること
- 静電気を逃がすためアース(接地)すること
- 帯電防止服、木綿素材の服や靴を着用すること

器につけ、もう片方の先端を地面などに埋めることで、静電気を逃がすことができます。

　また、周りの環境にも気をつけなければなりません。**空気が乾燥していると、静電気が発生しやすくなる**ため注意が必要です。また、引火性液体から蒸発した可燃性の蒸気が、室内に充満していると、静電気のスパークにより爆発を引き起こす危険があります。危険物を取扱う前に、室内の換気を十分に行いましょう。

▶ 静電気を発生させないための対策方法

❶ 危険物を揺らしたり、衝撃を与えたりしない。
❷ 危険物を移す（流す）ときは、できるだけ流速を遅くする。
❸ 危険物を移す（流す）ときは、アースをする。
❹ 空気が乾燥しているときは、加湿器を使うなどして湿度を上げる。
❺ 危険物を入れる容器などは、導電性の高いもの（電気を通しやすいもの）にする。
❻ 危険物を扱うときは、帯電を防止する服や靴を着用する。

2 湿度の基準

湿度の表わし方は3つある

湿度とは、**物質や空気中に含まれている水分の量を表わす指標**で、物質や空気が「どれくらい乾燥しているか（湿っているか）」がわかります。

空気が乾いていると、**木材**などが**燃えやすくなる**他、**静電気が発生しやすくなります**。そのため湿度は火災の発生に密接にかかわっているといえます。

一般的に、湿度の表わし方は「**絶対湿度**、**相対湿度**、**実効湿度**」の3つがあります。それぞれが何を表わしているのか、参考程度に知っておきましょう。

(1) 絶対湿度

空気中に含まれている水分の量をグラム（g）で表わしたものです。現在ではほとんど使われていません。

(2) 相対湿度

空気中に実際に含まれている水分の量と、空気中に最大限含むことのできる水分の量（飽和水蒸気量）を比較し、その割合をパーセンテージ（%）で表わしたものです。

例えば実際に空気に含まれている水分量が5g、飽和水蒸気量が20gだとすれば、相対湿度は25％になります。

飽和水蒸気量は、気温によって変化するため（→下表）、空気中に含まれている水分量が同じでも、気温によって相対湿度は変化します。

▶ 気温と飽和水蒸気量の関係

気温（℃）	飽和水蒸気量(g/m³)
0	4.8
5	6.8
10	9.4
20	17.3
30	30.4

(3) 実効湿度

当日だけでなく、数日前からの湿度も考慮して計算された湿度のことです。

例えば当日の湿度が高くても、前日や前々日の湿度が低ければ、木材に含まれる水分量は少なく燃えやすい状態になっています。

このように実効湿度は、木材などの乾燥度を示す目安となるため、火災予防に利用することができます。

第2章 基礎的な物理学及び基礎的な化学

4 物質の状態変化

物質は温度や気圧によって状態が変化します。各状態における物質の状態や変化の仕組みについて、正しく理解しておきましょう。

ここが大切！
- 物質の三態とは何か理解する
- 物質の状態変化と名称を覚える
- 潮解・風解・溶解の定義を覚える

1 出る！ 物質の三態と状態変化

みなさーん！お茶にしませんか？

わーい！

私は水なのよ!!

僕は熱湯なんですか？

って何で

今お前たちに配ったものはすべて水だがそれぞれ状態が違う これを *物質の三態 というぞ

用語 ▶▶ *物質の三態
物質が取り得る「固体」「液体」「気体」の3つの状態のこと。

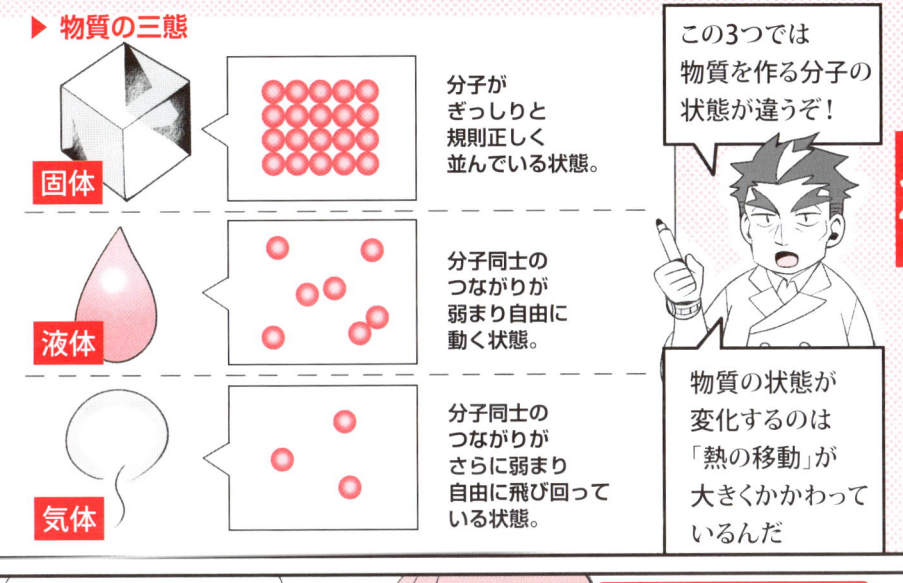

▶ 物質の三態

固体 — 分子がぎっしりと規則正しく並んでいる状態。

液体 — 分子同士のつながりが弱まり自由に動く状態。

気体 — 分子同士のつながりがさらに弱まり自由に飛び回っている状態。

> この3つでは物質を作る分子の状態が違うぞ！

> 物質の状態が変化するのは「熱の移動」が大きくかかわっているんだ

第2章

> 熱の移動って 熱くなったり冷たくなったりすることですよね？

> そうです。化学ではそれを *吸熱と*放熱といいます

用語 ▶▶ *吸熱
物質に熱エネルギーを加えること（エネルギーを外から吸収すること）。

用語 ▶▶ *放熱
物質から熱エネルギーを奪うこと（熱を放散すること）。

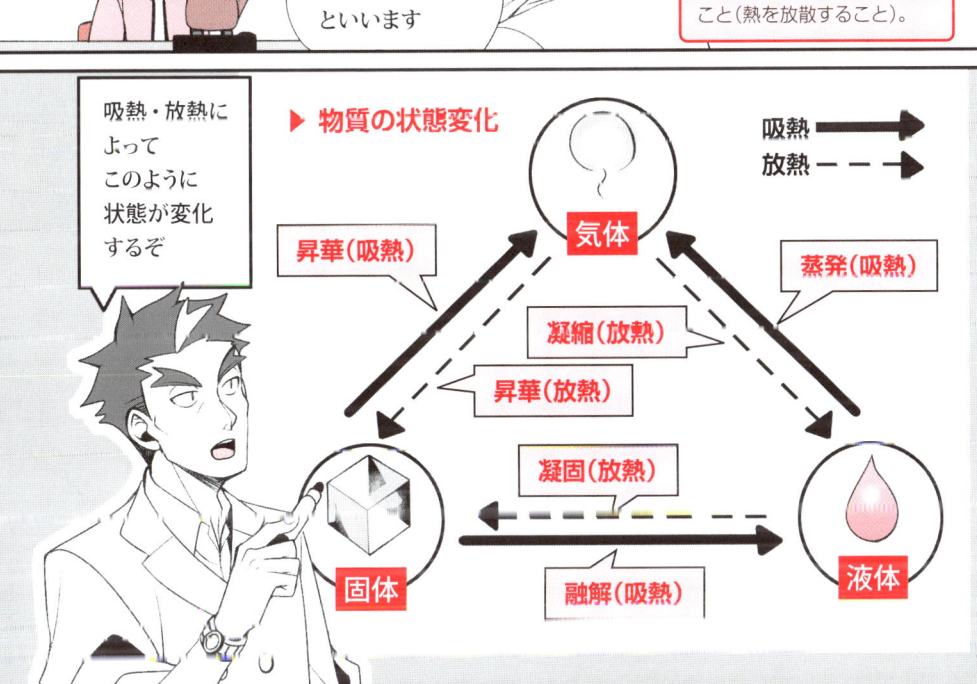

▶ 物質の状態変化

> 吸熱・放熱によってこのように状態が変化するぞ

吸熱 ───▶
放熱 ---▶

- 昇華（吸熱）
- 蒸発（吸熱）
- 凝縮（放熱）
- 昇華（放熱）
- 凝固（放熱）
- 融解（吸熱）

気体／固体／液体

151

2 ふつう 潮解・風解・溶解

一方で 熱の移動に よらない 状態変化 もある
というと？
例えば この水に 角砂糖を入れてかき混ぜると 溶けてなくなりますよね
これは砂糖が 水に混ざって 分子の状態が 均一になるためだ これを*溶解という
用語 *溶解
物質が液体に溶けること。物質を水に溶かしたもののことを、特に「水溶液」と呼ぶ。
他にも 潮解と 風解という 状態変化が ありますよ
▶「潮解」と「風解」現象の違い
潮解
物質が空気中の水分を吸って溶ける現象。
風解
物質が物質内の水(結晶水)を失い粉末状に崩れる現象。
なるほどねー
…って おいらの かき氷が！
なくなってるー!?
きっと 昇華 しちゃったのよ！
ゲフ

物質の状態変化の仕組みを学ぼう

出題傾向　吸熱、放熱による物質の状態変化の仕組みと各名称はよく問われるので、すべて暗記しておきましょう。また、潮解、風解、溶解の定義と違いも理解しておきましょう。

1 物質の三態と状態変化

物質は熱の移動によって変化する

水が温度や気圧によって氷・水・水蒸気になるように、物質は環境条件によって固体・液体・気体の3つの状態に変化します。これを**物質の三態**といい、三態間の変化を**物理変化（状態変化）**といいます。

三態間における物理変化には、熱が大きく関わっています。物質に熱を加えると、熱エネルギーにより分子の動きが活発となり、分子が互いに結びつかずに自由に動き回るため、固体から液体、液体から気体へと変化します。このように物質に熱を加えることを**「吸熱」**といいます。

一方、物質から熱を奪うと分子の運動が緩やかとなるため、分子が互いに結びつき、気体から液体、液体から固体へと変化します。このように物質から熱を奪うことを**「放熱」**といいます。

吸熱、放熱により物質の状態が変化することを物理変化といいますが、物理変化には下図のように名称がついています。通常は固体⇔液体⇔気体と変化しますが、ドライアイス（二酸化炭素の固体）のように、液体を介さずいきなり気体に変化するものもあります。

▶ **各状態における分子の状態**

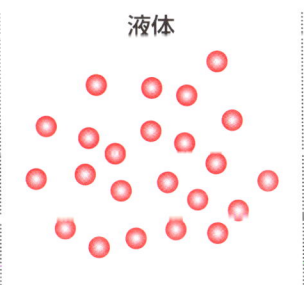

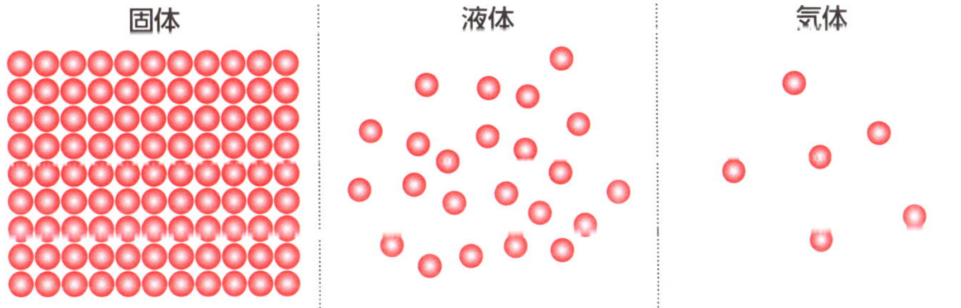

固体	液体	気体
水の場合は、凍って氷になっている状態。	氷に熱を加えて水になった状態。	水に熱を加えて水蒸気になった状態。

第2章

153

液体から気体に変わることを蒸発といいますが、正確には、液体の表面から気化する現象をいいます。
　一方、液体の表面からだけでなく、液体の内部から激しく起こる蒸発を沸騰といいます。そして、沸騰するときの温度を沸点といいます。
　沸点が低い物質ほど蒸発しやすいという特徴をもっているため、危険物であればそれだけ可燃性蒸気を発生させやすく危険であるということがいえます。

▶ 放熱による状態変化で試験によく出る表現

- 凝固とは、液体が放熱して固体になることである。
- 凝縮とは、気体が放熱して液体になることである。
- 昇華とは、気体が放熱して固体になることである。

▶ 吸熱による状態変化で試験によく出る表現

- 融解とは、固体が吸熱して液体になることである。融解に必要な熱量を融解熱という。
- 蒸発とは、液体が吸熱して気体になることである。蒸発に必要な熱量を蒸発熱（気化熱）という。
- 昇華とは、固体が吸熱して気体になることである。固体と気体間の状態変化はどちらも昇華という。

> これらの表記は試験で正誤を問う問題としてよく出るから覚えておこう！

▶ おもな物質の沸点

物質	沸点（℃）
アセトアルデヒド	21
ジエチルエーテル	35
ガソリン	40〜220※
メタノール	64
エタノール	78
ベンゼン	80
ピリジン	115.5

物質	沸点（℃）
酢酸	118
キシレン	138〜144
灯油	145〜270
過酸化水素	152
エチレングリコール	197.9
クレオソート油	200以上
重油	300以上

※ガソリンの沸点は種類等により幅がある。

> **知っておこう！**
>
> ### 気圧による沸点の変化
>
> 沸点は、物質ごとに固有に決まっています。「水は100℃で沸騰する」ということはよく知られていますが、この沸点は外気圧によって変動します。外気圧が高いほど沸点は高く（沸騰しにくく）なり、外気圧が低いほど沸点は低く（沸騰しやすく）なるのです。
>
> 例えば水は、一気圧下では100℃で沸騰しますが、富士山頂（標高3,776m）のように外気圧が低い場所では、約87℃で沸騰します。他に沸点が変動する条件としては、他の物質が混合している場合があります。食塩水や砂糖水のように、塩や砂糖などの気化しにくい物質が混合すると沸点は上がり蒸発しにくくなります。
>
> また、液体が蒸発する際に、容器が密閉されているなど蒸気が存在できるスペースが小さいと、ある時点で蒸発が止まり、蒸気と液体が同時に存在する状態が維持されます。
>
> このときの蒸気を飽和蒸気といい、圧力を飽和蒸気圧といいます。一般に、**沸点は液体の飽和蒸気圧と外気圧が等しくなったときの液温**となっています。

2 潮解・風解・溶解

水分量によっても状態は変わる

熱の移動とは無関係に、水分量によって起こる物質の状態変化があります。それが「潮解」「風解」「溶解」です。

潮解とは、物質が空気中の水分を吸って解ける現象をいいます。例えば、角砂糖を長時間放置しておくと、砂糖の表面がべたべたしていることがあります。これは砂糖が空気中の水分を吸って液化したためです。

風解とは、物質が空気中に水分を放出して水気を失い、粉末状に崩れ去る現象をいいます。老朽化した建造物の壁が崩れ去ったりするのは、この風解によるものです。

また、**溶解**は、物質が液体に溶ける現象をいいます。液体に溶けている物質のことを溶質、溶かしている液体を溶媒、溶質が溶媒に均一に溶けているものを溶液といいます。

▶ 溶解のイメージ

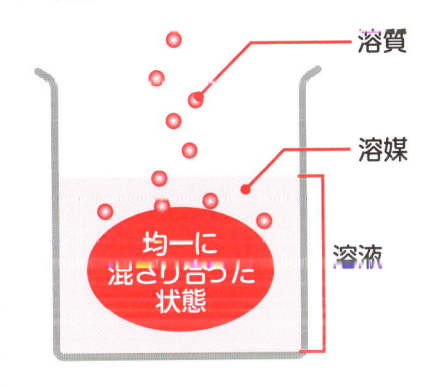

- 溶質
- 溶媒
- 溶液
- 均一に混ざり合った状態

第2章 基礎的な物理学及び基礎的な化学

5 密度と比重・気体の性質

ここでは、密度、比重とは何かを気体の性質とともにしっかり理解しましょう。ポイントは、これらの言葉の意味と個々の物質の物性値です。

ここが大切!
- 密度、比重、蒸気比重の違いを理解する
- 密度、比重、蒸気比重の計算方法の概要を知る
- 第4類危険物の液比重、蒸気比重を覚える

1 物質の密度 よく出る!!

※再び研究室

うーん……
満員電車とか……?

次は密度と比重についてだな。「*密度が高い」というと どんな状態を思い浮かべる?

たしかに人が多いと密度が高いというな

では密度が高いか低いかは どうやって計算する?

何人乗車しているかでしょ。例えば1車両に10人よりも50人乗っていると密度は高いといえるわ

そうだな「ある一定の空間の中」に「どれだけの量が詰まっているか」で変化するわけだ

用語▶▶ *密度
単位体積当たりの質量のこと。単位体積とは、2つの物の重さを比べるときの基準になる体積(空間の大きさ)のことで、通常は1cm³が用いられる。

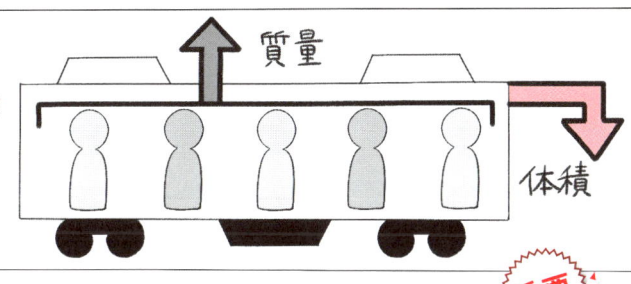

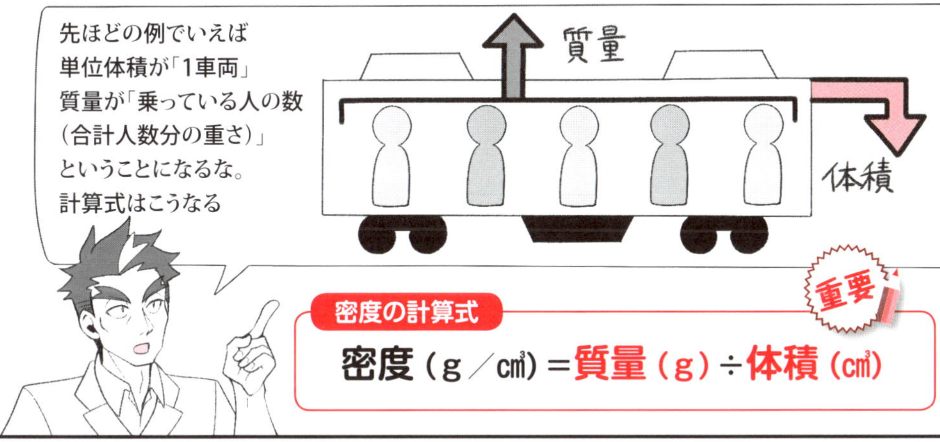

先ほどの例でいえば
単位体積が「1車両」
質量が「乗っている人の数
（合計人数分の重さ）」
ということになるな。
計算式はこうなる

第2章

密度の計算式 【重要】

$$\text{密度}(g/cm^3) = \text{質量}(g) \div \text{体積}(cm^3)$$

2 よく出る!! 物質の比重

ところでみなさんは水ってどれくらいの密度があるか知っていますか？

えーっと、計算式だと$1cm^3$当たりの質量がわかれば密度がわかりますよね？

そうだ。ただし すべての物質は「気圧」と「温度」によって単位体積（$1cm^3$）当たりの質量が変わるんだ

え？じゃあ「水の密度はコレ！」って決められないのでは？

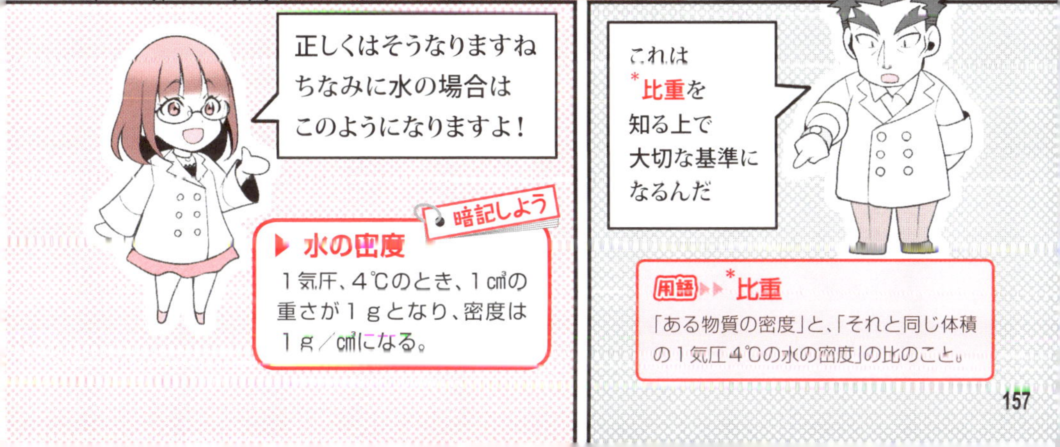

正しくはそうなりますね
ちなみに水の場合はこのようになりますよ！

これは*比重を知る上で大切な基準になるんだ

▶ 水の密度 【暗記しよう】
1気圧、4℃のとき、$1cm^3$の重さが1gとなり、密度は$1g/cm^3$になる。

用語 ▶▶ *比重
「ある物質の密度」と、「それと同じ体積の1気圧4℃の水の密度」の比のこと。

157

比重を求める計算式は このとおりです！
比重の計算
比重＝ある物質の質量（g）／同じ体積の水の質量（g）
例えばガソリンの比重は約0.7だ これがどんな意味かわかるか？
水と同じ重さだったら比重は1.0になるはず
ってことはガソリンは水より軽いということね
0.7
1.0
そのとおり！ この比重の「大きい・小さい」は水に浮くか浮かないかに関係してきます
つまりガソリンは比重が小さいので水に浮き鉄（比重7.86）は比重が大きいので水に沈むんですね
あと水に溶けない物質とうことが大前提です
ガソリン
水
鉄
そーいえば前からいおうと思ってたんだけど…
ガラ――ン…
この部屋 密度低すぎじゃない…？

密度と比重の意味と計算方式について学ぼう

出題傾向

比重の大きい物質や、ある物質の蒸気比重などを求めさせる問題がよく出題されます。また、密度や蒸気比重等の正しい意味もおさえておきましょう。練習問題を解きながら暗記すると、理解が早まります。

1 物質の密度

密度の求め方

　密度とは、物質の**体積1単位当たりの質量**をいいます。一般には、物質が1cm³当たりのグラム数で表わすことが多く、単位は[g/cm³]で表します。

　通常の物質は気体時に体積が最大となり、固体時に体積が最小となります。体積は温度が高くになるにつれ膨張し、温度が低くなるにつれて収縮するため、同質量の物質であれば密度は気体＜液体＜固体となります。

　一方、**水の場合は例外的**で、下のグラフのように4℃の液体のときに1cm³の質量が1gとなり、密度が最大となるので注意しましょう。

密度の計算式

密度（g／cm³）＝質量（g）÷体積（cm³）

▶ 水の温度と密度

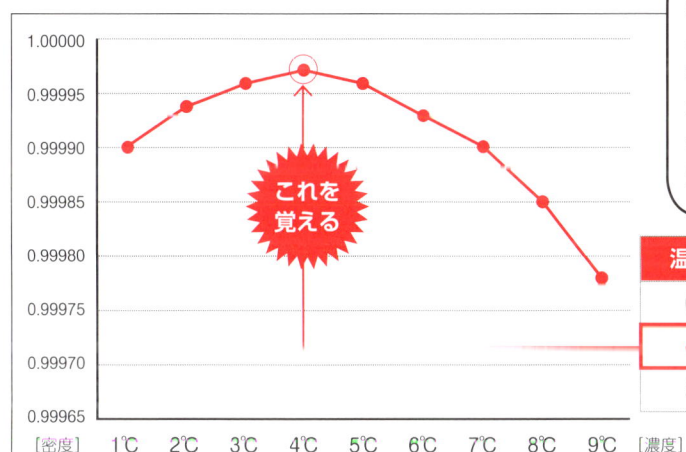

水は4℃のときに密度がおよそ1(g/cm³)になるとだけ覚えておこっ！

これを覚える

温度	密度
0℃	0.99984
4℃	0.99997
9℃	0.99978

(g/cm³)

[密度] 1℃ 2℃ 3℃ 4℃ 5℃ 6℃ 7℃ 8℃ 9℃ [濃度]

2 物質の比重

液比重と蒸気比重

比重とは、物質の質量を同体積の1気圧、4℃の水の質量と比較した割合を言います。

比重には、液比重と蒸気比重の2種類があります。これらは比であるため、単位はありません。

●液比重

液比重とは、1気圧下において同体積で4℃の水と比較してどの程度重いのかを表わした比です。一般に、単に比重というと多くは液比重を指します。

液比重を求めるときは、下記の計算式で計算します。**液比重が1より大きいものは水より重く、1より小さいものは水より軽いことを意味します。**

第4類危険物のほとんどは水より軽く、1以下の数字を示すため、試験対策として は水よりも重い危険物の数値を覚えておきましょう。

▶ 水を基準とした液比重

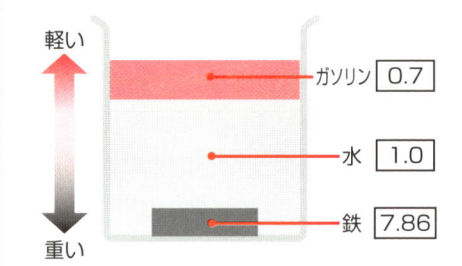

	比重
ガソリン	0.7
水	1.0
鉄	7.86

（軽い↑　重い↓）

比重の計算

$$比重 = \frac{ある物質の質量（g）}{同じ体積の水の質量（g）}$$

▶ おもな物質の液比重

物　質	比　重
空　気	0.00129
水(4℃)	1.0000
アルコール	0.79
ガソリン	0.65～0.75
ベンゼン	0.88
灯油	0.79～0.85
二硫化炭素	1.3
重油	0.9～1.0

重油は「重い油」って字を書くけど水より軽いなんて意外だよね！

●蒸気比重

蒸気比重とは、1気圧において同体積で0℃の空気と比較してどの程度重いのかを表した比です。蒸気比重は、下の計算式で計算します。蒸気比重が1より大きいものは空気より重く、1より小さいものは空気より軽いことを意味します。**第4類危険物はすべて蒸気比重が1より大きく、空気より重い**ことが特徴です。

蒸気比重の計算式

$$\frac{蒸気の質量（g）}{同じ体積の空気の質量（g）} = \frac{ある蒸気の分子量}{空気の平均分子量}$$

▶ おもな物質の蒸気比重

物質名	比重
ガソリン	3～4
メタノール	1.11
ベンゼン	2.7
アセトン	2.0
トルエン	3.14

物質名	比重
灯油	4.5
軽油	4.5
クロロベンゼン	3.88
二硫化炭素	2.64
酸化プロピレン	2.0

知っておこう！

覚えておきたい気体の性質3つの法則

物理学において、気体に関しては次の3つの法則が有名です。

体積と圧力の関係（ボイルの法則）
温度を一定とした際、気体の体積は圧力に反比例する法則。体積をV、圧力をPとすると、

$$P \times V = 一定$$

という式が成り立つ。簡単にいえば、**気体に2倍の圧力をかけると、気体の体積が半分（1/2）**になる。

体積と温度の関係（シャルルの法則）
圧力を一定とした際、気体の体積は温度に比例する法則。0℃のときの体積をV_0、t℃のときの体積をV_tとすると、

$$V_t = V_0 + \frac{V_0}{273}t$$

という式が成り立つ。これは**温度が1℃上昇すると元の体積の273分の1ずつ体積が上昇する**ことを示している。つまり、**温度が273℃上昇した際に元の体積の2倍となる**ことを示す。

体積と圧力と温度の関係（ボイル・シャルルの法則）
前述のボイルの法則とシャルルの法則を合わせた理論。質量を一定とした際、気体の体積は圧力に反比例し、温度に比例する。結論として、**温度が273℃上がったときに体積が変わらなかった場合には、圧力が2倍になる**ことを示す。

得点力UPテスト❷

問題1 静電気は湿度が低いほど帯電しにくい。

問題2 静電気による発火を防ぐためには、物質の絶縁性を小さくするとよい。

問題3 静電気は導電性の大きいものほど蓄積しやすい。

問題4 人体への帯電を防ぐため、絶縁性の高い靴を使用する。

問題5 気体が固体になることを凝固という。

問題6 気体が液体になることを凝縮という。

問題7 物質は一般に固体、液体、気体の3つの状態がある。

問題8 第4類の危険物の蒸気比重は、1より小さい。

問題9 沸点とは、液体の飽和蒸気圧と外圧とが等しくなったときの液温をいう。

問題10 沸点は加圧すると低くなり、減圧すると高くなる。

問題11 潮解とは、固体が空気中の水分を吸収してその水に溶ける現象である。

問題12 風解とは、固体が直接気体になる現象、または、その逆の現象をいう。

問題13 液体の内部から蒸発により気泡が発生することを沸騰という。

問題14 気体の溶解度は圧力一定の場合、溶媒の温度が高くなると大きくなる。

問題15 水の比重は、4℃のときが最も大きい。

問題 16 ガソリンが水に浮かぶのは、ガソリンが水に不溶で、かつ比重が1より小さいからである。

問題 17 融点が12℃の物質は常温（20℃）において固体である。

問題 18 物質に静電気が蓄積すると発熱し、その物質は蒸発しやすくなる。

問題 19 静電気は異種物体の接触や剥離によって、一方が正に、他方が負に電荷を帯びることで発生する。

問題 20 物質は、周囲の温度や圧力が変化しても状態は変わらない。

【解答欄】 ※解答は○か×で記入してください。

問題1 [　　]	問題8 [　　]	問題15 [　　]
問題2 [　　]	問題9 [　　]	問題16 [　　]
問題3 [　　]	問題10 [　　]	問題17 [　　]
問題4 [　　]	問題11 [　　]	問題18 [　　]
問題5 [　　]	問題12 [　　]	問題10 [　　]
問題6 [　　]	問題13 [　　]	問題20 [　　]
問題7 [　　]	問題14 [　　]	➡答えは218ページ

第2章 基礎的な物理学及び基礎的な化学

6 熱の性質について

3種類の熱の移動の違いをしっかり理解しておきましょう。熱容量と比熱の計算方法もよく出題されるので注意しましょう。

ここが大切!
- 伝導・対流・放射の3つの違いを理解する
- 熱の移動、膨張などの計算方法を理解する
- 熱膨張の各種類の違いを覚える

1 よく出る!! 熱量・熱容量・比熱の計算

では 今日の授業はここまでだ

あぁー 今日も疲れた〜

ねぇ これからしゃぶしゃぶ でも食べにいかない?

大丈夫! パパの経営するお店だから 私のおごりよ!

類家サマーっ!

……

ななみん そんなに食べて大丈夫なの? 太るよ

フン 私はね いくら食べても太らない体質なのよ〜

くぅ〜 おいしい!

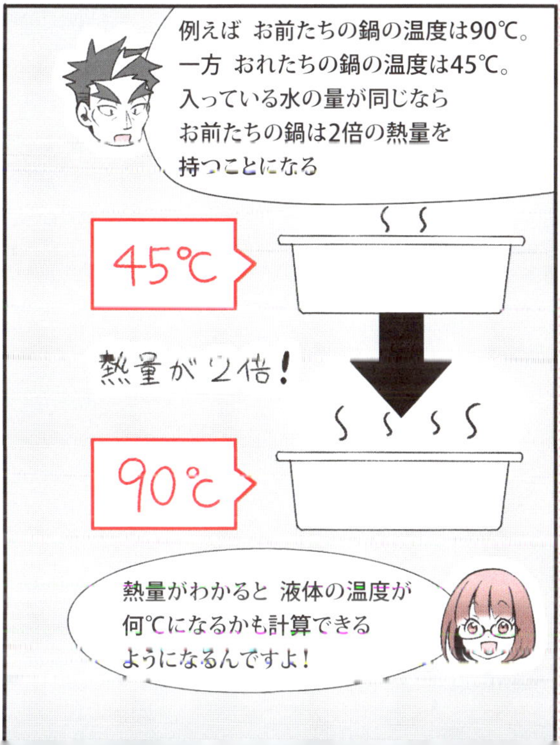

用語▶▶ *熱容量

ある物質全体の温度を１℃または1K（ケルビン）上げるのに必要な熱量のこと。

用語▶▶ *比熱

ある物質１ｇの温度を１℃または1K（ケルビン）上げるのに必要な熱量のこと。単位は「Ｊ／ｇ・℃」で表わす。「比熱×質量（ｇ）」で 熱容量を求められる。

「熱量」「比熱」「質量」「温度」は次のような関係で表わせますよ！

熱量の計算式 重要

熱量(J) ＝ 比熱(J／g・℃) × 質量(g) × 温度変化(℃)

もうわかったわよ！早くしゃぶしゃぶの続きを……

ってギャアアア!!

あ ごめん！

② よく出る!! 熱の移動と熱膨張

ところで熱の**伝わり方**にもいろいろ種類があるのは知っているか？

例えばこのお鍋の下にあるホットプレート 火を使っていないのに物を温めることができますよね？

これは熱が*伝導しているからなんです

用語▶▶ *伝導
熱が高温部分から低温部分に移動する現象のこと。

ただし物によって**熱の伝わりやすさは異なる。**この伝わりやすさを表わす**数値を熱伝導率**というぞ

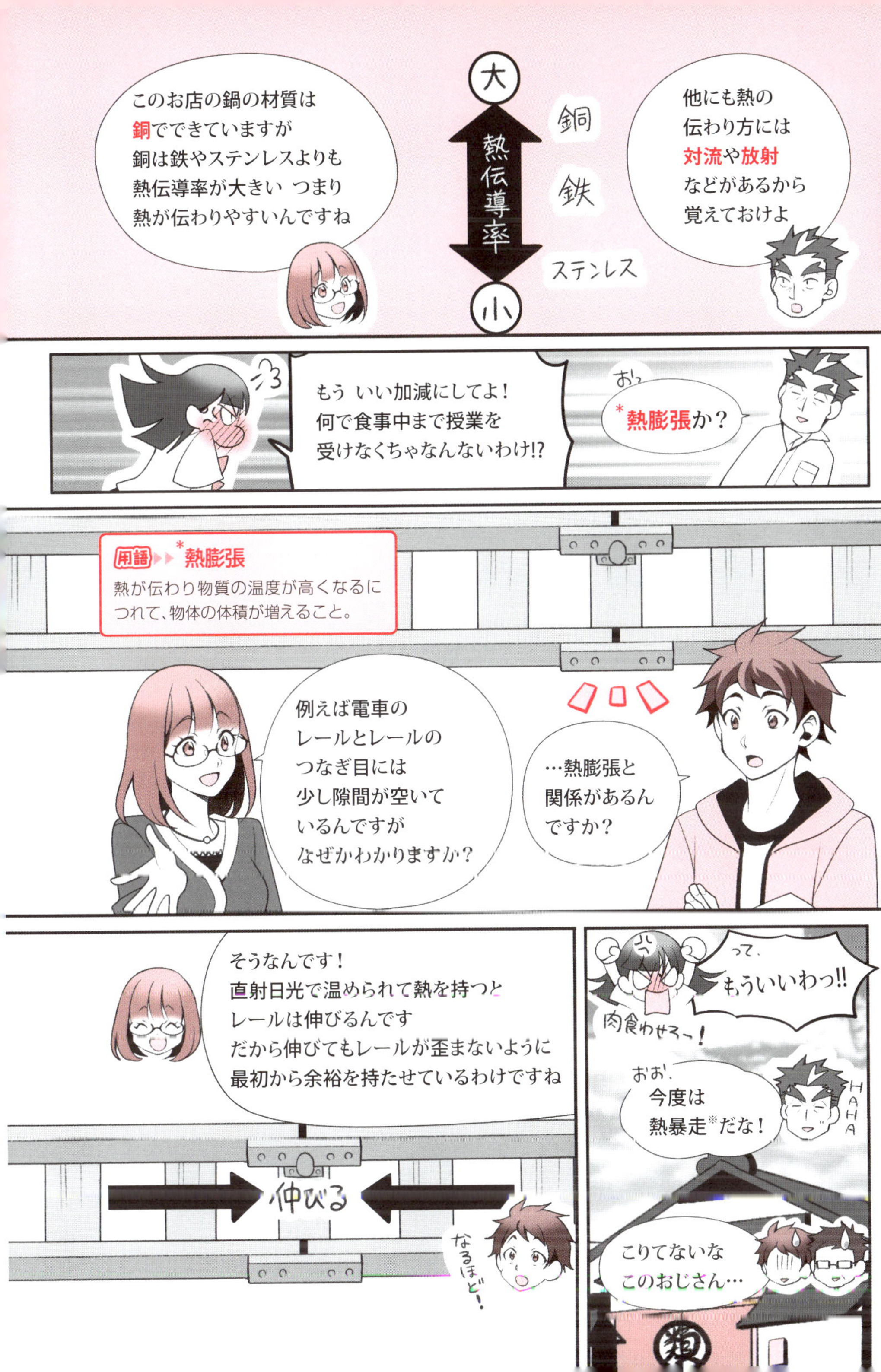

※「熱暴走」という言葉はありません。

もっとよく知ろう！ 熱の性質と計算方法を覚えておこう

出題傾向　熱量、熱容量、比熱の意味をきちんと理解しましょう。熱容量の公式についての出題は頻出です。熱の移動の仕方、伝導、対流、放射のそれぞれの特徴、例についての正誤を問う問題も頻出します。

1 熱量・熱容量・比熱の計算

熱に関連する計算方法

熱とは、物体と物体の間を移動してその物体の温度を上げたり下げたりするエネルギーをいいます。

ここでは、熱の大きさの表わし方や熱の移動について、詳しく学んでいきましょう。

● 熱量

熱量とは、熱の大きさをいい、単位としてはジュール[J]やカロリー[cal]を用います。水1gの温度を1℃上げるのに必要な熱量は1calで、**1cal＝4.19J**となっています。

ある物体において温度変化をした際に、どの程度の熱量を要したかの計算には下記の計算式を使用します。

熱量の計算式

熱量（J）＝ 比熱（J／g・℃）× 質量（g）× 温度変化（℃）

● 比熱

熱量の計算式に、「比熱」という言葉が出てきました。**比熱とは、物質1gの温度を1℃上昇させるために必要な熱量**をいいます。

比熱はその物質の熱しやすさ、冷めやすさを表していて、比熱が大きいものほど熱しにくく冷めにくい（温度変化しにくい）、比熱が小さいものほど熱しやすく冷めやすい（温度変化しやすい）ということになります。

水1gの温度を1℃上げるのに必要な熱量は4.19Jですので、比熱は水を基準にしてどの程度温度変化をしやすいかを表わしていることになります。常温常圧下に

比熱の計算式

比熱（J/g・℃）＝熱量（J）／（質量（g）×温度差（℃またはK））

おいては、水が最も比熱の大きな物質です。
　先ほどの熱量の計算式について考えると、例えば比熱2.5J/g・℃である液体100gを10℃から40℃まで変化したときに、どの程度の熱量が使われたのかを考えてみると、
熱量＝2.5J/g・℃×100g×(40-10)
となり、7,500Jとなります。

● 熱容量

熱容量とは、物質全体の温度を1℃上昇させるために必要な熱量をいいます。熱容量は次の式で計算できます。単位は(J/℃)またはJ/Kです。

> **熱容量の計算式**
> 熱容量(C)＝**比熱(c)×質量(m)**

2 熱の移動と熱膨張
熱を運ぶ方法は3種類ある

　熱は、高温部から低温部へと伝わりますが、その伝わり方は伝導・対流・放射(輻射)の3種類に分けられます。

　試験では具体例が挙げられ、それが伝導・対流・放射のどれに当たるかを聞いてきます。

▶ 熱の伝わり方

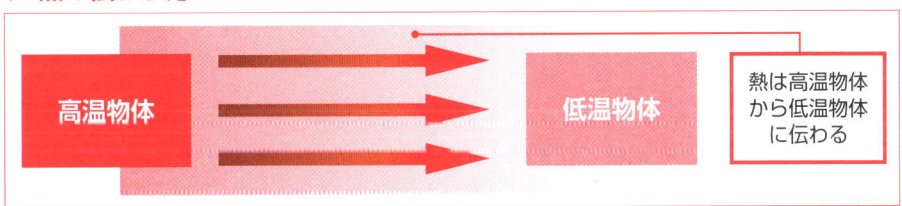

高温物体 → 低温物体

熱は高温物体から低温物体に伝わる

● 伝導

伝導とは、物質の移動や放射によらずに、高温部から低温部へ熱が移動する現象をいいます。
　例えば、熱いコーヒーを入れたマグカップに金属のスプーンを入れておくと、スプーンの柄の部分も熱くなる現象が該当します。
　この熱の伝わりやすさを熱伝導率といい、熱伝導率の数値が大きいほど熱が伝わ

▶ 熱伝導の例

コーヒーからスプーンに熱が伝わる

169

りやすく、小さいほど熱が伝わりにくいとされます。

熱伝導率の小さいものの方が、熱を一点に留めることになるため、燃えやすく危険といえます。

また、一般に熱伝導率は、**「固体＞液体＞気体」**となっています。物質の三態では固体が最も熱を伝えやすく、特に**金属が最も熱伝導率が高い**傾向にあります。

ただし、アルミニウムなどの一部の金属は、粉末状にすることで見かけ上の熱伝導率が小さくなって燃えやすくなり、粉じん爆発などの危険性が増すので、注意が必要になります。

▶ おもな物質の熱伝導率

物質	熱伝導率 (w/m・k)
銅	403
金	319
鉄	83.5
硫黄	0.27
水	0.561

物質	熱伝導率 (w/m・k)
メタノール	0.186
エタノール	0.150
トルエン	0.119
空気	0.0241
二酸化炭素	0.0145

● 対流

対流とは、気体や液体が**温度差によって上昇・下降といった移動**をすることに伴い、熱も同様に移動する現象をいいます。

物体は**温度が上がると膨張**し、密度が小さく軽くなるため上昇します。そこへより温度の低い（密度が大きいため重い）物体が流れ込んできて循環します。

このような物体と熱の動きが、対流に該当します。具体的には、風呂の湯の水面付近が熱く底が冷たくなる現象や、暖房で部屋の天井付近から温まる現象があります。

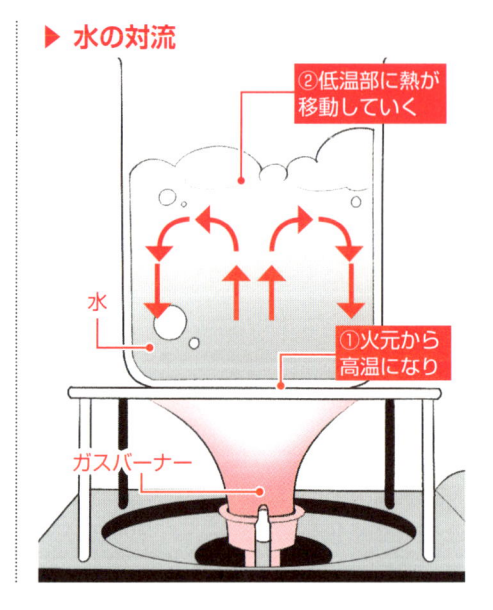

▶ 水の対流

①火元から高温になり
②低温部に熱が移動していく

水
ガスバーナー

● 放射（輻射）

放射（輻射）とは、**熱源から放射状に熱が放出**され、他の物体に熱を与える現象でストーブや太陽光がこれに当たります。放射は、熱を伝える物質が存在しなくても熱が移動する特徴を持っているため、宇宙などの真空でも発生します。

▶ 放射の例

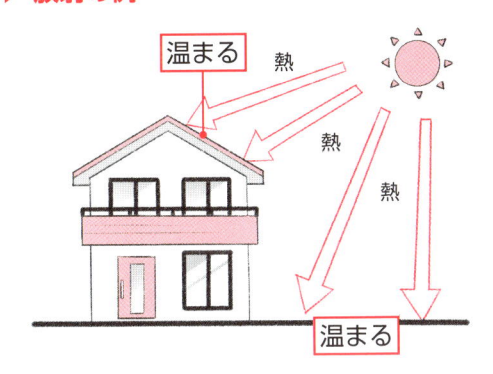

2 熱の移動と熱膨張

熱膨脹と2つの現象

物質の温度が上昇すると、**物質の長さや体積が増加する現象**が起こります。これを**熱膨張**と言い、温度が1℃上昇したときに膨張する割合を**熱膨張率**といいます。

ガソリンなどの危険物の収納容器に空間容積が必要なのは、**熱膨張により体積が増加**した際に、容器から危険物が溢れたり、容器を破損させないようにするためです。

熱膨張の中でも、真夏の炎天下で線路のレールが熱されてレールが伸び、たわむような長さが増す現象を**線膨張**、そのときの膨張率を**線膨張率**といいます。一方、液体や気体が温度上昇により体積を増加させる現象を**体膨張**と呼び、そのときの膨張率を**体膨張率**といいます。一般に、**体膨張率は線膨張率の約3倍**となっています。

試験では、以下の式を用いた体膨張率の計算問題が出題されます。

増加する体積の計算式

増加する体積＝元の体積×体膨張率×（上昇した温度−元の温度）

▶ おもな物質の体膨張率

物　質	温　度	体膨張率
銀	0〜100	0.0000567
銅	0〜100	0.0000498
水	20・40	0.000302

物　質	温　度	体膨張率
ガソリン	20	0.00135
空　気	100	0.003665

第2章 基礎的な物理学及び基礎的な化学

7 物質の種類・化学変化

同じ物質でも物理の世界では外側の形に、化学の世界では内側の材料に注目します。ここでは物理と化学の両変化の違いを学びます。

ここが大切!
- 物理変化と化学変化の違いを理解する
- 純物質と混合物、単体と化合物それぞれ違いを理解する
- 物理変化と化学変化の実例を確認する

1 物質の分類（ふつう）

…肉…ぜんぜん食べられなかった…

類家さん、そんなにお肉が食べたいなら私の家にきて焼肉でもします？

別にいいわよ どうせスーパーの安い肉でしょ？

し しかたないなぁ類家さん。僕もつき合ってあげるよ！夜道は危ないしね

はぁ？ だから私は別に

では お2人とも行きましょう！

桐谷のマンション

!?

第2章

どうぞー 適当にくつろいでください

うわぁ……

な 何でこんなに実験道具があるんですか？

父からもらったんです。私の父は化学者でいまは海外の大学で研究をしているんですよ

おさがりをもらいました

こっちの気持ち悪い写真は何？

ああ これはいろいろな鉱物を電子顕微鏡で撮影したものです

これは黒鉛という*物質ですね！

用語▶▶ †物質
物を形づくる素材のこと。この物質が集まり、一定の形や大きさを成したものを「物体」と呼ぶ（例 黒鉛という物質が集まり、鉛筆の芯という物体ができる）。

物質は 大きく2つに分けられます。例えば毎日吸っている**空気**はどんな物質でできているか知っていますか？

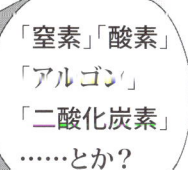

「窒素」「酸素」「アルゴン」「二酸化炭素」……とか？

そうですね
このようにいろいろな物質が混じり合ってできている物質を*混合物といいます。
それに対してシャープペンシルの芯のように1種類の物質でできている物質を*純物質といいます

用語 ▶▶ *混合物
2種類以上の純物質が混じり合った状態のもの。

用語 ▶▶ *純物質
1種類の物質でできており、一定の性質を持つ化学物質のこと。

さらに純物質は単体と化合物に分かれます
まとめるとこんな感じですね！

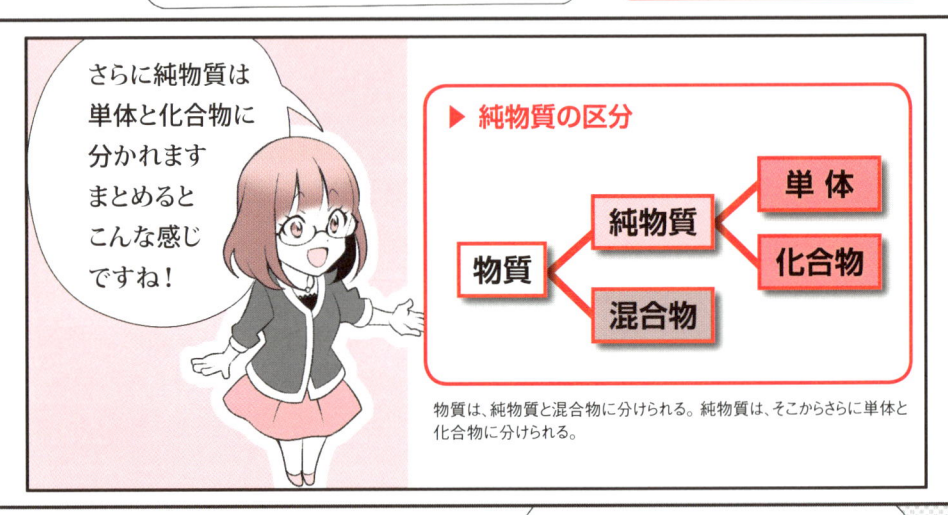

▶ 純物質の区分

物質 ─ 純物質 ─ 単体
      │   └ 化合物
      └ 混合物

物質は、純物質と混合物に分けられる。純物質は、そこからさらに単体と化合物に分けられる。

▶ 純物質と混合物の例

純物質 ─ 単体　　金の延べ棒

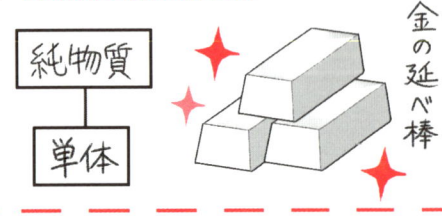

純物質 ─ 化合物　水

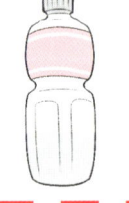

混合物　　　　　食塩水

純物質の中でも1種類の元素からできている金は**単体**。
2種類以上の元素からできている水は**化合物**。

さらに2種類以上の**純物質**が混じり合ったものが**混合物**になるわけね

なるほど

2 よく出る!! 物理変化と化学変化

第2章

では お待ちかねの焼肉を はじめましょうか！

やったー！！

まずは水をたらしてみましょう

ジュー

水が蒸発するのが**物理変化**ですね

あ だいぶいい感じに 焼けてきましたよ

まだです！

え いや もうそろそろ いいかと……

まだですって

じゅー

おっ そろそろ いい頃合いですかね

じゅう

どこがよ!! こんなの肉じゃないわ **炭よ 炭！**

そうです！ 熱を加えることでお肉に含まれる炭素化合物（炭水化物やタンパク質など）が分解されて炭に変わった

つまり性質が変化したんですね！

それが何だっていうんですか…

175

すみません！お2人に*物理変化と*化学変化の違いを知ってほしくて 性質（化学式）が変化するかどうかがポイントなんですよ

用語 ▶▶ *物理変化
熱や力を加えることで、物質の大きさや形が変化すること。物質を表わす化学式自体は変わらない。（例 水が熱されて水蒸気になる）

用語 ▶▶ *化学変化
物質が、まったく別の性質を持つ物質に変化すること。物質を表わす化学式も変わる。（例 肉を焼いて炭化させる）

▶ **物理変化の一例**

例えば**物理変化**は氷が溶けて水になるドライアイスが常温で小さくなるなどの変化をいいます

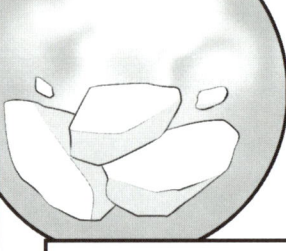

ドライアイスを常温で放置すると小さくなる

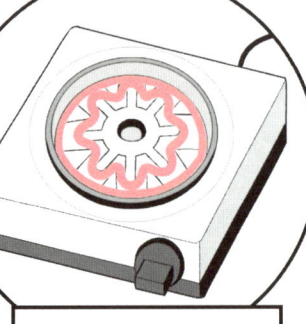

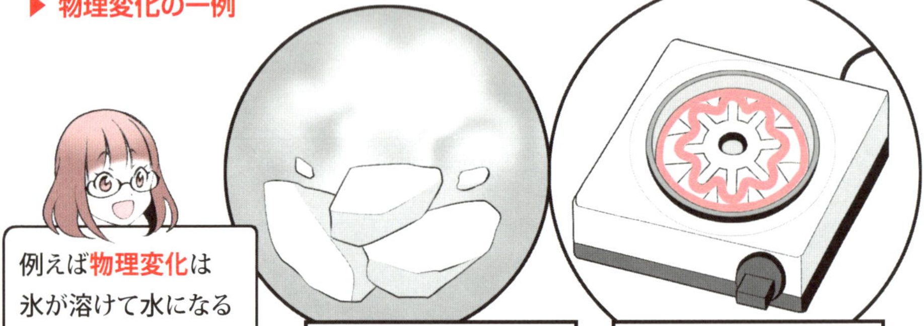

ニクロム線に電気を通すと赤熱する

▶ **化学変化の一例**

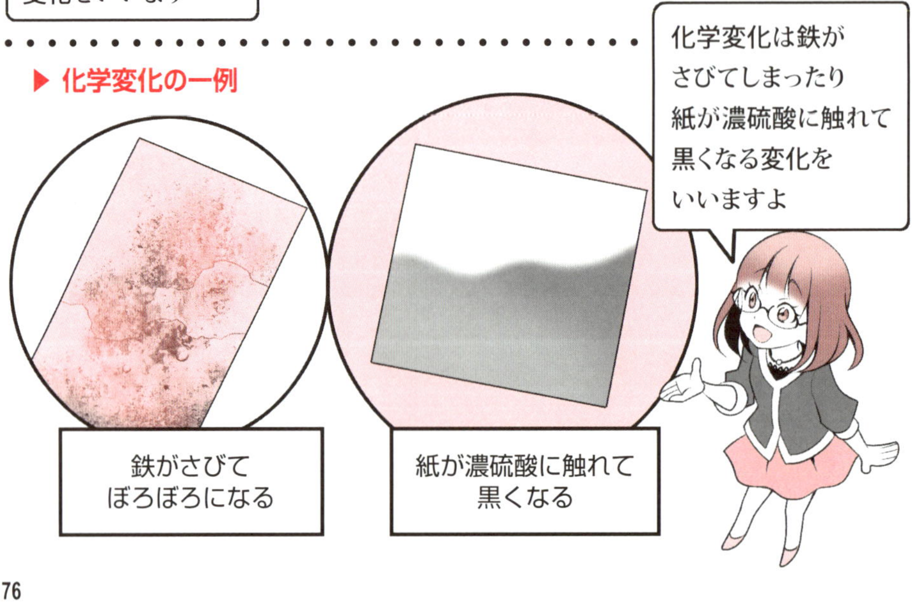

化学変化は鉄がさびてしまったり紙が濃硫酸に触れて黒くなる変化をいいますよ

鉄がさびてぼろぼろになる

紙が濃硫酸に触れて黒くなる

第2章

ていうか いつになったらお肉を食べられるのよ……

そうですね

では改めて

…… ちなみにですね

炭素というのは非常に奥深い物質でして すべての生物の構成材料である他 石炭などのエネルギー原料 さらに多種多様な同素体を持ち 文房具から自転車のフレーム ダイヤモンドにいたるまで変幻自在にその形を──

プスプス

こげてる こげてる

物質の変化と化学反応について学ぼう

出題傾向 試験では、具体的な品名を出し、それが単体・化合物・混合物のいずれかを答えさせる問題がよく出題されます。また、物理変化と化学変化の違いや現象例について問われるので、しっかり理解しておきましょう。

1 物質の分類

分子と原子の基礎知識

世の中にある物質は、**純物質**と**混合物**に分類され、純物質はさらに単体と化合物に分類されます。

単体とは、**1種類の元素から構成**されているもので、水素（H_2）、窒素（N_2）、酸素（O_2）、硫黄（S）や鉄（Fe）が挙げられます。化合物とは、**2種類以上の元素が分子・原子レベルから結びついて構成されているもの**で、一定の性質を持つ物質です。

例えば、水素（H_2）と酸素（O_2）から構成される水（H_2O）や、酸素（O_2）と鉄（Fe）から構成される酸化鉄（FeO）が該当します。純物質である単体や化合物は、一つの化学式で表わします。

一方、混合物とは、**2種類以上の純物質が単に混ざり合っているだけの状態**を指します。例えば、窒素と酸素及び二酸化炭素などが混ざり合った空気や、食塩と水が混ざり合った食塩水などが挙げ

▶ 物質の種類

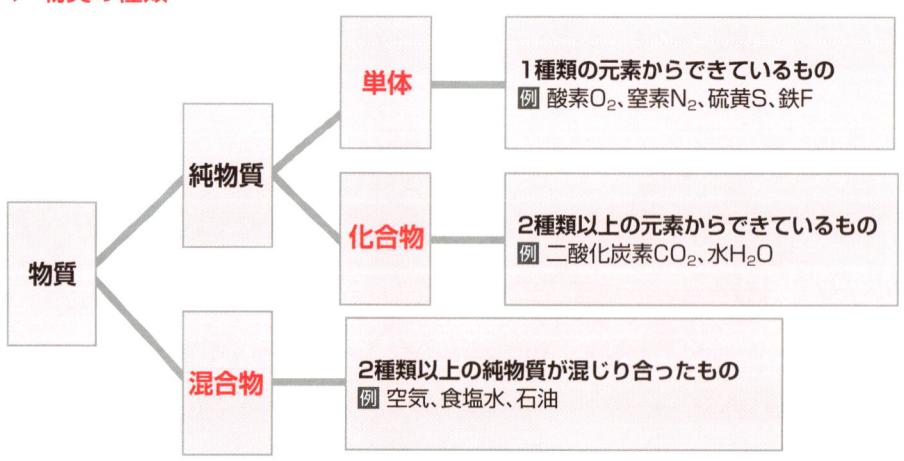

```
                    ┌─ 単体 ── 1種類の元素からできているもの
          ┌─ 純物質 ─┤        例 酸素O₂、窒素N₂、硫黄S、鉄F
          │         └─ 化合物 ─ 2種類以上の元素からできているもの
物質 ─────┤                    例 二酸化炭素CO₂、水H₂O
          │
          └─ 混合物 ──────── 2種類以上の純物質が混じり合ったもの
                              例 空気、食塩水、石油
```

られます。これらは単に物質が混ざり合っている状態のため、その**濃度などによって沸点や融点などの性質にはバラつきがあります**。混合物は、分子・原子レベルで結びついているわけではないため、1つの化学式で表わすことはできません。

試験では、具体的な物体名を取り上げ、それが単体・化合物・混合物のいずれであるかを判断させる問題がよく出題されます。

また、黒鉛とダイヤモンドのように、同じ元素の組合せであっても性質のまったく違う**同素体**と呼ばれるものや、エタノールとジメチルエーテルのように、化学式は同じでも分子の結びつきや性質が異なる**異性体**と呼ばれるものもあります。

② 物理変化と化学変化

変化の違いを理解しよう

物理変化とは、物質の性質や化学式は変わらないまま、**加熱・加圧により形状が変化**することをいいます。

この物理変化は、物質の三態変化である昇華・蒸発・融解・凝固や、気化・潮解・風解が該当します。

一方、**化学変化**とは、酸化・還元・分解などにより、**物質がまったく異なった性質を持つ物質に変化する**ことをいいます。この化学変化は、化合・置換・燃焼などが該当します。

試験では、具体的な例を挙げて、それが物理変化・化学変化のいずれに当たるかを判断させる問題が出題されます。

▶ 物理変化と化学変化

物理変化の例
氷が溶けて水になる。 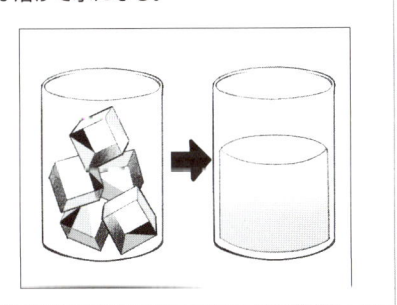
ドライアイスを常温で放置すると小さくなる。
ナフタレンが昇華する。
弾性限界までバネが伸びきる。
ニクロム線に電気を通すと赤熱する。

化学変化の例
鉄がさびてぼろぼろになる。
紙が濃硫酸に触れて、黒くなる。
プロパンガスが燃焼して二酸化炭素と水になる。
水が電気分解によって酸素と水素になる。 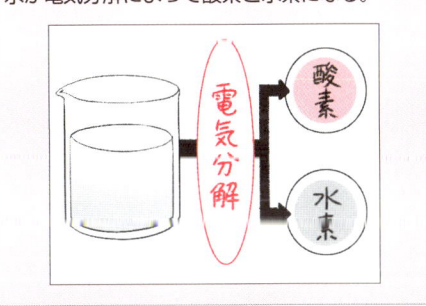
木炭が完全燃焼すると二酸化炭素になる。

第2章 基礎的な物理学及び基礎的な化学

8 原子と分子

物質をこれ以上分けられないものが分子で、分子の構成要素が原子です。分子の成り立ち、原子の重さなどを理解しましょう。

ここが大切!
- 原子、分子、原子量、分子量の定義を覚える
- 原子量と分子量の違いを理解する
- 原子量、分子量、物質量の計算方法を理解する

① よく出る!! 原子と分子の構造

また何か始まったよ…

みなさんには今からミクロの世界の住人になってもらいます!

まじかるぅ〜ミクロ劇場〜!

さて みなさんもよーく知っている「水」この水は何でできているか知っていますか？

水素(H)と酸素(O)でしょ
ジョーシキよ

ピンポーン！
でも水素と酸素が単独で
存在しているだけでは
水になりません

そこで——

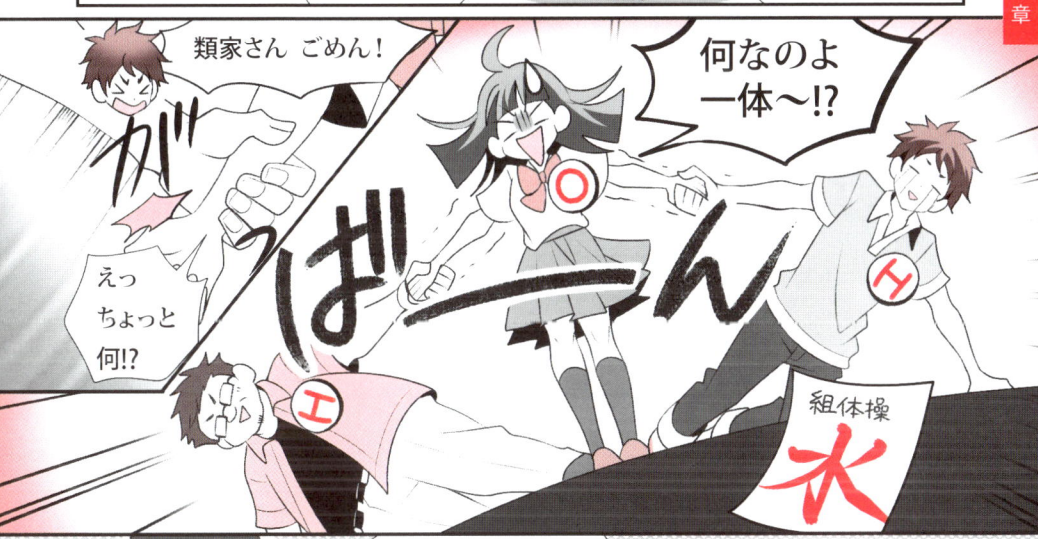

何をコソコソ……

類家さん ごめん！

何なのよ
一体〜!?

えっ
ちょっと
何!?

組体操
水

すばらしい！
このように水は
水素*原子（H）2つと
酸素原子（O）1つが
結びついた*分子（H₂O）で
できているんですね！

用語 ▶▶ *原子
物質を構成する最小の粒子を原子という。これ以上、分割することができないもの。

用語 ▶▶ *分子
物質の特性を持っている最少の単位を分子という。1個または複数の原子からできている。

ここからはおれが

いまお前たちに
演じてもらった
水の化学反応だが
これを細かく見ると
こうなっている

▶ **水の化学反応**

$$2H_2 + O_2 \rightarrow 2H_2O$$

$2H_2$　　　　O_2　　　　$2H_2O$

第2章

原子は陽子と中性子で構成される原子核が中心にあり周りを電子が回っています

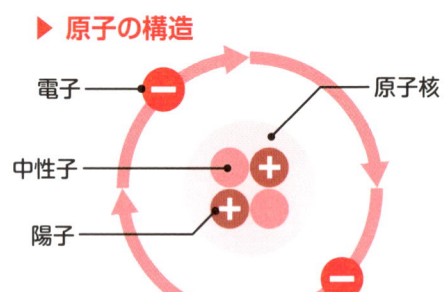

▶ 原子の構造

電子
原子核
中性子
陽子

2 よく出る!!! 原子量と分子量

この原子は極めて小さなものだがたしかに重さがある

具体的にどれくらいの重さですか？

そうだな例えば炭素（C）の質量をグラムで表わすと……

炭素原子1個の質量
0.0000000000000000000000000

ずらーーっ

長っ！

どうだ〜とても書く気にならんだろう？

そこで原子の質量を表わすとき化学では炭素原子の質量を基準にして相対的に数値で表わします。これを*原子量といいますよ！

用語 ▶▶ *原子量
炭素原子1個の質量を「12」とし、これを基準に他の原子の質量比を示した数値のこと。

水素 (H) 1.0

=

炭素 (C) 12.0

そして分子の質量を*分子量といいます！

用語 ▶▶ *分子量
分子の重さのこと。分子を構成している原子の原子量を合計した数値。

例えば水素の原子量は1だが これはその質量が炭素の12分の1ということを示している

例えば水 (H_2O) の場合は「水素 (原子量1) が2つ」と「酸素 (原子量16) が1つ」ですから 計算式に表わすとこうなりますね

それぞれの原子量を足せばいいだけですね！

▶ H_2O分子量の計算式

H_2O の分子量

=

1 × 2個 + 16 × 1個 = 18

水素の原子量　酸素の原子量

ちなみにですねー
このH_2Oに酸素原子がもう1つ加わると
過酸化水素水
という物質が生まれ……

もういいわっ！

もっとよく知ろう！ 原子と分子について学ぼう

出題傾向

過去の出題では、原子、分子、原子量、分子量それぞれの定義について選択肢の正誤が問われています。まぎらわしい用語が多いので、正確に理解することが大切です。原子の構造も理解しておきましょう。

1 原子と分子の構造
原子や分子の構造を理解しよう

　物質を構成する最小単位である粒子を**原子**といいます。この原子の種類を**元素**といい、水素（H）や酸素（O）のように元素記号で表します。

　この原子が1つもしくは2つ以上集まり、物質としての特性を持つときの最小の粒子を分子といいます。

　原子や分子は非常に小さく、とても目に見える物ではありませんが、たしかにそこに存在する以上は質量があります。しかし、質量を普段私たちが使っているグラム（g）などの単位で表わすと、前述のように小数点以下が膨大に長くなり、非常にわかりづらくなります。

　そこで、原子や分子の質量の大小を表わす数値として、原子量や分子量で把握をします。

　原子量は、炭素原子1個の質量を12と決め、これを基準に他の原子が炭素原子と比較してどの程度大きいか、もしくは小さいかを表しています。

　例えば、水素原子1個は炭素原子1個と比較して質量は1/12であるため、水素原子の原子量は1となります。

　一方、酸素原子1個は炭素原子1個と比較して4/3倍となっているため、酸素原子の原子量は16となります。

▶ 原子量の例

元素名	元素記号	原子量
水素	H	1
ヘリウム	He	4
炭素	C	12
窒素	N	14
酸素	O	16

元素名	元素記号	原子量
ナトリウム	Na	23
硫黄	S	32
塩素	Cl	35
鉄	Fe	56
銅	Cu	64

2 原子量と分子量

原子や分子の量を把握しよう

分子量は、**分子を構成している原子量を単に合計したもの**で、その分子の質量の大小を表わします。原子量・分子量は、比であるため単位はありません。

例えば、水(H_2O)の分子量は、原子量1の水素原子2つと原子量16の酸素原子1つで構成されているため、それぞれの原子量を単に足して18となります。

▶ **分子量の計算方法**

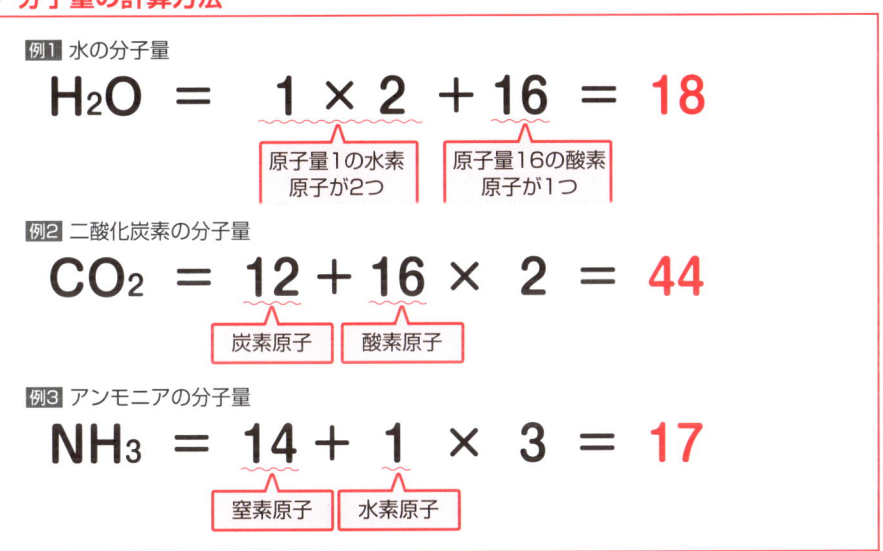

例1 水の分子量

$H_2O = 1 × 2 + 16 = 18$

　　　　原子量1の水素　　原子量16の酸素
　　　　原子が2つ　　　　原子が1つ

例2 二酸化炭素の分子量

$CO_2 = 12 + 16 × 2 = 44$

　　　　炭素原子　酸素原子

例3 アンモニアの分子量

$NH_3 = 14 + 1 × 3 = 17$

　　　　窒素原子　水素原子

また、原子や分子について考えるとき、物理学では度々**モル(mol)**という単位が使われます。

モル(mol)とは、**物質量を表わす単位**で、**質量数12の炭素原子12g中に含まれる原子の数を基準**に、その物質が何個の原子から構成されているかを示しています。

炭素は、1molで炭素原子が、$6.02 × 10^{23}$個存在します。モルという単位は、原子の数を考えるときに、毎度$6.02 × 10^{23}$個といった数で考えるのは非常にわかりづらいため$6.02 × 10^{23}$個という粒子の集団をシンプルに1molと置き換えて把握しようとして作られました。

炭素の場合は上記のように、原子量12であるため12gで1molとなります。

他の例として、分子量18の水(H_2O)の場合は18gで1mol、分子量44の二酸化炭素(CO_2)は44gで1molとなります。

この点は深掘りして考えると非常に難解でキリがないため、試験対策上は、**「その物質の分子量にそのままグラム(g)をつけたときの質量が、その物質が1molになる大きさである」**とおさえておきましょう。

185

第2章 基礎的な物理学及び基礎的な化学

9 化学の基本法則・化学反応式

物質は科学的に反応するとき、さまざまな法則に従って反応しています。化学反応式のルールと化学法則をしっかり理解しましょう。

ここが大切!
- 基本的な化学法則を理解する
- 化学式の種類を覚える
- 化学反応式のルールを理解する

1 よく出る!! 化学反応式

さてさて次も化学のお話ですよ!

また何かやるつもりか……?

前回は原子や分子について学んだが物質は *化学式によって表わすことができる

この化学式を使って物質にどのような化学変化が生じたかを表わせるんだ

これを *化学反応式といいますよ!

用語 ▶▶ *化学式
物質の構成を元素記号を使って表わしたもの。分子式や組成式、構造式などの種類がある。

用語 ▶▶ *化学反応式
物質の化学変化を化学式を用いて表わしたもの。

例えば炭素原子1つ（C）と酸素分子（O_2）が結合して二酸化炭素になるときの化学反応式はこのように表わす

書き方にもルールがあるから覚えておけよ

▶ 二酸化炭素の化学反応式 【重要】

炭素と酸素を反応させ二酸化炭素を生成する場合

$$C + O_2 \rightarrow CO_2$$

● 書き方のルール

① 反応前の物質（この場合C、O_2）を「反応物」といい、式の左辺に書く。
② 反応によりできた物質（この場合CO_2）を「生成物」といい、式の右辺に書く。
③ 式の左辺から右辺に向けて矢印を書いて両辺を結ぶ。

第2章

単純に反応物を足せば自然と生成物を表わすんですね！

いや そうとも限らん 例えば水の場合はこうなる

▶ 水を生成する化学反応式

水素と酸素を反応させ水を生成する場合

$$2H_2 + O_2 \rightarrow 2H_2O$$

左辺ではO_2だったのに右辺ではOだけになっている？

これは*係数によって原子数がまとめられたんです

用語 ▶▶ *係数

分子式の前につく数字で、その分子が何個あるのかを表わす（この場合は、H_2Oの前につく「2」が係数となる）。

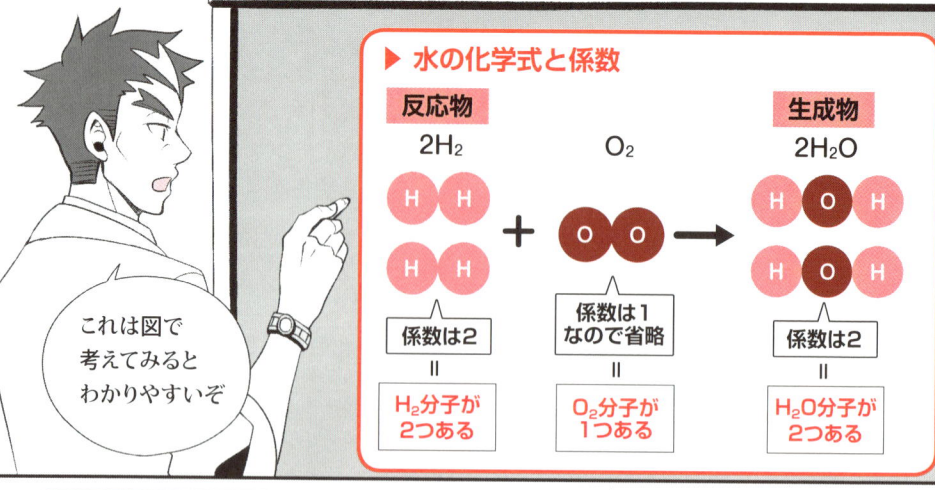

▶ 水の化学式と係数

反応物		生成物
$2H_2$	O_2	$2H_2O$

$2H_2$ 係数は2 ＝ H_2分子が2つある

＋

O_2 係数は1なので省略 ＝ O_2分子が1つある

→

$2H_2O$ 係数は2 ＝ H_2O分子が2つある

これは図で考えてみるとわかりやすいぞ

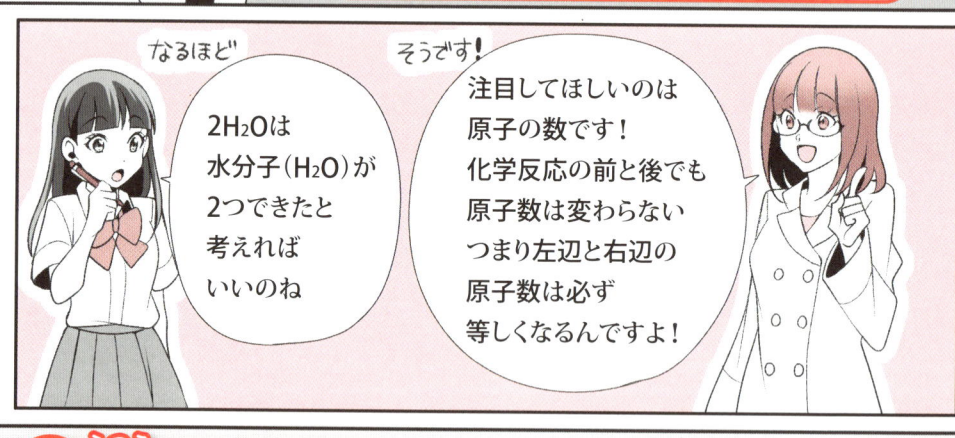

なるほど
$2H_2O$は水分子(H_2O)が2つできたと考えればいいのね

そうです！
注目してほしいのは原子の数です！
化学反応の前と後でも原子数は変わらない
つまり左辺と右辺の原子数は必ず等しくなるんですよ！

2 化学の基本法則

桐谷のいうとおり
反応の前と後で原子の数は変わらない。
これは質量についても同じことがいえるんだ

これを
*質量保存の法則
というぞ

用語 ▶▶ *質量保存の法則
化学変化の反応前と反応後では、物質の質量が変化しないこと。反応前の質量の総和と反応後の質量の総和は等しくなる。

それから原子の質量の比率にも法則があるんです！これを*定比例の法則といいますよ！

用語 ▶▶ *定比例の法則
ある1つの化合物を構成する元素の質量の比率が、常に一定になる法則のこと。

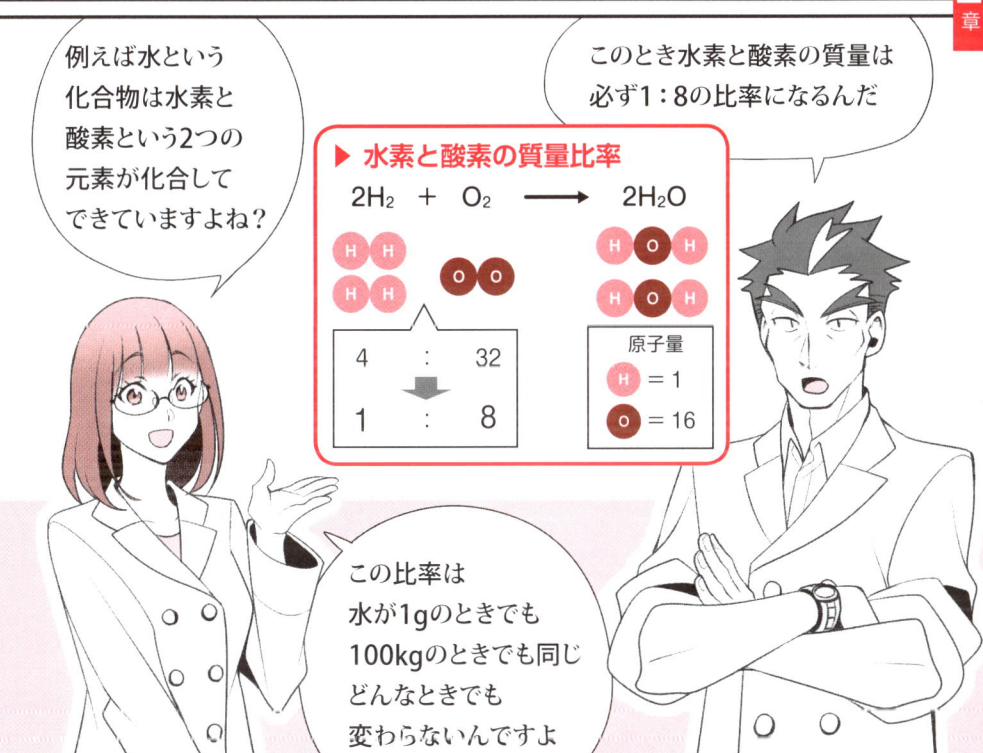

例えば水という化合物は水素と酸素という2つの元素が化合してできていますよね？

このとき水素と酸素の質量は必ず1：8の比率になるんだ

▶ 水素と酸素の質量比率

$2H_2 + O_2 \longrightarrow 2H_2O$

4 : 32
↓
1 : 8

原子量
H = 1
O = 16

この比率は水が1gのときでも100kgのときでも同じ どんなときでも変わらないんですよ

剣持先生 それよりも乙幡くんに「桐谷さんの心をつかむ法則」を教えてあげたらどうですか〜？

お前なぁ…

聞く気マンマンだなおい！

もっとよく知ろう！ 化学反応式と基本法則を理解しよう

出題傾向　化学の基本法則には、「質量保存の法則」「定比例の法則」「倍数比例の法則」「アボガドロの法則」「気体の法則」などがあります。どれも基本的なものなので、しっかり理解して問題に応用しましょう。

1 化学反応式

化学変化しても原子の個数は等しい

元素記号を使って物質の構造を表した式を**化学式**といい、化学式を使って化学反応による物質の変化を表わしたものを**化学反応式**といいます。

化学反応式は、**左辺に反応前の物質、矢印を挟んだ右辺に反応後の物質を書いて変化を表わします。**

試験では、複数の化学反応式を選択肢に挙げ、正しい化学反応式はどれか選ばせる問題が出題されます。このときの正誤判定には、左辺と右辺でそれぞれの種類の原子が変化していないかどうかがポイントとなります。

一見、むずかしそうに感じますが、下図のように原子の絵を描きながら情報を整理していけば簡単に正解を選ぶことができますので、しっかりと理解しておきましょう。

▶ **左辺と右辺の原子数が一致する例と一致しない例**

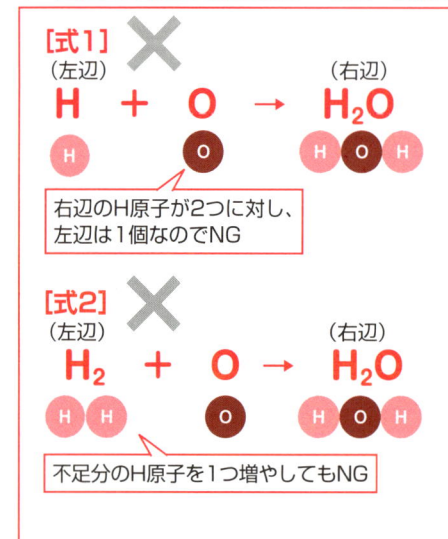

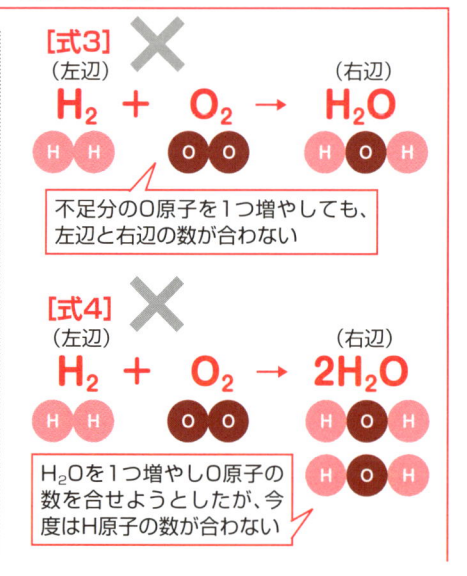

[式1] ✕
（左辺）　　　　　　　（右辺）
$H + O \rightarrow H_2O$

右辺のH原子が2つに対し、左辺は1個なのでNG

[式2] ✕
（左辺）　　　　　　　（右辺）
$H_2 + O \rightarrow H_2O$

不足分のH原子を1つ増やしてもNG

[式3] ✕
（左辺）　　　　　　　（右辺）
$H_2 + O_2 \rightarrow H_2O$

不足分のO原子を1つ増やしても、左辺と右辺の数が合わない

[式4] ✕
（左辺）　　　　　　　（右辺）
$H_2 + O_2 \rightarrow 2H_2O$

H_2Oを1つ増やしO原子の数を合せようとしたが、今度はH原子の数が合わない

[式5]
（左辺）　　　　　　　　（右辺）
$$2H_2 + O_2 \rightarrow 2H_2O$$

重要

H_2を1つ増やすと左右の原子数が一致→これが正しい式となる

2 化学の基本法則

化学にはさまざまな法則がある

物質を科学的にとらえたり、化学反応について調べてみると、物質はさまざまな法則に従って反応していることがわかります。

化学の基本法則には、「質量保存の法則」「定比例の法則」「倍数比例の法則」「アボガドロの法則」「気体反応の法則」などがあります。

▶ 質量保存の法則

化学変化の前後における物質全体の質量は変わらない。質量不変の法則ともいう。

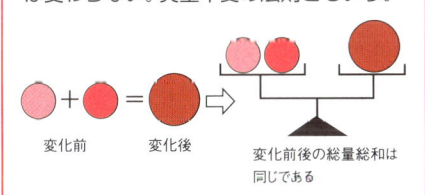

変化前　変化後　　変化前後の総量総和は同じである

▶ 定比例の法則

化合する物質の元素の質量の比は常に一定である。

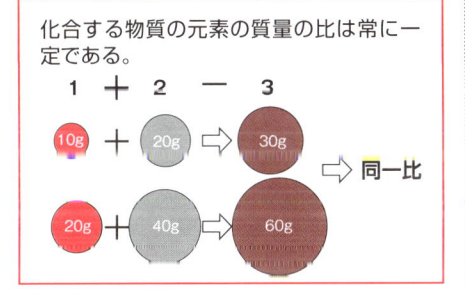

1 + 2 → 3
10g + 20g ⇒ 30g
　　　　　　　　　⇒ 同一比
20g + 40g ⇒ 60g

▶ 気体反応の法則

気体反応の法則とは、化学反応において、互いに反応する気体の体積は、等温・等圧において簡単な整数比をなすという法則。

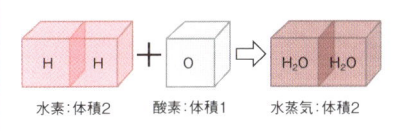

水素：体積2　酸素：体積1　水蒸気：体積2

▶ 倍数比例の法則

同じ2つの元素が化合して、2種類以上の化合物を作るとき、元素の質量の比は簡単な整数比になる。

	一酸化炭素 (CO)	二酸化炭素 (CO_2)	比 (CO:CO_2)
炭素の質量(g)	12×1=12	12×1=12	1:1
酸素の質量(g)	16×1=16	16×2=32	1:2

▶ アボガドロの法則

すべての気体は同温同圧のもとでは、同じ体積内に同じ数の分子を含む。

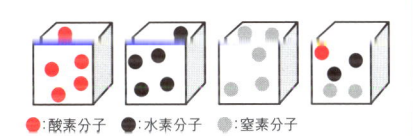

●：酸素分子　●：水素分子　●：窒素分子

191

第2章 基礎的な物理学及び基礎的な化学

10 熱化学と溶液

化学反応時に発生する反応熱の種類や、溶液の濃度を算出する計算式について、学んでいきましょう。

ここが大切!
- 反応熱の種類を覚える
- 熱化学方程式の算出方法を覚える
- 溶液の濃度を算出する公式を覚える

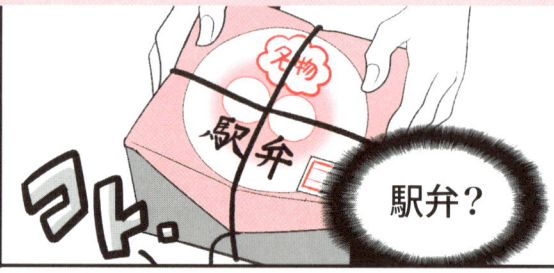

出る! 1 熱化学方程式

みなさーん！今日はお弁当を持ってきましたよー！

駅弁？

このお弁当すごいんですよ！箱についているひもを引っぱってみてください

手作りじゃない…

よっしゃー ✦ 桐谷さんの手作り弁当!!

この弁当は化学変化で生まれる反応熱を利用して瞬時に具材を温めるスグレモノなのだ

…って何かいや～な予感が！

へぇー本当だあったかい

第2章

*反応熱というのは……

やっぱりそこにつなげるのかーっ！

用語 ▶▶ *反応熱
化学反応に伴って発生、または吸収する熱のこと。

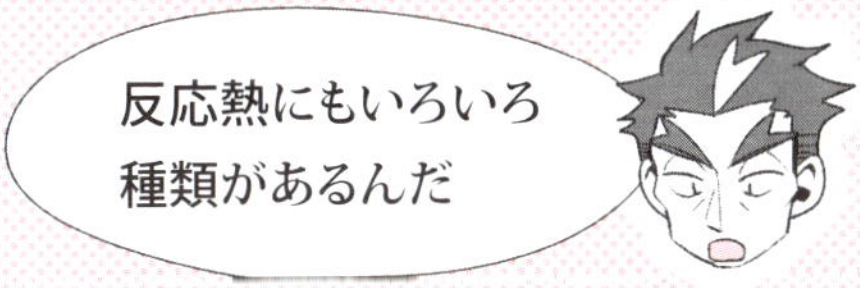

反応熱にもいろいろ種類があるんだ

▶ **反応熱の種類**

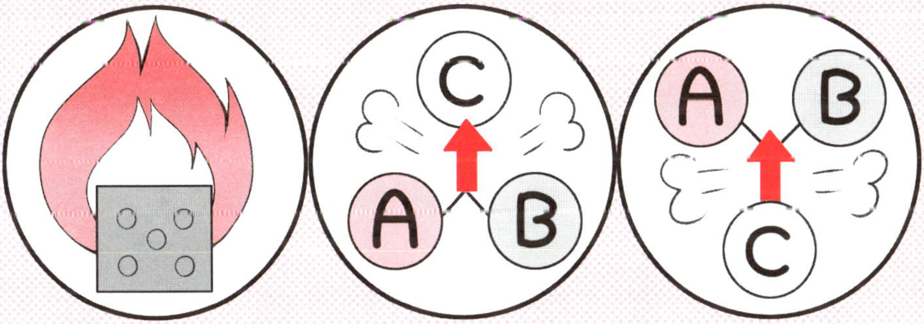

燃焼熱	生成熱	分解熱
物質1molが完全燃焼したときに発生する反応熱。	化合物1molが、単体から生成するときに発生する反応熱。	化合物1molが、各元素に分解するときに発生する（または吸収する）反応熱。

193

これらの反応熱は化学反応式に書き加えて表わすこともできる これを*熱化学方程式 というぞ

用語 ▶▶ *熱化学方程式
物質が化学反応を起こしたときに、発生（または吸収）する熱量を化学反応式に組み込んだもの。

熱化学方程式の例

化学反応による熱の出入りを表わす計算式として「熱化学方程式」を用いる。

例 炭素（黒鉛）1molを燃焼すると二酸化炭素と394kJの熱が発生する。

$$C(黒鉛) + O_2(酸素) = CO_2(二酸化炭素) + 394kJ$$

あのー molって何でしたっけ？

*molは化学で使われる物質量の単位ですよ

用語 ▶▶ *mol
molは、原子量を基準として物質の量を表わす単位。炭素原子12g中に含まれる原子数の集まりを「1mol」とする。

例えばヘリウム（原子量4）の場合 1molなら4g。 3molなら12g。 0.5molなら2g。 になる計算ですね

molを使ったグラム数計算例

原子量×molの数＝グラム数

例 ヘリウム（原子量4）の3mol当たりのグラム数を算出する場合。

$$4 × 3 = 12g$$

原子量にmolの数を掛ければ簡単にグラム数がわかるんだね

2 ふつう 溶液

反応熱の他にもう1つ知っておいてほしいのが溶液についてだ。溶液とは 溶解によってできた液体を指す

▶ 溶液のイメージ

溶質 溶液のうち、溶けているほうの物質。

溶媒 溶液のうち、溶かしているほうの物質。

溶液 溶質が溶媒に溶けてできた液体。溶媒が水の場合は「水溶液」という。

溶媒に溶ける溶質の量には限度がある その目安となるのが *溶解度 だ

用語 ▶▶ *溶解度
溶媒100g中に溶かすことのできる溶質の最大量（g）のこと。溶解度は温度によって変化し、一般に溶媒の温度が高くなるほど溶ける溶質の量も増える。

例えば ショ糖（砂糖）の場合 20℃の水100gに溶ける最大量は200g前後ですが 80℃まで温度を上げると360g前後まで溶けるようになるんですよ！

はい どうぞ♡

ゴクッ

ナイナイ

こ これはもしや……
桐谷さんに対する愛の深さを試されているのかっ……!!

熱化学方程式と溶液について学ぼう

出題傾向

熱化学方程式では、吸熱反応もしくは放熱反応を示しているものはどれかを選択させる問題が出題されます。溶液の濃度計算は概要を知っておきましょう。

1 熱化学方程式

反応による熱の出入りを表わす

化学反応の中には、反応に伴い熱を発生させたり、熱を周囲から奪ったりするものがあります。

化学変化に伴い熱が発生するものを**発熱反応**、外部の熱を吸収するものを**吸熱反応**といいます。このときに発生する熱が**反応熱**です。この反応熱という熱の動きを化学反応式に加えたものが、**熱化学方程式**です。

熱が発生する場合は式の右辺に「＋」、熱を吸収する場合は「－」で示し、**移動する熱の量をジュールという単位で表示**します。

試験では、発熱反応・吸熱反応を示す熱化学方程式がどれかを単に選ぶ問題が出題されますので、「＋」と「－」のところで、発熱・吸熱反応のいずれに当たるかを判断できるようにしておきます。

▶ **熱化学方程式の書き方のポイント**

① 化学反応式と同じく以下を記載
　左辺は「反応物」　右辺は「生成物」

② 左辺と右辺は「＝」でつなぐ
　※エネルギー量を示すため

③ 右辺の最後に反応熱を記載
　発熱反応は「＋」　吸熱反応は「－」

熱化学方程式の参考例

『「炭素(黒鉛)」1molを燃焼すると二酸化炭素と394kJ※の熱が発生する』。この反応を熱化学方程式で表わすと次のようになる。

● 発熱反応

$$C(黒鉛) + O_2(酸素) = CO_2(二酸化炭素) + 394kJ$$

※394kJは、1mol(モル)の炭素が燃焼するときの反応熱を意味する。

② 溶液
濃度を割り出す公式を覚えよう

物質が液体中に分散して均一に溶けて混ざる現象を**溶解**といいます。

このときに均一に溶けた物質を**溶質**、溶かしている液体を**溶媒**といい、全体を溶液といいます。

溶媒が水の場合は、特に水溶液と呼びます。溶解は、2つの物質が単に混ざっただけの状態であるため、それぞれのものの性質自体は変わりません。

つまり、**溶解は物理変化の1つであり、純物質ではなく混合物を作る過程の1つである**といえます。

出題頻度はそれほど高くありませんが、下記の濃度計算の公式はしっかりと理解しておきましょう。

知っておこう！
溶液の種類と名称の違い
溶液が水のときは水溶液といい、エタノールのときはエタノール溶液といいます。溶液の種類によって呼び方が変わることを覚えておきましょう。

濃度の公式と参考例

$$濃度 = \frac{溶質の質量}{溶液の質量} \times 100(\%)$$

例 100gの水に10gの塩を溶かしたときの溶液の濃度。

$$\frac{10}{100+10} \times 100 = 9.09\%$$

> 溶解は物理変化の1つであること。純物質ではなく混合物を作る過程の1つであることなどを理解しておきましょうね！

得点力UPテスト ③

問題1 熱容量とは、ある物質全体の温度を1K（ケルビン）だけ高めるのに必要な熱量である。

問題2 比熱とは、物質100gの温度を100K（ケルビン）だけ高めるのに必要な熱量である。

問題3 ストーブで灯油を燃やしていて床面より天井付近の温度が高くなるのは、放射である。

問題4 鉄棒を持ってその先端を火の中に入れたら、手元まで徐々に暖かくなるのは、伝導である。

問題5 ドライアイスを常温で放置しておくと小さくなるのは、化学変化である。

問題6 鉄がさびるのは、化学変化である。

問題7 ニクロム線に電気を通じると発熱するのは、物理変化である。

問題8 昇華、蒸発、燃焼、中和、融解は、物理変化を示す用語である。

問題9 ガソリンは、種々の炭化水素の化合物である。

問題10 空気は酸素と窒素の混合物である。

問題11 化学変化とは、見かけは変わっても本質は変わらない変化をいう。

問題12 同気圧のもとでは、一定量の理想気体の体積は、温度が1℃上昇するごとに0℃の体積に対し1/173ずつ増加する。

問題13 エタノールの燃焼を表わす化学反応式は、$C_2H_5OH + O_2 \rightarrow CO_2 + H_2O$である。

問題 14 化学変化において、変化前の質量と変化後の質量が変わらないことを質量保存の法則という。

問題 15 原子は物質を構成する最小の基本粒子で、その原子が1個または複数集まったものが分子である。

問題 16 同素体とは、別の元素(単体)でできている物質で、性質がまったく同じものをいう。

問題 17 化合する物質の元素の質量の比が常に一定である法則を倍数比例の法則という。

問題 18 モル濃度とは、溶液10ℓ中に溶けている溶質を物質量(mol)で表した濃度のことである。

問題 19 原子量は原子の質量の大小を表わす数値で、炭素1個の質量を15と定めている。

問題 20 熱膨張は、物質に熱が加わり温度が上がることで、長さや体積が増える現象である。

【 解答欄 】 ※解答は○か×で記入してください。

問題1 [　　]	問題8 [　　]	問題15 [　　]
問題2 [　　]	問題9 [　　]	問題16 [　　]
問題3 [　　]	問題10 [　　]	問題17 [　　]
問題4 [　　]	問題11 [　　]	問題18 [　　]
問題5 [　　]	問題12 [　　]	問題10 [　　]
問題6 [　　]	問題13 [　　]	問題20 [　　]
問題7 [　　]	問題14 [　　]	➡答えは219ページ

第2章 基礎的な物理学及び基礎的な化学

11 金属の特性とイオン化傾向

金属と非金属の違いや特性、水溶液体により金属が陽イオンになるときのなりやすさの違いを表わすイオン化傾向について説明します。

ここが大切!
- 金属と非金属の特性を知る
- イオン化傾向について知る
- 腐食する環境や防止法を覚える

1 出る！金属と非金属

今日でゼミも6日目　残りあと1日か……

はじめはまったくやる気がなかったけど振り返ってみると意外に楽しかったな

桐谷さんともだいぶ親しくなれた気がするし……

エンジン音？こんな朝早くに誰だろう？

あ、おはようございますー

き、桐谷さん……!?　何してるんですか？

何ってバイクの修理ですよ

用語 ▶▶ *金属の展性と延性

物質が叩かれたり圧力をかけられても、破壊されることなく柔軟に変形する性質のこと。薄い箔の状態に広がることを展性、細長く線状に引き伸ばされることを延性と呼ぶ。

② よく出る!! 金属の腐食

あれ？でもよく見るとところどころにさびが……

この部分はメッキがはがれて*腐食してしまっていますね！

えっ 金属も腐るんですか……!?

いえ 正確にはまわりの気体や他の金属と触れることで起こる化学反応なんです

用語 ▶▶ *腐食
周囲の環境によって金属が化学反応を起こし、さびたり、溶けたりすること。

父は海沿いの道をツーリングするのが好きだったんですが潮風って金属の天敵なんですよね……

なるほどそれで…

▶ 腐食が起こりやすい条件

① 湿度が高い場所。
② 酸性の強い環境（土壌）。
③ 酸素が豊富な水場。
④ 塩分の多い場所。
⑤ 二酸化窒素、二酸化硫黄を含む大気中。
⑥ 直流電気鉄道近くで迷走電流が流れている場所。
⑦ 異種金属と触れていること。
⑧ 砂層と粘土層のように土壌が異なる場所。

③ イオン化傾向 よく出る!!!

でも メッキされている部分はどうしてさびないんだろう？

お いいところに気づきましたね！実はメッキというのは金属の*イオン化傾向の違いを利用しているんです

第2章

用語 ▶▶ *イオン化傾向
金属が陽イオンになるときのなりやすい度合いのこと

イオン化傾向が大きいということは つまり「酸化されやすい」ってことです

イオンとは 原子がプラスもしくはマイナスの電荷を帯びた状態を指します。陽イオンは、もともとあった電子を放出してプラスの電荷を帯びた原子のことをいうんですよ！

そして 酸化されやすい金属ほど 腐食が速く進むんですね！

…つまり メッキは酸化されにくい成分でできているってことですね？

例えばマフラーは鉄でできていますが 鉄よりも酸化されにくい

つまり イオン化傾向の小さい銅やニッケルのメッキを塗ることでさびるのを防いでいるんです

そのとおり！

へぇ～ こんなところにも化学の知識が生かされているんですねぇ～

バイクを修理して
使うなんて
本当にお父さんが
好きなんですね
んー 好きというより
憧れですかね。
化学が好きになった
のも父の影響
なんです
研究一筋の父はほぼ家にいませんでしたが
たまに帰ってきて 化学の面白い話をしてくれたんです
いいかー
肉は腐りかけが一番
おいしいっていうが
これは微生物の力で
アミノ酸が5〜6倍に
増えるからなんだ
でもお父さん
この前お腹壊したから
食べるときは
注意が必要だぞ！
HAHAHA
パパ
すご〜い！
父はいつも
「研究の成果を
世の中の人のために
役立てたい」と
話していました
わたしもいつか
そんな化学者に
なれたらなぁって……
すみません
おはずかしい
話を
いえ
ステキな
夢だと
思いますよ！
夢か……
僕は将来 何に
なりたいんだろう……？

金属の腐食やイオン化の性質について学ぼう

出題傾向

試験の傾向として、金属の特性について選択肢の正誤が問われる問題がよく出題されています。また、金属と非金属の違いについて問われるケースも多いです。

1 金属と非金属

反応による熱の出入りを表わす

物質は金属と非金属に2分されます。試験では、金属と非金属の違いを判断させる問題が出題されるので、下表をしっかりと覚えておきましょう。

▶ 金属と非金属の比較

	金属	非金属
常温(20℃)	固体 例外 水銀	固体・液体・気体のどれか
光沢	ある	ないものが多い
比重	大きい 例外 カリウム・ナトリウム	小さいものが多い
熱と電気	よく通す、良導体	通さない、不導体
展性・延性	ある	ないものが多い
融点	一般に高い	低温度でも気体のものがある
代表的なもの	鉄・金・銀・銅・アルミニウム　など	食塩・酸素・二酸化炭素・水・ガラス・石　など

▶ 代表的な金属

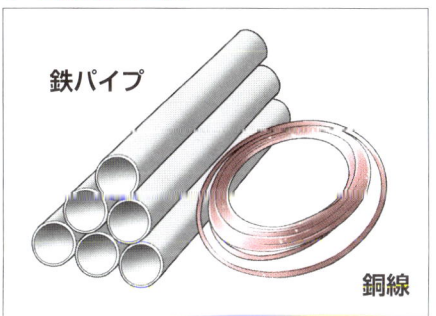

鉄パイプ
銅線

▶ 代表的な非金属

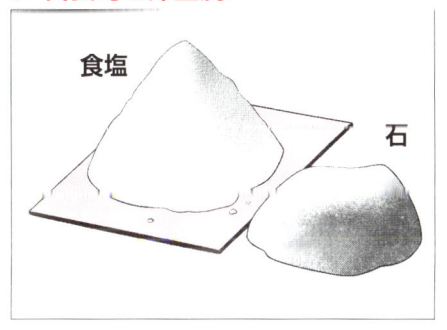

食塩
石

2 金属の腐食

周囲の環境によって腐食する

金属が周囲の環境に応じて反応し、溶けたりさびを生じたりすることを**腐食**といいます。

試験では、どのような環境下で腐食が起きやすいのか、もしくはどのようにすれば腐食を防げるのかという問題が出題されますので、腐食が起きやすい条件について覚えておきましょう。

▶ **腐食が起きやすい条件**

● 暗記しよう

湿度が高い場所	塩分の多い場所
酸性の強い環境（土壌）	二酸化窒素、二酸化硫黄を含む大気中
酸素が豊富な水場	直流電気鉄道近くで迷走電流が流れている場所
	異種金属と触れていること （ 例 鉄であれば、鉄よりもイオン化傾向の小さい金属と触れていると、イオン化傾向の大きい鉄から腐食する）
	砂層と粘土層のように土壌が異なる場所　など

3 イオン化傾向

イオン化傾向が大きい金属ほど酸化する

水溶液中における金属の陽イオンへの変化しやすさを**イオン化傾向**といい、化学反応の起きやすさを表わしています。イオン化傾向が大きいほど酸化・腐食しやすいことになります。

試験では、鉄を基準にして、鉄よりもイオン化傾向が大きいか小さいかを問う問題が出題されます。

▶ **イオン化列**

K	Ca	Na	Mg	Al	Zn	Fe	Ni	Sn	Pb	H	Cu	Hg	Ag	Pt	Au
カリウム	カルシウム	ナトリウム	マグネシウム	アルミニウム	亜鉛	鉄	ニッケル	すず	鉛	水素	銅	水銀	銀	白金	金

大 ← イオン化傾向 → 小

イオンになりやすい（酸化されやすい）　　　イオンになりにくい（酸化されにくい）

知っておこう！

イオン化列の覚え方

イオン化列の物質名をこんな語呂合わせで覚えてもいいでしょう。

「貸そうかな、まあ、あてにすんな、ひどすぎる借金」

貸そう	かな	まあ	あ	てにす	んな	ひどすぎる	借	金
K	Ca Na	Ma Al	Zn	Fe Ni Sn	Pb	H Cu Hg Ag	Pt	Au

第2章 基礎的な物理学及び基礎的な化学

12 有機化合物とは何か？

第4類危険物のほとんどを占めているのが有機化合物です。ここでは、有機化合物とはどういう物質のことを指すのか解説していきます。

ここが大切！
- 有機化合物の特性について知る
- 有機化合物と無機化合物の差異について学ぶ
- 代表的な有機化合物を覚える

1 出る！ 有機化合物と無機化合物

桐谷さんとたくさん話ができてうれしい

さて 今日は *有機化合物と無機化合物についてだが……

どうしたんだ…？

違いは1つ！炭素を含むか含まないかです

肉
米
ペットボトル

炭素を含むのが有機化合物
無機化合物に比べて
種類がたくさんあって
私たちの身近にある日用品も
ほとんどが有機化合物なんですよ

ここで知っておきたいのは有機化合物の特徴だ

H_2 O_2 C S

有機化合物は炭素を主体にして「水素」「酸素」「窒素」「硫黄」などの元素で構成されています

用語 ▶▶ *有機化合物
炭素を含む化合物のこと（一酸化炭素と二酸化炭素は除く）。

それから有機化合物は無機化合物に比べて可燃性のもの　つまり燃やすことができるものがほとんどだ
有機化合物を燃やすと何に変化するか　皆さんわかりますか？
うーん
突然聞かれてもな…
ほらほら
炭素と水素が豊富に含まれているってことは…？
燃焼すると空気中の酸素と結びついて水や二酸化炭素になるのね！
▶ 有機化合物の燃焼
有機化合物
O_2
O_2
H_2
H_2
C
C
O_2
$2H_2 + O_2 =$
$2H_2O$
（水）
$C + O_2 =$
CO_2
（二酸化炭素）
正解！　他にも細かな特徴があるから
にゃ〜
桐谷さん…
お父さん…
って聞いてんのか乙幡!!

もっとよく知ろう！ 有機化合物と無機化合物の違いと物質名を学ぼう

出題傾向

試験では、有機化合物の特徴がよく問われます。無機化合物と比較しながら、ポイントをしっかりとおさえましょう。特に有機溶媒に溶けることや、静電気を発生させやすいことが頻出です。

1 有機化合物と無機化合物

炭素を含む化合物の総称

物質は下図のように、**有機化合物**と**無機化合物**に分かれます。

有機化合物は**炭素（C）**を含む化合物を指します（二酸化炭素・一酸化炭素などを除く）。可燃性の物が多く、燃焼すると二酸化炭素と水になります。ガソリンや灯油などの危険物も有機化合物のひとつです。

▶ **有機化合物と無機化合物**

物質
- 有機化合物 — 加熱すると水と二酸化炭素を発生して炭になる
  例 砂糖、ろう、プラスチック、木、紙 など
- 無機化合物
  - 金属 — 金属の性質
    光沢がある、電流や熱を伝えやすい など
    例 鉄、アルミニウム、銅 など
  - 非金属 — 金属以外
    例 水、食塩、ガラス など

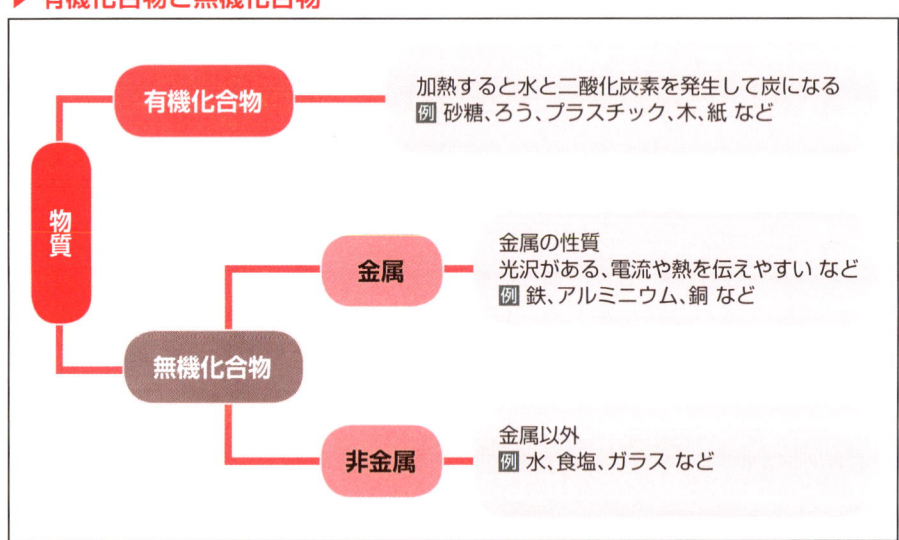

▶ **有機化合物の特徴**

❶ 水に溶けにくい。
❷ アルコールなどの有機溶媒に溶ける。
❸ 不導体が多く静電気を発生させやすい。
❹ 非電解質のものが多い。
❺ 融点・沸点の低いものが多く、石油製品の多くは引火点も低いため危険性が高い。
❻ 反応速度が遅い。

13 酸と塩基・酸化と還元

酸と塩基、それぞれの特徴と、これらを混ぜたときにどのような反応が起きるか学習しましょう。

ここが大切!
- ! 酸と塩基、それぞれの特徴を知る
- ! 中和について学ぶ
- ! 酸化還元反応の概要を知る

1 出る! 酸と塩基の特徴

用語 ▶▶ *酸
水に溶けると水素イオン(H^+)を出す物質のこと。また、他の物質に水素イオン(H^+)を与えることができる物質である。pH7未満。

用語 ▶▶ *塩基
水に溶けると水酸化物イオン(OH^-)を出す物質のこと。また、他の物質から水素イオン(H^+)を受け取ることができる物質である。pH7超14以下。アルカリともいう。

まずはこちらから……

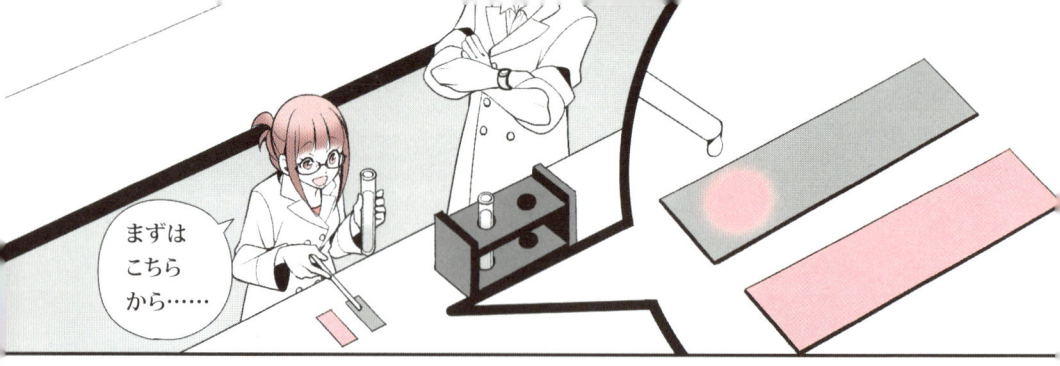

次にこちらを……

じわっ

色が変わった!

知っておこう!
リトマス試験紙による反応実験
リトマス試験紙の変色により酸か塩基かを判断できる。酸を青色のリトマス試験紙につけると赤色に、塩基を赤色のリトマス試験紙につけると青色に変わる。

そしてこの2つを混ぜ合わせると……

あれ 何か白い結晶みたいなのができてる

酸と塩基が混ざって*中和反応が起こったんだ

用語 ▶▶ *中和
酸性の水溶液と塩基性の水溶液を混ぜると、中性の水と塩(えん)が生じる反応のこと。ちなみに塩(えん)とは、水といっしょに生じる物質のことで、必ずしも食塩(NaCl)ができるわけではない。pH7。

② 出る！酸化と還元

それから大事なことをもう1つ

この10円玉は通常よりも黒ずんでいる。これは銅が*酸化された状態なんだ

用語▶▶ *酸化
物質が酸素と化合すること、もしくは水素を失う反応のこと。

うわ 汚ったな……

汚くなどない！これは実験用のやつだぞ

それから酸化とは逆の反応を*還元といいますよ！

用語▶▶ *還元
物質が酸素を失うこと、もしくは水素と化合する反応のこと。

そしてこの酸化と還元は 必ず同時に起こる これを**酸化還元反応**というぞ

▶ 酸化還元反応の例

重要

$$酸化銅CuO + 水素H_2 \to 銅Cu + 水H_2O$$

還元 / 酸化

さてとB3教室に戻るか

別にこのままでいいんじゃない？

ふふ これから試験に向けた総仕上げをやるんだよ……

嫌な予感がする……！

もっとよく知ろう！ 酸と塩基・酸化と還元について学ぼう

出題傾向

試験の傾向としては、中和の定義やpHの意味、さらには酸化反応についての正誤を問う問題が多く出題されています。解説内の表を熟知してから試験に臨みましょう。

1 酸と塩基の特徴

酸と塩基が塩を形成する化学反応

酸とは、水溶液中で**水素イオン(H^+)を生ずる物質で、他の物質に水素イオン(H^+)を渡すことができます。**その酸の強さにより、**強酸**、**弱酸**と呼ぶこともあります。

一方、**塩基**とはアルカリのことで、**水溶液中で水酸化物イオン(OH^-)を生じ、他の物質から水素イオン(H^+)を受け取る物質です。**

酸と塩基を混合すると互いに反応し、**中性の塩（えん）**と水を生じます。この反応を**中和**と言います。この塩は、中和によって発生する中性の物質の総称を指し、必ずしも食塩（塩化ナトリウム）を発生するわけではありません。混合する酸と塩基の種類によってさまざまな塩が発生します。

その物質が、酸性かアルカリ性か中性かを測り、強弱の度合いを示す指標として**水素イオン指数（pH）**があります。pHは、**ピーエイチ**、もしくは**ペーハー**と読みます。

pHの数値範囲は0～14で、0に近くなるほど酸性が強く、14に近づくほどアルカリ性が強いことを示しています。**中間の7は中性**を表わします。

▶ 水素イオン指数

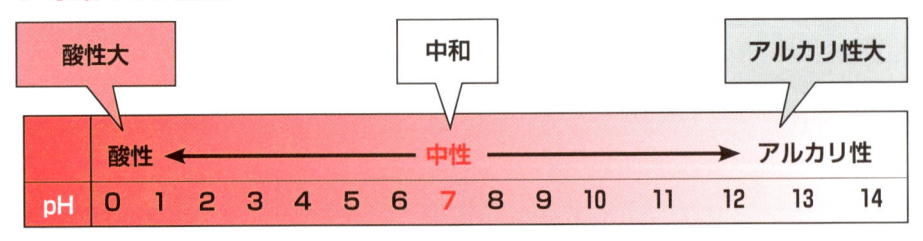

pH	0	1	2	3	4	5	6	7	8	9	10	11	12	13	14
	酸性大 ←							中和(中性)							→ アルカリ性大

2 出る！ 酸化と還元

それから大事なことをもう1つ

この10円玉は通常よりも黒ずんでいる。これは銅が*酸化された状態なんだ

用語▶▶ *酸化
物質が酸素と化合すること、もしくは水素を失う反応のこと。

うわ 汚ったな……

汚くなどない！これは実験用のやつだぞ

それから酸化とは逆の反応を*還元といいますよ！

用語▶▶ *還元
物質が酸素を失うこと、もしくは水素と化合する反応のこと。

そしてこの酸化と還元は 必ず同時に起こる これを**酸化還元反応**というぞ

▶ 酸化還元反応の例【重要】

還元
$$酸化銅CuO + 水素H_2 \rightarrow 銅Cu + 水H_2O$$
酸化

さてとB3教室に戻るか

別にこのままでいいんじゃない？

ふふ これから試験に向けた総仕上げをやるんだよ……

嫌な予感がする……！

213

もっとよく知ろう！ 酸と塩基・酸化と還元について学ぼう

出題傾向

試験の傾向としては、中和の定義やpHの意味、さらには酸化反応についての正誤を問う問題が多く出題されています。解説内の表を熟知してから試験に臨みましょう。

1 酸と塩基の特徴

酸と塩基が塩を形成する化学反応

酸とは、水溶液中で**水素イオン（H^+）を生ずる物質で、他の物質に水素イオン（H^+）を渡すことができます**。その酸の強さにより、**強酸**、**弱酸**と呼ぶこともあります。

一方、**塩基**とはアルカリのことで、**水溶液中で水酸化物イオン（OH^-）を生じ、他の物質から水素イオン（H^+）を受け取る物質です**。

酸と塩基を混合すると互いに反応し、**中性の塩（えん）**と水を生じます。この反応を**中和**と言います。この塩は、中和によって発生する中性の物質の総称を指し、必ずしも食塩（塩化ナトリウム）を発生するわけではありません。混合する酸と塩基の種類によってさまざまな塩が発生します。

その物質が、酸性かアルカリ性か中性かを測り、強弱の度合いを示す指標として**水素イオン指数（pH）**があります。pHは、**ピーエイチ**、もしくは**ペーハー**と読みます。

pHの数値範囲は0～14で、0に近くなるほど酸性が強く、14に近づくほどアルカリ性が強いことを示しています。**中間の7は中性**を表わします。

▶ 水素イオン指数

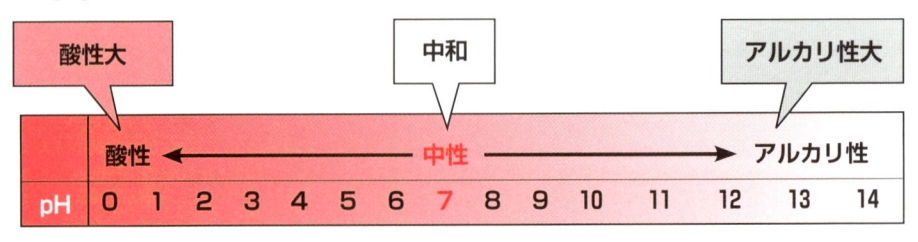

pH	0	1	2	3	4	5	6	7	8	9	10	11	12	13	14
	酸性大							中和(中性)							アルカリ性大
	酸性 ←												→ アルカリ性		

▶ 酸と塩基の比較

酸	塩基
青色リトマス試験紙を赤くする	赤色リトマス試験紙を青くする
水溶液中で水素イオン(H⁺)を生じる	水溶液中で水酸化物イオン(OH⁻)を生じる
他の物質に水素イオン(H⁺)を与える	他の物質から水素イオン(H⁺)を受け取る
pH7未満	pH7超14以下

2 酸化と還元

物質が酸素・水素と化合する反応

酸化とは、①**物質が酸素と化合すること**、②**水素を失うこと**、③**原子が電子を失うこと**をいいます。

鉄や銅を放置すると表面からさびを生じますが、これは鉄や銅が空気中の酸素と化合して酸化鉄や酸化銅を生じる、**酸化反応**の一つです。

また、酸化の中でも**光**や**熱**を生じながら激しく酸化する反応を、特に**燃焼反応**と呼びます。

一方、還元とは、①**酸素を失うこと**、②**水素と化合すること**、③**原子が電子を受け取ること**をいいます。

例えば、二酸化炭素が赤熱した炭素に触れて酸素を受け渡し一酸化炭素となることや、酸化鉄がコークスから生じた一酸化炭素によって鉄に戻る現象がこれに当たります。

他の物質を酸化させる働きを持つものを酸化剤といい、他の物質を還元させる働きを持つものを還元剤といいます。**酸化と還元は必ず同時に発生し、これを酸化還元反応といいます。**

▶ 酸化の例

① 一酸化炭素と酸素が化合して二酸化炭素になる。
② 木炭が一酸化炭素、または二酸化炭素になる。
③ 炭素と酸素が化合して一酸化炭素になる。
④ 硫黄が空気中で燃える。
⑤ 鉄がさびる。
⑥ 銅が加熱されて酸化銅になる。
⑦ 石炭が燃焼して二酸化炭素になる。

▶ 還元の例

① 二酸化炭素が赤熱した炭素に触れて一酸化炭素になる。
② 硫黄が硫化水素になる。

▶ 酸化還元反応

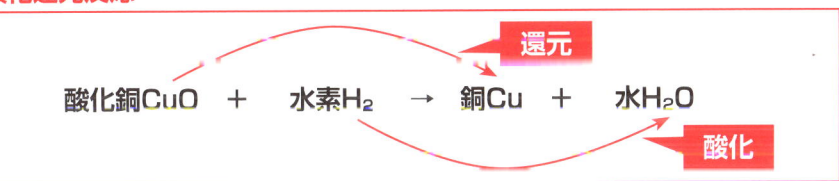

酸化銅 CuO + 水素 H_2 → 銅 Cu + 水 H_2O

(還元: $CuO \to Cu$、酸化: $H_2 \to H_2O$)

得点力UPテスト ❹

問題1 金属は燃焼しない。

問題2 金属は、一般に展性、延性に富み、金属光沢を持つ。

問題3 酸性の強い場所に金属を置くと腐食しやすい。

問題4 イオンになるなりやすさは、金属の種類によって異なる。

問題5 水素イオン指数pH7.1は、酸性で、かつ、中性に近い。

問題6 直流電流の流れている電車の線路近くの土壌の配管は、腐食しにくい。

問題7 カリウム、マグネシウム、亜鉛は、鉄よりもイオン化傾向が大きい。

問題8 砂層と粘土層など土質の異なった場所の配管は腐食しやすい。

問題9 有機化合物は、不完全燃焼すると、二酸化炭素と水蒸気を発生するものが多い。

問題10 有機化合物は、無機化合物と比べて融点や沸点が高い。

問題11 有機化合物は一般に反応速度が小さく、またその反応機構は複雑である。

問題12 塩酸と水酸化ナトリウムを反応させると食塩と水ができるが、これを還元という。

問題13 鉄が空気中でさびるのは酸化反応である。

問題14 黄リンを一定条件下で加熱すると赤リンになるのは、酸化反応である。

問題 15 塩基は、水に溶けると電離して水酸化物イオンOH⁻を生じる物質または、他の物質から水素イオンH⁺を受け取ることができる物質である。

問題 16 酸は赤色リトマス試験紙を青く変え、塩基は青色リトマス試験紙を赤く変える。

問題 17 二酸化炭素が赤熱した木炭に触れて一酸化炭素になるのは還元である。

問題 18 酸性の溶液はpHが7より大きく、アルカリ性の溶液はpHが7より小さい。

問題 19 同一反応系において、酸化と還元は同時に起こることはない。

問題 20 他の物質から酸素を奪う性質のあるものを酸化剤という。

【解答欄】 ※解答は○か×で記入してください。

問題1 [　　]	問題8 [　　]	問題15 [　　]
問題2 [　　]	問題9 [　　]	問題16 [　　]
問題3 [　　]	問題10 [　　]	問題17 [　　]
問題4 [　　]	問題11 [　　]	問題18 [　　]
問題5 [　　]	問題12 [　　]	問題19 [　　]
問題6 [　　]	問題13 [　　]	問題20 [　　]
問題7 [　　]	問題14 [　　]	➡答えは219ページ

得点力UPテスト 解答&解説

得点力UPテスト❶（P142、143）の解答

問題1	×	燃焼は、熱と光の発生を伴う酸化反応である。
問題2	×	燃焼における酸素供給源は空気だけではなく、第1、第5、第6類危険物から酸素が供給されれば燃焼する。
問題3	×	不完全燃焼すると、二酸化炭素ではなく、一酸化炭素の出る量が多くなる。
問題4	○	
問題5	×	蒸発燃焼は、固体、液体の燃焼である。
問題6	○	
問題7	×	発火点とは、可燃性物質を空気中で加熱した場合、炎、火花などを近づけなくても自ら燃え出すときの最低温度をいう。
問題8	×	除去消火は、可燃物を取り去って消火する方法である。
問題9	○	
問題10	×	水は比熱と蒸発熱(気化熱)が大きいので燃焼している物体や空気から熱を奪い、冷却効果が高い消火剤である。
問題11	×	熱伝導率が小さいほど燃焼しやすい。
問題12	○	
問題13	×	燃焼の3要素のいずれかを取り除けば、消火できる。
問題14	○	
問題15	×	一般にガスは小さな炎で引火して爆発するが、粉じんはガスに比べて大きな炎でないと引火しにくいので、最小着火エネルギーは大きい。
問題16	○	
問題17	○	
問題18	×	乾燥砂でおおって消すのは、窒息効果である。
問題19	×	ふたを閉めてアルコールランプの火を消すことは、窒息効果である。
問題20	×	二酸化炭素消火剤は無色透明で無害な気体であるが、小さな部屋で使用すると酸欠状態になり、呼吸困難になる。

得点力UPテスト❷（P162、163）の解答

問題1	×	静電気は湿度が低いほど発生しやすく、蓄積しやすい。
問題2	○	
問題3	×	静電気は導電性の大きい(電気の流れやすい)ものには発生も蓄積もしない。
問題4	×	絶縁性の高い靴を使用すると、余計に静電気が蓄積する。
問題5	×	気体が固体になることを昇華という。
問題6	○	
問題7	○	
問題8	×	第4類の危険物の蒸気比重(気体の比重)は、すべて1より大きく、空気より重い。
問題9	○	
問題10	×	沸点は加圧すると高くなり、減圧すると低くなる。
問題11	○	
問題12	×	風解とは、固体(結晶水を含んだ物質)の水分が蒸発して粉末状になる現象である。
問題13	○	
問題14	×	気体の溶解度は圧力一定の場合、溶媒の温度が高くなると小さくなる。
問題15	○	
問題16	○	
問題17	×	融点が12℃の物質は常温(20℃)において液体である。
問題18	×	静電気が蓄積した物質が、発熱や蒸発したりすることはない。
問題19	○	

| 問題 20 | × | 物質は、周囲の温度や圧力が変化すると、状態が変わる場合がある。 |

得点力UPテスト❸ (P198、199) の解答

問題 1	○	
問題 2	×	比熱とは、物質1gの温度を1K(ケルビン)だけ高めるのに必要な熱量である。
問題 3	×	ストーブで灯油を燃やしていて床面より天井付近の温度が高くなるのは、対流である。
問題 4	○	
問題 5	×	ドライアイスを常温で放置しておくと小さくなるのは物理変化である。
問題 6	○	
問題 7	○	
問題 8	×	燃焼、中和は化学変化を示す用語である。
問題 9	×	ガソリンは、種々の炭化水素の混合物である。
問題 10	○	
問題 11	×	化学変化とは、物質がまったく違った性質を持った物質に変わってしまう変化である。
問題 12	×	同気圧のもとでは、一定量の理想気体の体積は、温度が1℃上昇するごとに0℃の体積に対し1/273ずつ増加する。
問題 13	×	左右両辺で同じ種類の原子の数が等しいものが正解であるため、$C_2H_5OH+3O_2 \rightarrow 2CO_2+3H_2O$が正解である。
問題 14	○	
問題 15	○	
問題 16	×	同素体とは、同一の元素(単体)でできている物質で、性質がまったく違うものをいう。
問題 17	×	倍数比例の法則ではなく、定比例の法則である。
問題 18	×	モル濃度とは、溶液1ℓ中に溶けている溶質を物質量(mol)で表わした濃度のことである。
問題 19	×	原子量は原子の質量の大小を表わす数値で、炭素1個の質量を12と定めている。
問題 20	○	

得点力UPテスト❹ (P216、217) の解答

問題 1	×	ナトリウムやアルミニウムなどイオン化傾向の大きい金属は燃焼する。
問題 2	○	
問題 3	○	
問題 4	○	
問題 5	×	pH7.1は中性に近いが、アルカリ性である。
問題 6	×	迷走電流により腐食しやすい。
問題 7	○	
問題 8	○	
問題 9	×	有機化合物は、不完全燃焼すると一酸化炭素とすすを生じる。
問題 10	×	有機化合物は、無機化合物と比べて融点や沸点が低いものが多い。
問題 11	○	
問題 12	×	塩酸と水酸化ナトリウムを反応させると食塩と水ができるが、これを中和という。
問題 13	○	
問題 14	×	黄リンと赤リンは同素体の関係であり、酸化反応は起きない。
問題 15	○	
問題 16	×	酸は、赤色ではなく青色リトマス試験紙を赤く変え、塩基は逆に赤色リトマス試験紙を青く変える。
問題 17	○	
問題 18	×	酸性の溶液はpHが7より小さく、アルカリ性の溶液はpHが7より大きい。
問題 19	×	一般に、酸化と還元は、同時に起こる。
問題 20	×	他の物質から酸素を奪う性質のあるものは、還元剤である。

Column02 試験当日までのロードマップ

前コラム（→P122）では、「試験に合格するための5つのツボ」を紹介しました。次に試験までの準備をどのように進めていくかがポイントになります。

そこで「試験1か月半前から試験当日までのロードマップ」を紹介。こちらを参考に、自分の生活スタイルに合わせた学習計画を立ててみてください。

～1か月半前 試験日を決めて申し込む
目標とする受験日を決定します。試験日程によっては、1か月半よりも前に申込が締切になることもあるため、希望日程の受付開始後、早めに申込しておきましょう。

～30日前 学習計画を立てる
学習内容のボリュームを踏まえてゴールの日を設定し、全体的なスケジュールを立てます。計画変更時にも修正しやすいよう、きっちり決めすぎないことを意識して計画します。

～21日前 本書で学習し出題範囲全体を把握する
第1章～第3章＆模擬試験と全体を通して学習し、問題を解くことで試験範囲と内容を把握します。

～14日前 参考書を見ながら問題集を解く
しっかり問題演習をして、実際の出題形式に慣れていきましょう。最初は問題がわからなくても調べながら解いていくことを継続しましょう。この時期は、日々の積み重ねが重要になります。

～7日前 参考書を見ないで問題集を解く
実践問題を繰り返し解き、科目ごとに確実に理解して次に進めていくことを心がけてください。特に問題集で間違えたところは、問題集の解説や本書で確認をしながら重点的に解きます。

～2日前 模擬試験の満点を目指して解く
実際の試験時間と時間配分を意識して、満点を目指して模擬試験を繰り返し解くことが大切です。

～1日前 試験会場までのルートの確認、持ち物等の準備
試験本番であわてないために、名前・受験番号等を再度確認しておきます。落ち着いて回答できるように睡眠もしっかりとりましょう。

試験当日 あわてず、落ち着いて試験に臨む
時間配分を考えて、すべてのマークシートを埋めましょう。正しいものと誤っているものどちらを選ぶか間違えないよう、問題文に線を引くなどして解答します。

※ロードマップは、あくまでもサンプルです。学習時間の管理はご自身でお願い致します。

第3章
危険物の性質並びに その火災予防及び 消火の方法

この章で学ぶこと
1. 危険物の分類と第4類危険物の特性
2. 第4類の火災予防と消火方法
3. 第4類危険物のおもな品名とその性状

第 3 章 危険物の性質並びにその火災予防及び消火の方法

1 危険物の分類と第4類危険物の特性

危険物の分類とその性質について再確認しましょう。また、各危険物の特性や危険性をしっかり覚えておくことが必要です。

ここが大切!
- 各危険物の定義を覚える
- 第1類～第6類危険物の危険性を理解する
- 第4類の消火方法を覚える

1 出る! 危険物の分類

最終日――

さて ここからは より実践的な 内容になる

実践的って…?

第4類危険物の性質や火災時の対策など実務で必要になる知識をよりくわしく学びますよ!

まずは復習だ

はーいっ

危険物は何種類に分けられるか覚えているか?

性質ごとに6種類に分けられます!

何 このやる気は…?

> そうだな。では第4類の性質とは何だ?

> 引火性のある液体 でしょ?

> そうです!

> 液体で可燃性の蒸気を発生させる性質を持つことが大きな特徴でしたね

> それぞれの性質を改めて振り返っておこう

第3章

▶ 危険物の分類と性質 【重要】

類別	性質	状態	危険性	具体例
第1類	酸化性(不燃性)	固体	自らは燃えない。多量の酸素を含有するため、酸素供給源となる。	塩素酸塩類、硝酸塩類 など
第2類	可燃性	固体	低温着火しやすい。	赤りん、硫黄、金属粉、マグネシウム など
第3類	自然発火性及び禁水性	固体液体	空気・水と接触して発火、爆発の危険がある。	カリウム、黄りん など
第4類	引火性	液体	蒸気は空気と混合すると引火または爆発の危険がある。〈第4類危険物の分類〉	
			特殊引火物	二硫化炭素 など
			第1石油類	ガソリン など
			アルコール類	メタノール など
			第2石油類	灯油、軽油 など
			第3石油類	重油 など
			第4石油類	ギヤー油 など
			動植物油類	ヤシ油、アマニ油 など
第5類	自己反応性	固体液体	過熱、衝撃、摩擦などにより分解(加熱分解)し、爆発的に燃焼。	ニトロ化合物 など
第6類	酸化性(不燃性)	液体	そのもの自体は燃焼しないが、混在する他の可燃物の燃焼を促進する。	過酸化水素、硝酸 など

223

よく出る!! 2 第4類危険物の性質

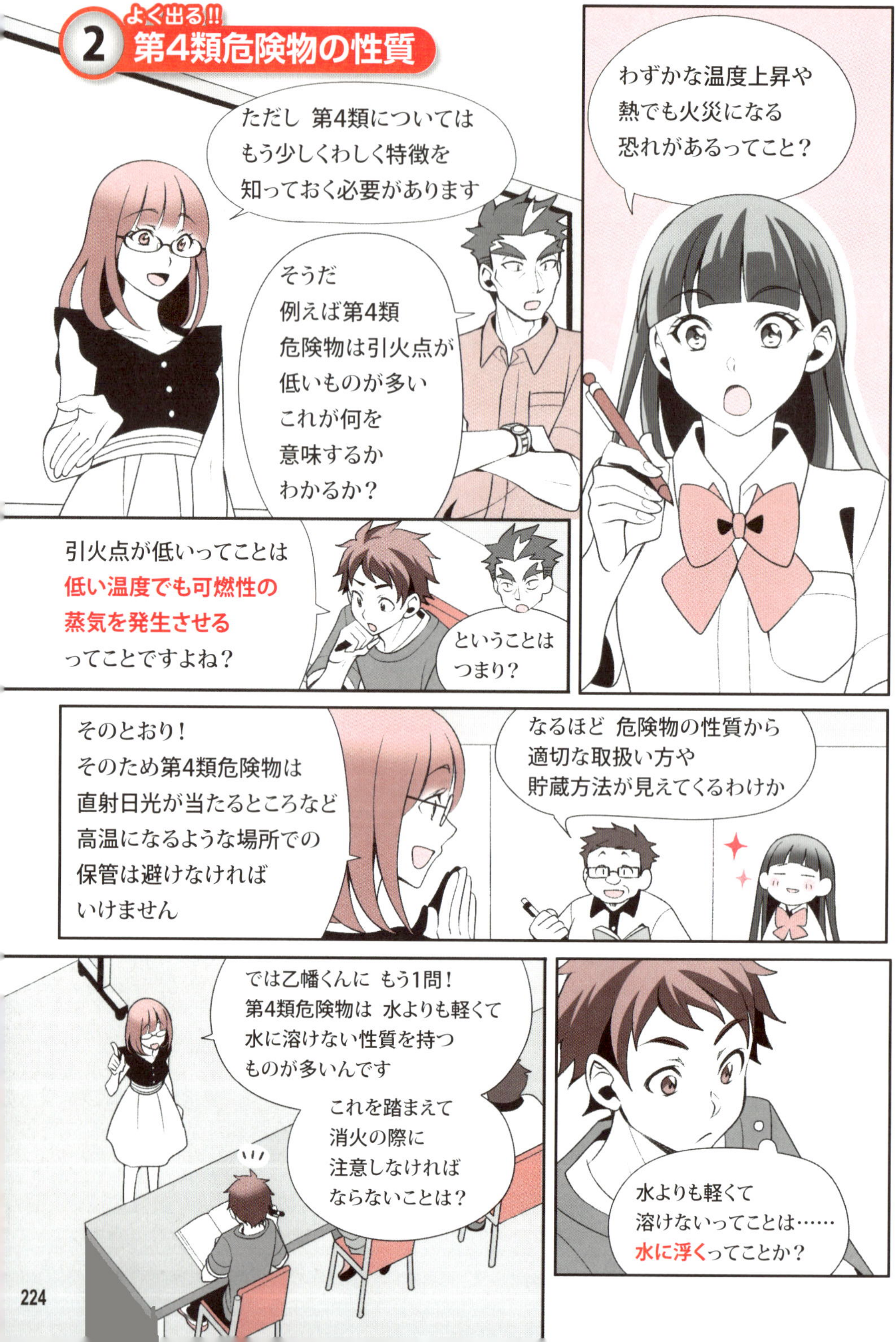

…そうか！水で火を消そうとしちゃダメなんだ！

正解！消火がむずかしいだけでなく危険物が水面を移動することで逆に火災の範囲を広げてしまう恐れがあるんだ

第3章

他にも第4類危険物にはこのような注意点がありますよ！

▶ 第4類危険物の性質とその注意点

性 質	注意点
水より軽く、水に溶けない	ほとんどの第4類危険物は水に浮く。そのため、火災時に消火液に浮いて水面が広がる危険性がある。
蒸気が空気より重い	空気より重く、低所に滞留しやすい。
引火しやすい	液温が引火点以上になると、液表面から可燃性の蒸気が発生し、小さい火源エネルギーでも引火する危険がある。
電気を通しにくい（不導体である）	静電気が発生しやすく、蓄積されやすいため、発生した静電気の火花により引火する危険がある。
常温で酸化し、酸化熱を蓄積するものがある	自然発火の危険性がある。
発火点の低いものがある	発火しやすく、危険性が大きい。

あともう1問お願いします！

そうですねー では 第4類危険物は電気の不導体のため静電気が？

発生しやすい！

ですが蓄積した静電気が放電すると？

ビリっとくる！ですが——

完全に遊ばれてるな……

225

危険物の分類と第4類危険物の特性を学ぼう

出題傾向　第1類～第6類の分類では、各類の性質を聞いてくる問題が頻出です。また、第4類危険物の一般的性状の問題が出題されるので、第4類危険物すべてに共通した性質をしっかりおさえておきましょう。

1 危険物の分類

第1類～第6類までの性質を覚える

第1章でも学んだとおり、危険物はその性質により第1類から第6類までに分類されます（→P26）。

試験では特に各類の性質を問う問題が頻出するため、下表を参考にそれぞれの性質をしっかりと理解しておきましょう。

また、これらの危険物はすべて液体もしくは固体であり、**気体は含まれない**ということも重要です。

▶ 危険物の類ごとの性質一覧

種別	性質	状態	詳細	火災予防	消火方法
第1類	酸化性	固体	**当物質自体は燃えない（不燃性）。** 酸化物であり、酸素供給源として他の物質の燃焼を促進する（酸化性）。	●火気、加熱を避ける。 ●酸化しやすい物質との接触を避ける。	大量の水、粉末消火剤、乾燥砂
第2類	可燃性	固体	低温で着火しやすい。	●酸化剤との接触、混合を避ける。 ●炎などの高温体との接触、加熱を避ける。	水、強化液、泡、乾燥砂
第3類	自然発火性及び禁水性	固体または液体	空気や水に触れることで発火、もしくは可燃性ガスを発生する。	●禁水性の物質は水との接触を避ける。	乾燥砂、膨張ひる石、粉末消火剤
第4類	引火性	液体	蒸気が空気と混合すると引火または爆発の危険がある。	●炎、火花、高温体との接触を避ける。 ●蒸気の発生を防ぐ。	霧状の強化液、泡、ハロゲン化物、二酸化炭素、粉末消火剤
第5類	自己反応性	固体または液体	加熱、衝撃、摩擦などにより加熱分解し、爆発する。 ⇒**物質が元々酸素含有しているため、周囲に酸素がなくても、物質自体から酸素を出して燃焼する！**	●火気、加熱を避ける。 ●衝撃、摩擦を避ける。	大量の水、泡
第6類	酸化性	液体	**当物質自体は燃えない（不燃性）。** 酸化物であり、酸素供給源として他の物質の燃焼を促進する（酸化性）。	●火気、日光の直射を避ける。 ●水との接触を避ける。	水、泡

第4類危険物の性質の特徴

第4類危険物に共通する特徴的な性質をおさえておきましょう。これらの特徴は、裏返して考えれば火災予防のポイントともいえます。

①引火点が低い
少しの加熱で可燃性蒸気が発生。

②水より軽く、不溶性のものが多い
水で消火はNG！（※一部例外あり）

③蒸気比重はすべて1より大きい
空気より重いため低所に滞留し、燃焼範囲の条件を満たしやすい。

④不良導体が多く、静電気が発生しやすい
静電気による電気火花が着火源に！

▶ 第4類危険物の一般的性状

項目	内容	具体例・例外
特性	引火性であり、加熱することで可燃性蒸気が発生する。引火点が低いものも多く、危険性が高い。	
状態	常温（20℃）で液体である。	
引火点	引火点の低い危険物が多い。 ※引火点が低いからといって、発火点まで低いとは限らない。 ※燃焼点は引火点より10℃程高い。	【具体例】ジエチルエーテル －45℃ ガソリン －40℃以下 二硫化炭素 －30℃以下 酸化プロピレン －37℃
燃焼範囲	燃焼範囲の下限値が低いものや、範囲が広いものも多く、危険性が高い。	二硫化炭素 1.3～50.0vol% アセトアルデヒド 4.0～60.0vol% ガソリン 1.4～7.6vol%
液比重	液比重が1より小さく、水よりも軽いものが多い。 ※第4類すべての危険物が水より軽いわけではない。	例外 水より重いもの。 二硫化炭素・クロロベンゼン・氷酢酸・グリセリンなど
蒸気比重	可燃性蒸気の蒸気比重は1より大きく、空気より重い。 ※低所にたまりやすい。	
非水溶性	水に溶けないものが多い。	例外 水に溶けるもの（水溶性）。 アセトアルデヒド・酸化プロピレン・アセトン・メタノール（メチルアルコール）・エタノール（エチルアルコール）・酢酸など ↓ ●水溶性の危険物の特徴：水で希釈して濃度を薄くすると、蒸気圧が減少し、引火点が高くなり、危険性が緩和される。
静電気	電気の不良導体であるものが多く、静電気が溜まりやすい。 ※静電気の火花で引火することがある。	例外 静電気を滞留させないもの。 水溶性のもの。（上記「非水溶性」の 例外 参照）
臭気	刺激臭・果実臭など特有のにおいがある。	
色	無色透明のものが多い。	石油製品の危険物は無色透明ではない。

第3章 危険物の性質並びにその火災予防及び消火の方法

2 第4類の火災予防と消火方法

第4類危険物それぞれの特徴を理解し、火災を予防する手段や正しい消火方法などを覚えましょう。

ここが大切!
- 火災予防の方法を理解する
- 第4類危険物に適切な消火の方法を理解する
- 火災に適応する消火剤を覚える

1 第4類危険物の火災予防 よく出る!!

「ここからは「どうすれば火災を未然に防げるか」を考えよう」

「何か思いつくか?」

「そうだな マッチやライターなど火気は絶対に避けなければならない」

「ただし注意するのはそれだけじゃないぞ?」

「「第4類危険物に火を近づけない」ってことじゃない?」

「あっ 静電気とか!」

「そうです! 摩擦などで生じた火花や静電気でも火災や爆発の危険性がありますよね」

第3章

「第4類危険物は『引火点が低い』ものが多かったですよね？」

「とりあえず点火源を近づけなければ安全？」

「いや それだけでは不十分だ 第4類危険物の特性を思い出してみてくれ」

「あぁ. あのクソ暑い中 駐車場で実験したやつね…」

「第4類危険物は可燃性の蒸気を発生させ その蒸気が燃えているんだよね？」

「蒸気に点火源を近づけると火災になる恐れがあるから 蒸気の発生・拡散に気をつけるんだ！」

「正解！ 可燃性蒸気が大量に発生すれば、それだけ火災や爆発の危険性も高くなる」

「具体的にはこのような予防方法がありますよ！」

重要

▶ **第4類危険物のおもな火災予防の方法**
1. 火気や加熱などを避ける。
2. 静電気を発生させない。
3. 危険物を入れる容器は密閉し、冷暗所に貯蔵する。
4. 可燃性蒸気は空気より重く、低所に溜まりやすいため、屋外の高所に排出する。

2 よく出る!! 第4類危険物の消火方法

では実際に火災が発生した場合消火方法にもいろいろな種類があることを覚えているか？

ああ、窒息消火とかですよね…

そうだ。他に除去消火 冷却消火 抑制消火で4つだな

第4類危険物による火災が起きた場合は窒息消火か抑制消火のどちらかを用います！

除去消火と冷却消火はなぜダメなんですか？

これも第4類危険物の特性を考えればわかることだ

そっか 引火性の高い蒸気を取り除くことはむずかしいし

水をかけると浮いて逆に危険ってことですね！

除去消火は可燃物を取り除いて火を消す方法 冷却消火は水をかけて温度を下げることで消火する方法だったよな？

そうです！よく覚えていましたね

▶ おもな第4類危険物の消火方法

類	物質名	消火方法
特殊引火物	ジエチルエーテル	大量の泡消火剤、二酸化炭素、耐アルコール泡、粉末消火剤 など
	二硫化炭素	水噴霧、粉末、泡、二酸化炭素 など
	アセトアルデヒド（水溶性）	水噴霧、耐アルコール泡、二酸化炭素、粉末、ハロゲン化物 など
	酸化プロピレン（水溶性）	NG× 一般の泡消火剤
第1石油類	ガソリン	泡、二酸化炭素、粉末、ハロゲン化物 など
	ベンゼン	
	トルエン	
	エチルメチルケトン（別名メチルエチルケトン）	水噴霧、耐アルコール泡、二酸化炭素、粉末、ハロゲン化物 など
	アセトン（水溶性）	NG× 一般の泡消火剤
アルコール類	メタノール（水溶性）	耐アルコール泡、二酸化炭素、粉末、ハロゲン化物
	エタノール（水溶性）	NG× 一般の泡消火剤
第2石油類	灯油	泡、二酸化炭素、粉末、ハロゲン化物 など
	軽油	
第3石油類	重油	泡、二酸化炭素、粉末、ハロゲン化物 など
	クレオソート油	
	グリセリン（水溶性）	二酸化炭素、粉末 など

第3章

強化液を用いた霧状消火ならば抑制消火だけでなく冷却消火があるなど例外もあることも頭に入れておきましょう！

第4類危険物の消火には次のような消火剤を用いるぞ

3 よく出る!! 第4類危険物による事故事例

ここで事故が起きたときの対処法を具体的に考えてみよう

次のような事故が発生したときどのような予防や対策をとるべきか考えてみてほしい

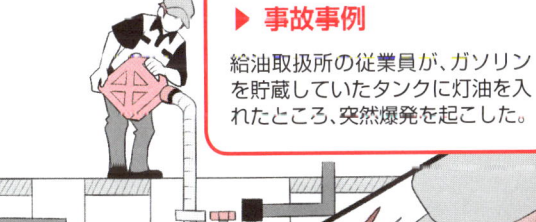

▶ 事故事例

給油取扱所の従業員が、ガソリンを貯蔵していたタンクに灯油を入れたところ、突然爆発を起こした。

まず 爆発を起こした原因は何だと思う?

うーん

この説明だと火気が近くにあったわけではなさそうですね

ということは静電気かな……帯電しやすい服装だったとか?

たしかにそれも考えられるが服装に気をつけていても静電気が発生することもあるんだ

え?

灯油をはじめ ほとんどの第4類危険物は絶縁性が高い つまり電気を通しにくい物質なんだ

だから勢いよくタンクに入れると摩擦により静電気が発生するんだ

なるほど…

静電気の性質を思い出してください

電気を通しにくい物質同士がぶつかったりこすれたりしたときに発生しやすいんでしたよね

タンク内に残ったガソリン蒸気が灯油に吸収されて燃焼範囲の濃度に薄まったんです
それで静電気の火花で爆発してしまったんですね

また事例の場合は「ガソリンを貯蔵したタンクに灯油を入れた」ことも被害を大きくした原因と考えられる

どうしてですか？

第3章

事故事例でできる対策の要点をまとめると次のようになる

▶ **事故事例の対策**
- タンクの中の可燃性蒸気を完全に除去するため、十分な換気を行ってから作業する。
- タンクに危険物を注入する場合は、できる限りゆっくりと入れ、静電気の発生を防ぐ。
- 静電気を地面に逃がすため「接地（アース）」をする。
- 作業は危険物取扱者が行うか、他の者が行う場合は必ず立会う。

さぁ ここからは試験に向けてラストスパートだ ビシバシいくぞ！

はい！

あんた何なのよ そのやる気

がんばるねぇ〜

もっとよく知ろう！ 第4類危険物の火災予防について学ぼう

出題傾向

第4類危険物の取扱い上の注意事項、貯蔵方法、消火方法、各物品に適切な消火剤についての正誤を問われる問題が頻出です。事例問題は必ず出題されるとは限りませんが、形式に慣れておきましょう。

1 第4類危険物の火災予防

貯蔵方法と取扱い上の注意点がキモ

第4類危険物の火災予防については、貯蔵及び取扱いの注意事項を押さえましょう。基本的には、①**火気を近づけない**、②**密栓して冷所に保管する**、③**蒸気の発生・滞留を防ぐ**、④**静電気の発生を防ぐ**ことが原則となります。

▶ 火災予防の方法一覧

キーワード	貯蔵方法と取扱上の注意	理　由
火気	火気に近づけない。	引火点が低いものは引火の危険性がある。
火気	貯蔵所の電気設備は**防爆構造**とする。	スイッチの入り切りで**火花が発生**し、引火の危険性がある。
火気	ドラム缶の栓を開けるときには、ハンマーなどでは叩かない。	衝撃により火花が発生し、引火の危険性がある。
可燃性蒸気	空の容器も安全な場所に保管する。	蒸気がわずかでも残っていると、引火の危険性がある。
可燃性蒸気	加熱時は液温の上昇に注意。	引火点以上に液温が上昇すると、引火の危険性がある。
可燃性蒸気	**二硫化炭素**は**水没**させて貯蔵する。	**二硫化炭素は水より重く、水に溶けにくい**ため、水没させて可燃性蒸気の発生を防ぐ。
容器	容器に収納し、**密栓**して**冷暗所**に貯蔵する。	日光により液温が引火点以上に上昇し、蒸気が漏れる危険性がある。
容器	容器は満タンにせず、空間を設ける。	液体の**体膨張**により、容器の破損及び栓より液体が溢れ出る危険性がある。
静電気	静電気の発生、蓄積を避ける。	静電気により火花放電し、引火の危険性がある。
静電気	配管で送油するときは**流速を下げる**。	流速が大きいと、**静電気が発生**しやすくなる。
静電気	洗浄のために水蒸気をタンクに噴出させるときは、**低圧で導入**する。	高圧で噴出すると、**静電気が発生**しやすくなる。
排出	発生した蒸気は**屋外の高所から排出**する。	蒸気は空気より重いため、**低所に滞留**してしまう。
排出	貯蔵所などの換気はこまめに行う。	屋内の低所に蒸気が滞留する危険性があるため、特に**低所の換気を十分に行う**。

2 第4類危険物の消火方法
物質ごとに異なる消火方法を覚える

　第4類危険物による火災は、**火災の分類上はB火災(油火災)**に当たります。そのため、消火もB火災に適応した方法で、また危険物の種類に応じた方法で行う必要があります。消火の際は消火器がB火災に適応しているかどうかをマークをみて確認することが必要です。

　第4類危険物による火災の消火では、**窒息消火及び抑制消火が有効**です。

　下表のように、第4類危険物の火災に適応した消火剤は、**霧状の強化液、泡、ハロゲン化物、二酸化炭素、粉末**となりますが、一部に例外があります。

　アセトンなどの水溶性液体の危険物による火災は、通常の泡消火剤を使用すると泡が水に溶けて消えてしまい、消火することができません。この場合には**耐アルコール用泡消火剤**を使用する必要があります。

　通常の泡消火剤で効果がない**危険物(水溶性)**は、正確に覚えておきましょう。

▶ 火災の種類と消火器の適応マーク

区分	Ⓐ火災	Ⓑ火災	Ⓒ火災
標識の色	白色	黄色	青色
内容	一般(普通)火災 木材、紙類 など	油火災 ガソリン、灯油、軽油 など ⇒第4類危険物の火災はこれ！	電気火災 変圧器、モーター など

▶ B火災に対応する消火剤

消火剤		B火災 水溶性	B火災 非水溶性	消火効果
水	棒状	×	×	冷却
	霧状	×	×	冷却
強化液	棒状	×	×	冷却
	霧状	○	○	冷却・抑制
泡(一般)		×	○	冷却・窒息
泡(水溶性液体用)		○	×	冷却・窒息
二酸化炭素		○	○	冷却・窒息
ハロゲン化物		○	○	冷却・抑制
粉末(リン酸塩類)		○	○	冷却・抑制
粉末(炭酸水素塩類)		○	○	窒息・抑制

> **知っておこう！**
> **通常の泡消火剤では消火できない水溶性の危険物**
> ● アセトン
> ● メタノール
> ● エタノール
> ● アセトアルデヒド
> ● 酸化プロピレン など

3 第4類危険物による事故事例

事故ケースごとの対策を知ろう

試験では、**具体的な事故の事例を挙げ、ケーススタディ形式で火災の原因や対策を問う事例問題が出題されます。**

これまでに学んだ第4類危険物の特徴や消火方法が回答のポイントとなるので、総復習問題だと思って取り組んでいきましょう。

事故例としては以下のとおりです。

▶ 第4類危険物の事故事例と対策

事故例①	➡対策法
給油取扱所において、従業員が20ℓ入りポリエチレン容器を持って灯油を買いに来た客に、誤ってガソリンを売ってしまった。客はそれを石油ストーブに使用したため異常燃焼を起こして火災となった。	❶ 誤販売は比較的不慣れな従業員が対応したときに多く発生しているため、従業員の**保安教育を徹底**すること。 ❷ **運搬容器**には、品名、数量及び貯蔵、**取扱いの注意事項などを表示**すること。 ❸ 20ℓ入りポリエチレン容器はガソリンの運搬容器に使用してはならないことを全従業員に徹底すること（ガソリンのポリ容器は10ℓ以下、灯油、軽油のポリ容器は30ℓ以下と最大容量の制限がある）。 ❹ 容器に注入する前に、**油の種類を確認**すること。 ❺ **自動車ガソリンはオレンジ色、灯油は無色または淡紫黄色**であるので、色を確認すること。 ❻ 灯油の小分けであっても、**危険物取扱者**が行うか、または立会うこと。

事故例②	➡対策法
自動車整備工場において、自動車の燃料タンクのドレンから、金属製漏斗を使用してガソリンをポリエチレン容器に抜き取っていた際、発生した静電気火花がガソリン蒸気に引火し、従業員が火傷した。	❶ ガソリンを取扱う容器はポリエチレン製ではなく、**金属製**を使用し、かつ**接地**すること。 ❷ 作業の前に**散水**し、静電気が逃げやすいようにすること。 ❸ **流速はできるだけ遅く**して、静電気の**発生**を少なくすること。 ❹ 危険物の取扱作業は**通風、換気**の良い場所で行うとともに、危険物取扱者自らが行うか、または立会うこと。 ❺ 着用する衣類などは**帯電しにくい材質**のものにすること。

事故例③	➡対策法
油槽所から河川の水面に、非水溶性の引火性液体が流出した。	❶ **引火性液体が流出していることを、付近、下流域及び船舶などに知らせ**、火気使用の禁止などの協力を要請すること。 ❷ **オイルフェンス**を周囲に張り巡らし、引火性液体の拡大及び流動を防ぐとともに、回収用装置で回収すること。 ❸ 大量の**油吸着剤の投入**と、引火性液体を吸着した吸着剤の回収作業をくり返し行うこと。 ❹ 引き続き引火性液体の流出を防止するとともに、火災に備えて**消火作業の準備**をすること。

事故例④	➡対策法
給油取扱所のガソリンを貯蔵していたタンクに灯油を入れたところ、タンクが爆発した。	❶ 種類の違う危険物をタンクに注入する場合は、タンク内の**可燃性蒸気を完全に除去**してから行うこと。 ❷ タンクに危険物を注入する場合は、**できるだけ流速を遅くし、静電気の発生を少なく**すること。 ❸ **アース（接地）**をすること。 ❹ **危険物取扱者**自らが行うか、または**立会**うこと。

事故例⑤	➡対策法
給油取扱所の固定給油施設から軽油が漏れて地下に浸透したため、地下専用タンクの外面保護材の一部が溶解した。また、周囲の地下水も汚染されて油の匂いが染みついてしまった。	❶ 給油中は**吐出状況を監視し**、ノズルから空気（気泡）が吹き出していないか注意すること。 ❷ 固定給油設備は定期的に前面カバーを取り外し、ポンプ及び配管に**漏れがないか点検**しておくこと。 ❸ 固定給油設備のポンプ周囲及び下部ピット内は**常に清掃**し、点検を容易にしておくこと。 ❹ 固定給油設備のポンプ及び配管などの一部に著しく油ごみなどが付着する場合は、その付近に漏れの疑いがあるので、重点的に点検しておくこと。

事故例⑥	➡対策法
廃止した地下貯蔵タンクを解体中にタンクが爆発し、作業員が負傷した。	❶ タンクの解体は、タンクを掘り起こした現場では実施しないこと。 ❷ 可燃性蒸気の発生の原因となってしまうので、**残油はできる限り抜き取る**こと。 ❸ タンク内に残った可燃性ガスを置換するため、窒素などの不燃性ガスを封入すること。 ❹ タンク内の洗浄は、静電気を防ぐため、**高圧で行わない**こと。 ❺ タンク内を洗浄した後、**水を完全に充てん**すること。

事故例⑦	➡対策法
給油取扱所において、移動貯蔵タンクから地下タンク貯蔵庫にガソリンを注入したところ、計量口からガソリンが噴出した。	❶ 地下タンク貯蔵庫の**油量を確認**すること。 ❷ 違う給油口に誤ってホースを装着しないようにすること。 ❸ あらかじめ**残油量**を計量口を開けて**確認**しておくこと。 ❹ **計量口**は計量するとき以外は**閉鎖**しておくこと。 ❺ 注入中は移動タンク貯蔵所から**離れない**ようにすること。

事故例⑧	➡対策法
軽トラックの荷台に、灯油入りポリエチレン容器を密閉せず多数積んで運搬していたところ、交差点で乗用車と衝突し、その衝撃で容器が転倒、大量の灯油が漏えいしてしまった。	❶ **安全運転**を心がける。 ❷ 運搬する容器は基準に適合したものを使用し、必ず**密栓**すること。 ❸ 運搬容器が転倒、または破損しないように**防止措置をとること**。 ❹ 運搬容器は、**収納口を上に向けて積載**すること。

得点力UPテスト❶

問題1 第2類の危険物は、火炎により着火しやすい液体である。

問題2 第5類の危険物は、すべて液体である。

問題3 危険物は1気圧において、常温(20℃)で液体または固体である。

問題4 第4類危険物は、水より比重が小さく、水に溶けるものが多い。

問題5 第4類危険物は引火性を有する液体で、自然発火性を有するものが多い。

問題6 第4類危険物は、発火点が低いものほど発火しやすい。

問題7 第4類危険物を室内で取扱うときは、低所よりも高所の換気を十分に行う。

問題8 第4類危険物を貯蔵・取扱うときは、発生する可燃性蒸気の滞留を防ぐため、容器を密閉するのは避ける。

問題9 ガソリンの貯蔵タンクを修理・清掃する場合で、洗浄のため水蒸気をタンク内に噴出させるときは、静電気の発生を防止するため、高圧で短時間に導入する。

問題10 第4類危険物を配管で送油するときは、静電気が発生しないように、なるべく流速を下げる。

問題11 第4類危険物を消火する場合は、空気の供給を遮断するか、または燃焼を化学的に抑制する。

問題12 第4類危険物は引火点が低いので、注水による冷却消火が効果的である。

問題13 アルコールの消火には、強化液(棒状)の消火剤を使用する。

問題14 ガソリンの火災に、二酸化炭素消火剤は不適当である。

問題15 油火災及び電気火災の両方に適応する消火剤は、ハロゲン化物、霧状の強化液、消火粉末である。

問題16 消火器には、適応火災を示す色マークまたは絵表示がついているが、油火災用の標識の色は青色である。

問題17 移動タンク貯蔵所から給油取扱所の地下タンクにガソリンを注入中にガソリンが流出した場合は、ドラム缶などに回収するのが基本で、他に乾燥砂やウエスなどを使って回収する。

問題18 給油取扱所で移動貯蔵タンクから地下タンク貯蔵所にガソリンを注入する場合は、注入が終了するまで計量口のふたを閉めないままにしておく。

問題19 屋内貯蔵所で危険物の流出事故が発生した場合は、電気設備による引火を防ぐため、照明や漏れた蒸気を屋根上に排出する設備のスイッチを切る。

問題20 軽トラックの荷台に灯油入りのポリエチレン容器を積載するときは、転倒防止のため横積みにする。

【解答欄】 ※解答は○か×で記入してください。

問題1 [　　]	問題8 [　　]	問題15 [　　]
問題2 [　　]	問題9 [　　]	問題16 [　　]
問題3 [　　]	問題10 [　　]	問題17 [　　]
問題4 [　　]	問題11 [　　]	問題18 [　　]
問題5 [　　]	問題12 [　　]	問題19 [　　]
問題6 [　　]	問題13 [　　]	問題20 [　　]
問題7 [　　]	問題14 [　　]	➡答えは250ページ

第3章 危険物の性質並びにその火災予防及び消火の方法

3 第4類危険物の おもな品名とその性状

第4類危険物の物品の性質は、それが含まれるグループの特性をおさえて学習しましょう。燃焼範囲と引火点も覚える必要があります。

ここが大切!
- 第4類危険物の定義を覚える
- 各類の燃焼範囲と引火点を覚える
- 各類の特性を理解する

1 第4類危険物の品名と性状 よく出る!!

試験5日前——

AM 01:34

もうこんな時間か…

いよいよ今週末に試験か

1か月前の僕だったら考えられないことだけど

← 女子目当てで参加……

さてと、最後は第4類危険物の品名と性状か

ここ覚えることが多くて苦手なんだよなぁ〜

ゼミが2週間前に終わってからは自分なりによく勉強してきたよなぁ

第4類危険物は7種類に分けられることは以前話したよな

▶ **第4類危険物の分類**
- 特殊引火物
- 第1石油類
- アルコール類
- 第2石油類
- 第3石油類
- 第4石油類
- 動植物油類

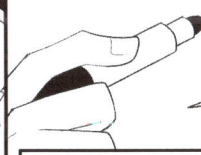

これらはすべて「引火性の液体」という共通点もあるが細かく見ると多くの性状の違いがある

では最後に種類ごとに該当する具体的な物品と性状について学びましょう！

ちょっと待って！

物品って相当な数でしょ！ その性状ぜんぶをいちいち覚えるの？

たしかに物品はたくさんあるが製造所などでよく扱われるものは限られている

代表的なものだけを挙げていくから安心しろ

覚えるときは次のポイントごとに整理するとわかりやすいですよ！

▶ **性状を覚えるポイント**
① 各種類の共通の性質（定義）
② 各種類の代表的な物品名
③ 各物品の性状（形状と性質）
④ 各物品の危険性・物性値
　（引火点・燃焼範囲・発火点 など）

② よく出る!! 特殊引火物

最初は**特殊引火物**。定義はこれだ

特徴は他の危険物に比べて引火点や発火点が低く、燃焼範囲が広いことです

つまり第4類危険物の中でも特に危険性が高いんです！

知っておこう！ 重要
特殊引火物の定義
特殊引火物とは、ジエチルエーテル、二硫化炭素、その他1気圧において、発火点が100℃以下のものまたは引火点が零下20℃以下で沸点が40℃以下のものをいう。

だから指定数量も少ないんですね

そのとおり 特殊引火物の指定数量は50ℓで第4類危険物の中でも最少だ

代表的な物品にはどんなものがあるの？

特に覚えておきたいのはこの4つになります

- ジエチルエーテル
- 二硫化炭素
- アセトアルデヒド
- 酸化プロピレン

> 特に第4類危険物最低の数値となるジエチルエーテルの引火点 −45℃。二硫化炭素の発火点90℃。アセトアルデヒドの沸点21℃は覚えておけよ！

▶ 特殊引火物の代表的な物品と性状

物品名	ジエチルエーテル	二硫化炭素	アセトアルデヒド	酸化プロピレン
形状	●無色の液体 ●刺激臭	●無色の液体 ●不快臭	●無色の液体 ●刺激臭	●無色の液体 ●エーテル臭
性質	水溶性：水にわずかに溶け、アルコールによく溶ける。 比重：0.7 引火点：**−45℃** 発火点：160℃ 沸点：35℃ 燃焼範囲：1.9〜36.0vol%	水溶性：水には溶けない。エタノール、ジエチルエーテルに溶ける。 比重：1.3 引火点：−30℃以下 発火点：**90℃** 沸点：46℃ 燃焼範囲：1.3〜50.0vol%	水溶性：水によく溶け、アルコール、ジエチルエーテルにも溶ける。 比重：0.8 引火点：−39℃ 発火点：175℃ 沸点：**21℃** 燃焼範囲：4.0〜60.0vol%	水溶性：水にもエタノール、ジエチルエーテルなどにもよく溶ける。 比重：0.8 引火点：−37℃ 発火点：449℃ 沸点：35℃ 燃焼範囲：2.3〜36.0vol%
危険性	●引火点が第4類危険物の中で最も低く、非常に引火しやすい。 ●揮発性が高い。 ●燃焼範囲が広く下限値が低い。 ●静電気が発生しやすい。 ●蒸気に麻酔性がある。	●発火点が第4類危険物の中で最も低く、高温の蒸気配管などに接触しただけで発火の危険性がある。 ●揮発性が高く、蒸気は有毒。 ●燃焼すると有毒な二酸化硫黄が発生する。	●沸点が第4類危険物の中で最も低く、揮発性が高く引火しやすい。 ●蒸気は粘膜を刺激して有毒。 ●熱または光で分解するとメタンと一酸化炭素が発生する。 ●静電気が発生しやすい。	●引火点が低く発火しやすい。 ●燃焼範囲が広く下限値が低い。 ●重合する性質があり、熱が発生して火災や爆発の原因となる。特に銀、銅などの金属に触れると重合が促進されやすい。 ●蒸気を吸入すると有毒。 ●皮膚に触れると凍傷のような症状を引き起こすことがある。

3 よく出る!! 第1石油類

次は**第1石油類**。定義はこのようになっています

知っておこう！ 重要

第1石油類の定義
第1石油類とは、アセトン、ガソリン、その他1気圧において引火点が21℃未満のものをいう。

ちょっといいですか？

石油類だけ第1類から第4類まで多くの種類があるのはどうして？

うむ。

そもそも石油はさまざまな物質が混合された液状の油のことをいうんだ

石油 → ガソリン / 灯油 / 軽油

石油を精製することでガソリンや灯油などさまざまな石油製品が作り出されている

石油から抽出された製品でもそれぞれ性状が異なる 例えばベンゼンは**非水溶性**だが アセトンは**水溶性**だ

だからグループを分けるんですね

なるほど…

第1石油類は引火点が低く特殊引火物の次に危険性が高い。さらに水溶性と非水溶性があり非水溶性の方が危険性が高い

だから水溶性の指定数量が400ℓに対して非水溶性の指定数量は半分の200ℓになるのね！

> 第1石油類の代表的な物品はこちらです ガソリンはほぼ確実に試験に出ますよ！

> 引火点や比重・燃焼範囲など細かな数値もしっかりおさえておけよ！

▶ 非水溶性の第1石油類の代表的な物品と性状

物品名	ガソリン	ベンゼン（ベンゾール）	トルエン（トルオール）	酢酸エチル
形状	●無色透明（用途によって着色） ●特有の刺激臭	●無色透明 ●芳香臭	●無色透明 ●芳香臭	●無色透明 ●果実のような香り
性質	比重 0.65〜0.75 蒸気比重 3〜4 引火点 −40℃以下 発火点 300℃ 沸点 40〜220℃ 燃焼範囲 1.4〜7.6vol%	比重 0.9 蒸気比重 2.8 引火点 −11.1℃ 発火点 498℃ 沸点 80℃ 燃焼範囲 1.2〜7.8vol%	比重 0.9 蒸気比重 3.1 引火点 4℃ 発火点 480℃ 沸点 111℃ 燃焼範囲 1.1〜7.1vol%	比重 0.9 蒸気比重 3.0 引火点 −4℃ 発火点 426℃ 沸点 77℃ 燃焼範囲 2.0〜11.5vol%
危険性	●引火点が低くきわめて引火しやすい。 ●沸点が低く、揮発性が高い。 ●静電気が発生しやすい。 ●蒸気は空気よりかなり重く低所に滞留する。	●引火しやすい。 ●揮発性がある。 ●毒性が強く、蒸気を吸入すると中毒症状をおこす。	●引火しやすい。 ●揮発性がある。 ●静電気が発生しやすい。 ●ベンゼンより弱いが毒性がある。	●引火しやすい。 ●流動などの際、静電気が発生しやすい。

▶ 水溶性の第1石油類の代表的な物品と性状

物品名	アセトン	ジエチルアミン	ピリジン
形状	●無色透明 ●特異な臭気	●無色の液体 ●アンモニア臭	●無色または微黄色 ●悪臭
性質	比重 0.8 蒸気比重 2.0 引火点 −20℃ 発火点 465℃ 沸点 56℃ 燃焼範囲 2.5〜12.8vol%	比重 0.7 蒸気比重 2.5 引火点 −23℃ 発火点 312℃ 沸点 57℃ 燃焼範囲 1.8〜10.1vol%	比重 0.98 蒸気比重 2.7 引火点 20℃ 発火点 482℃ 沸点 115.5℃ 燃焼範囲 1.8〜12.4vol%
危険性	●引火点が低く引火しやすい。 ●静電気の火花で着火することがある。 ●沸点が低く揮発性が高い。 ●燃焼範囲の下限値が低い。	●引火しやすい。 ●蒸気は空気より重く低所に滞留しやすい。 ●蒸気に毒性がある。	●引火しやすく爆発の危険性が高い。 ●静電気が発生しやすい。 ●蒸気は空気より重く低所に滞留しやすい。 ●蒸気に毒性がある。

第3章

4 よく出る!! アルコール類

最後は**アルコール類の定義**。アルコール類の引火点は11℃〜23℃水溶性で指定数量は400ℓだ

代表的な物品にメタノールとエタノールがある 酒などの原料になるのがエタノールだ

エタノールは「麻酔性がある」のが大きな特徴です

一方のメタノールは「毒性がある」ので飲めません

知っておこう！ 【重要】 アルコール類の定義

アルコール類とは、1分子を構成する炭素の原子の数が1個から3個までの飽和1価アルコール（変性アルコールを含む）をいい、組成などを勘案して総務省令で定めるものを除く。

またアルコール類では**メタノール**と**エタノール**の共通点もしっかりおさえておきましょう

知っておこう！ メタノールとエタノールの共通点 【重要】

- 無色透明で独特の香りがある。
- 引火点が常温(20℃)よりも低い。
- 水の他、有機溶剤にもよく溶ける。
- 沸点が低く、揮発性が高い。
- 燃焼範囲が広い。

▶ アルコール類の代表的な物品とおもな特徴

物品名	メタノール （メチルアルコール）	エタノール （エチルアルコール）	イソプロピルアルコール
形状	●無色透明 ●特有の香り	●無色透明 ●特有の香り	●無色の液体 ●特有の香り
性質	水溶性: 水や多くの有機溶剤にもよく溶ける。 比重: 0.8 蒸気比重: 1.1 引火点: 11℃ 発火点: 464℃ 沸点: 64℃ 燃焼範囲: 6.0〜36.0vol%	水溶性: 水や多くの有機溶剤にもよく溶ける。 比重: 0.8 蒸気比重: 1.6 引火点: 13℃ 発火点: 363℃ 沸点: 78℃ 燃焼範囲: 3.3〜19.0vol%	水溶性: 水、エタノール、エーテルに溶ける。 比重: 0.79 蒸気比重: 2.1 引火点: 12℃ 発火点: 399℃ 沸点: 82℃ 燃焼範囲: 2.0〜12.7vol%
危険性	●引火点が低く引火しやすい。 ●沸点が低く揮発性が高い。 ●蒸気に毒性がある。 ●燃焼していても炎の色が淡く見えにくい。	●引火点が低く引火しやすい。 ●沸点が低く揮発性が高い。 ●蒸気に麻酔性がある。 ●燃焼していても炎の色が淡く見えにくい。	●引火点が低く発火しやすい。 ●沸点が低く揮発性が高い。

あと少しでゼミも終わるが
試験に合格するために一番大切なものは何かわかるか?
それは「気合い」だ!
ビシッ
結局そこかよ!
効率のいい勉強も大切だが「合格したい」という強い意志がないと勉強は続かない
だから夢を持て! 試験に合格することは新しい未来への一歩なんだ
そう思えば 辛くても乗り越えられる
剣持先生……
乙幡君 最後に私から気合をプレゼントしますね♡
えっ
さ
桐谷さん……!!
桐谷さーん
はっ
なんだ夢か
惜しかった…
頑張れ!
剣
「未来への一歩」か。
よし! 気合い入れるぞ!

第3章

第4類危険物のおもな品名と性状について学ぼう

出題傾向

第4類危険物それぞれの具体的な性状について、正誤を選択する問題が必ず出題されます。出題される物品には、偏りがみられるため、出題頻度の高い物品を確実に覚えることが大切です。

① 第4類危険物の品名と性状

第4類危険物の品名と性状のポイントを押さえる

第1章でも学習したとおり、第4類危険物は、その特徴からさらに**7種類**に分けられます。これらすべての物品の性状を丸暗記することはむずかしいため、代表的な物品の性状についてポイントを絞って覚えていきましょう。

性状を覚えるポイントは、マンガにもあった以下の4つとなります。

① 各種類の共通の性質（定義）
② 各種類の代表的な物品名
③ 各物品の性状（形状と性質）
④ 各物品の危険性・物性値
　（引火点・燃焼範囲・発火点 など）

▶ 第4類危険物の覚えておきたい分類と物品名

分類	物品名
特殊引火物	ジエチルエーテル
	二硫化炭素
	アセトアルデヒド（水溶性）
	酸化プロピレン（水溶性）
第1石油類	ガソリン
	ベンゼン
	トルエン
	エチルメチルケトン
	アセトン（水溶性）
アルコール類	メタノール（水溶性）
	エタノール（水溶性）
第2石油類	灯油
	軽油
第3石油類	重油
	クレオソート油
	グリセリン（水溶性）

分類	物品名
第4石油類	ギヤー油
	シリンダー油
	タービン油
	マシン油
	モーター油
動植物油類	不乾性油
	半乾性油
	乾性油

第4類危険物の7種類の中から上の5種類と代表的な物品名は覚えておきましょうね！

② 特殊引火物

発火点が低く、気化しやすい特徴を持つ特殊引火物

特殊引火物とは、ジエチルエーテル、二硫化炭素、その他1気圧において**発火点が100℃以下**のもの、または**引火点が－20℃以下**で**沸点が40℃以下**のものをいいます。

引火点・発火点・沸点が低く、燃焼範囲も広いため、第4類の中でも最も危険性の高いものになります。

今回取り上げる4種類の物品については、物性値・性状ともに、どのポイントを問われても回答できるようにしておきましょう。

特に**ジエチルエーテルの引火点－45℃、二硫化炭素の発火点90℃、アセトアルデヒドの沸点21℃**は、いずれも第4類危険物の中で最低温度を示しているため、確実におさえておく必要があります。

> 第4類危険物の中でも特殊引火物は問題に使用されることも多いのでしっかり覚えておきましょう！

▶ おもな特殊引火物の性状・物性値

物質名	ジエチルエーテル (別名：エーテル、エチルエーテル)	
引火点	－45℃	
沸点	35℃	揮発しやすく、蒸気に麻酔性がある。
発火点	160℃	
比重	0.7	水より軽い
融点	－116.3℃	
燃焼範囲	1.9～36.0 vol%	燃焼範囲が広いため、わずかな蒸気でも引火しやすい。
蒸気比重	2.6	空気より重い
水溶性	△	水にわずかしか溶けないが、アルコールにはよく溶ける。
色	無色透明	
臭い	甘い刺激臭	
その他	●空気に長時間触れると過酸化物を生じ、加熱・衝撃により爆発する。 ●静電気が発生しやすい。	

物質名	二硫化炭素	
引火点	－30℃以下	
沸点	46℃	揮発しやすく、蒸気は、有毒。
発火点	90℃	第4類危険物の中で、最低。
比重	1.3	水より重い
融点	－110.8℃	
燃焼範囲	1.3～50.0 vol%	第4類危険物の中でも燃焼範囲が広く、下限値も低いため、わずかな蒸気でも引火しやすい。
蒸気比重	2.6	空気より重い
水溶性	×	水に溶けないが、アルコールなどにはよく溶ける。
色	淡黄色	純粋なものは無色透明
臭い	特有の不快臭	
その他	●燃焼すると有毒な二酸化硫黄と二酸化炭素を生ずる。 ●非水溶性で水より重いことから、可燃性蒸気発生防止のために水中で保存する。 ●静電気が発生しやすい。	

物質名	アセトアルデヒド	
引火点	−39℃	
沸点	21℃	揮発しやすい
発火点	175℃	
比重	0.8	水より軽い
融点	−123.5℃	
燃焼範囲	4.0〜60.0 vol%	範囲が広いため、わずかな蒸気でも引火しやすい。
蒸気比重	1.5	空気より重い
水溶性	○	水にも有機溶剤にもよく溶ける。
色	無色透明	
臭い	刺激臭	
その他	●反応性が高く、さまざまな物質と作用する。 例 塩素酸ナトリウムと反応して燃焼する。 　熱や光で分解してメタンと一酸化炭素になる。 　酸化して酢酸になる。 ●貯蔵の際は可燃性蒸気発生防止のため、容器に不活性ガスを封入して密閉する。 ●貯蔵容器に銅や銀を使用してはいけない（爆発性の化合物を生じるため）。	

物質名	酸化プロピレン（別名：プロピレンオキサイド）	
引火点	−37℃	
沸点	35℃	揮発しやすく、蒸気には毒性がある。
発火点	449℃	
比重	0.8	水より軽い
融点	−112.1℃	
燃焼範囲	2.3〜36.0 vol%	範囲が広いため、わずかな蒸気でも引火しやすい。
蒸気比重	2.0	空気より重い
水溶性	○	水にも有機溶剤にもよく溶ける。
色	無色透明	
臭い	エーテル臭	
その他	●皮膚に付着すると凍傷とよく似た症状が出る。 ●貯蔵の際は可燃性蒸気発生防止のため、容器に不活性ガスを封入して密閉する。	

第4類危険物最低温度となる

ジエチルエーテル　引火点−45℃
二 硫 化 炭 素　　発火点　90℃
アセトアルデヒド　沸　点　21℃

この3つの数値は必ず覚えておくように！

3 第1石油類

引火しやすく、特殊引火物の次に危険な第1石油類

第1石油類とは、**アセトン、ガソリン**その他1気圧において**引火点が21℃未満**のものをいいます。危険性が高いため、どれも出題されやすい物質ですが、とりわけ私たちにとって身近なガソリンは「必ず出題される」と思っても過言ではありません。細かい数値もしっかりと暗記しましょう。

▶ おもな第1石油類の性状・物性値

物質名	ガソリン	
引火点	−40℃以下	冬でも引火しやすく、危険！
沸点	40〜220℃	
発火点	300℃	
比重	0.65〜0.76	水より軽い
融点	−90℃以下	
燃焼範囲	1.4〜7.6vol%	
蒸気比重	3〜4	空気より重い
水溶性	×	水に溶けない！→静電気が発生しやすい
色	無色	ただし用途によって着色有り。自動車用⇒オレンジ色 航空機用⇒緑など
臭い	特有の臭気	
その他		●炭化水素の混合物である。●ポリエチレン製の容器には貯蔵不可！→金属の缶に貯蔵する。

物質名	アセトン	
引火点	−20℃	引火の危険性が高い
沸点	56℃	
発火点	465℃	
比重	0.8	水より軽い
融点	−94℃	
燃焼範囲	2.5〜12.8vol%	
蒸気比重	2.0	空気より重い
水溶性	○	水と有機溶剤によく溶ける。
色	無色透明	
臭い	特有の臭気	
その他		●樹脂や油脂をよく溶かす。

物質名	ベンゼン	
引火点	−11.1℃	引火の危険性が高い
沸点	80℃	
発火点	498℃	
比重	0.9	水より軽い
融点	5.5℃	固化しても引火の危険性がある。
燃焼範囲	1.2〜7.8vol%	
蒸気比重	2.8	空気より重い
水溶性	×	水に溶けないが、有機溶剤によく溶ける。
色	無色透明	
臭い	芳香性	
その他		●揮発性が高い。●蒸気に毒性がある。

物質名	トルエン	
引火点	4℃	引火の危険性が高い
沸点	111℃	
発火点	480℃	
比重	0.9	水より軽い
融点	−95℃	
燃焼範囲	1.1〜7.1vol%	
蒸気比重	3.1	空気より重い
水溶性	×	水に溶けないが、有機溶剤によく溶ける。
色	無色透明	
臭い	特有の臭気	
その他		●揮発性が高い。●毒性があるが、ベンゼンよりは小さい。

4 アルコール類

それぞれの物質の特徴の差異をしっかり覚えよう

アルコール類とは、**1分子を構成する炭素の原子の数が、1個～3個までの飽和1価アルコール(変性アルコールを含む)**のことをいいます(総務省令で定めるものを除く)。

アルコール類からは、エタノールとメタノールが出題されます。似たような性質ですので、しっかり区別して覚えましょう。特にメタノールに毒性があるというところがポイントです。

▶ おもなアルコール類の性状・物性値

物質名	メタノール (メチルアルコール)	エタノール (エチルアルコール)	性 状
引火点	11℃	13℃	メタノールの方が低い。
沸点	64℃	78℃	メタノールの方が低く、両方とも100℃以下。
発火点	464℃	363℃	
比重	0.8	0.8	共通。
融点	−97.6℃	−117℃	
燃焼範囲	6.0～36vol%	3.3～19vol%	両方ともガソリンより範囲が広い。
蒸気比重	1.1	1.6	空気より重い。
水溶性	○	○	両方とも水にも有機溶剤にもよく溶ける。
色	無色透明	無色透明	
臭い	特有の香り	特有の香り	
毒性	あり	なし	メタノールには毒性があるが、エタノールには毒性がない。
その他	●濃度が下がると引火点が高くなり、危険性が下がる。 ●静電気は発生しにくい。 ●無水クロム酸などと反応して発火する。 ●ナトリウムと反応して水素を発生する。		共通するもの。

▶ メタノールとエタノールの共通点・相違点

共通点
① 無色で、芳香性の臭気があること。
② 引火点が常温(20℃)以下のため、常温で引火の可能性があること。
③ 沸点は100℃より低く、揮発性があること。
④ 燃焼したときの炎は、はっきりと見えないこと。
⑤ 水にも有機溶剤にも溶けること。
⑥ 燃焼範囲は、ガソリンよりも広いこと。
⑦ 燃焼すると二酸化炭素と水になること。
⑧ 消火は耐アルコール泡を使用すること。

相違点 ① メタノールには毒性があるが、エタノールにはないこと。

5 その他第4類危険物

その他の第4類危険物の性状と物性値

■ 第2石油類

第2石油類とは、**灯油、軽油その他1気圧において引火点が21℃以上70℃未満**のものをいいます。特に灯油と軽油は、違いを比較しながら覚えましょう。

▶ おもな第2石油類の性状・物性値

物質名	灯油	軽油 （別名：ディーゼル油）	キシレン （別名：キシロール）
形状	●無色or淡紫黄色 ●特有の臭気	●淡黄色or淡褐色 ●特有の臭気	●無色透明 ●特有の臭気
引火点	40℃以上	45℃以上	17～25℃
沸点	145～270℃	170～370℃	138～144℃
発火点	220℃	220℃	463～528℃
比重	0.8	0.85	0.88
融点	−46℃	−34℃	
燃焼範囲	1.1～6.0vol%	1.0～6.0vol%	1.0～7.0vol%
蒸気比重	4.5	4.5	3.66
水溶性	×	×	×
その他	●水に溶けないため静電気が発生しやすい。●油脂を溶かす。●霧状、布などに染み込ませると引火の危険性が高くなる（空気との接触面積が大きくなり、見かけ上の熱伝導率が高まるため）。●ガソリンとの混合物は引火の危険性がさらに高まる。	●水に溶けないため静電気が発生しやすい。●霧状、布などに染み込ませると引火の危険性が高くなる（空気との接触面積が大きくなり、見かけ上の熱伝導率が高まるため）。	●ガソリンのような臭いがする。●水に溶けないが、有機溶剤によく溶ける。●3種類の異性体がある（オルトキシレン、メタキシレン、パラキシレン）。●トルエンと同程度の毒性がある。

物質名	クロロベンゼン	酢酸（氷酢酸）
形状	●無色透明 ●特有の臭気	●無色透明 ●刺激臭
引火点	28℃	39℃
沸点	132℃	118℃
発火点	590℃	463℃
比重	1.11	1.05
融点	−45℃	16.6℃
燃焼範囲	1.3～9.6vol%	4.0～19.9vol%
蒸気比重	3.9	2.1
水溶性	×	○
その他	●石油のような臭いがする。●水に溶けないが、有機溶剤によく溶ける。●若干の麻酔性がある。	●水と有機溶剤によく溶ける。●高純度のものは約17℃で凝固する（氷酢酸）。●腐食性が強く、皮膚に触れると火傷する。蒸気を吸い込むと粘膜に炎症を起こす。●水溶液は弱酸性を示す。

■ 第3石油類

第3石油類とは、**重油、クレオソート油その他1気圧において引火点が70℃以上200℃未満のもの**をいいます。特に**重油**が頻出となります。

▶ おもな第3石油類の性状・物性値

物質名	重油	クレオソート油	アニリン
形状	● 褐色or暗褐色 ● 特有の臭気	● 黄色or暗緑色 ● 特有の強い臭気	● 無色or淡黄色 ● 特異臭
引火点	60～150℃以上	73.9℃	70℃
沸点	300℃以上	200℃以上	184.6℃
発火点	250～380℃	336.1℃	615℃
比重	0.9～1.0	1.0以上	1.01
融点		20℃	−6℃
燃焼範囲			1.2～11.0vol%
蒸気比重	1.0以上	1.0以上	3.2
水溶性	×	×	×
その他	● 水に溶けないため静電気が発生しやすい。● 動粘度（ねばりけ）により1種（A重油）、2種（B重油）、3種（C重油）に分けられ、それぞれ引火点が異なる。● 霧状になると引火点以下でも引火することがある。● 燃焼温度が高く、一度燃え始めると消火が困難。● 硫黄が不純物として含まれることがあり、燃焼すると有毒ガスを発生する。	● 水に溶けないが、有機溶剤によく溶ける。● 霧状になると引火点以下でも引火することがある。● 燃焼温度が高く、一度燃え始めると消火が困難。	● 空気中で酸化し褐色となる。● 水に溶けないが、有機溶剤によく溶ける。● さらし粉と混合すると赤紫色に変色する。● 霧状になると引火点以下でも引火することがある。● 弱塩基性で、希塩酸などの酸には塩を作って溶ける。

物質名	グリセリン（別名：グリセロール）	ニトロベンゼン
形状	● 無色透明 ● 無臭	● 淡黄色or暗黄色 ● 特有の臭気
引火点	199℃	88℃
沸点	290℃	211℃
発火点	370℃	482℃
比重	1.3	1.2
融点	18.1℃	5.7℃
燃焼範囲		1.8～40.0vol%
蒸気比重	3.1	4.3
水溶性	○	×
その他	● 水とエタノールには溶けるが、二硫化炭素、ベンゼンなどには溶けない。● 粘性がある。● ナトリウムと反応し、水素を発生する。● 吸湿性が高く、化粧品などの保湿成分として活用される。	● 水に溶けないが、有機溶剤によく溶ける。● ニトロ化合物だが、爆発性はない。● 蒸気は有毒である。

> グリセリンの臭いは無臭。第4類危険物には無臭のものはほとんどないため例外として覚えましょう！

■ 第4石油類

　第4石油類とは、**ギヤー油、シリンダー油、その他1気圧において引火点が200℃以上250℃未満のもの**をいいます。

　第4石油類の多くは、**非水溶性・粘性**という性質を持ちます。揮発しにくく火災の危険性は、他種類の危険物より低いのですが、燃焼温度が高く、一度火災になると消火が困難という特徴があります。

　第4石油類の物性値を問う問題は出題頻度が低いため、概要をしっかりとおさえておきましょう。

▶ おもな第4石油類の性状・物性値

物質名	引火点	比 重	水溶性
ギヤー油	170〜310℃	1未満	×
シリンダー油	250℃	1未満	×
タービン油	200〜270℃	1未満	×
マシン油	80〜340℃	1未満	×
モーター油	230℃	1未満	×

> 第4石油類は概要をしっかりとおさえておくことが大切だぞ！

■ 動植物油類

　動植物油類とは、動物の脂肉などまたは植物の種子もしくは果肉から抽出したもので、1気圧において引火点が250℃未満のものをいいます。

　第4石油類同様、揮発性が低いため危険性は低いのですが、燃焼温度が高いため火災となると消火が困難となります。

　また、動植物油類は、ヨウ素価によって不乾性油〜乾性油に分けられます。特にヨウ素価の高い乾性油は、染み込んだ布を風通しの悪い場所に放置したりすると熱が蓄積し自然発火の恐れがあります。

▶ おもな動植物油類の性状・物性値

	不乾性油	乾性油
具体例	椰子油、落花生油	アマニ油、キリ油
ヨウ素価	100以下	130以上
自然発火	しにくい ⟷	しやすい

得点力UPテスト❷

問題1 ガソリンの引火点は低いため、冬期の屋外でも引火の危険性は大きい。

問題2 ガソリンの燃焼範囲は、ジエチルエーテルよりも広い。

問題3 灯油は揮発性が強いので、ガス抜き口を設けた貯蔵容器を用いる必要がある。

問題4 軽油は水より軽いが、灯油はわずかに水より重い。

問題5 重油は水より重い。

問題6 第4石油類は、第1石油類に比べて引火点が低い。

問題7 動植物油類の乾性油をぼろ布に染み込ませて積み重ねて置いておくと、自然発火する危険がある。

問題8 動植物油類の引火点は300℃程度である。

問題9 灯油、軽油は第2石油類であり、重油は第3石油類である。

問題10 アマニ油は水よりも重い。

問題11 二硫化炭素は、無臭の液体で水に溶けやすく、また水より軽い。

問題12 特殊引火物の発火点はすべて100℃以上である。

問題13 アセトアルデヒドは、熱または光で分解するとメタンと一酸化炭素になる。

問題14 ジエチルエーテルは、過酸化物を生成し爆発することがあるため、空気に触れないように密閉容器に入れ、冷暗所に貯蔵する。

問題15 酸化プロピレンは、水にはまったく溶けない液体である。

問題 16 メタノールとエタノールはいずれも水溶性で、濃度が低くなるほど引火点が低くなる。

問題 17 アルコール類の沸点は水より高い。

問題 18 メタノールには毒性があるが、エタノールには毒性がない。

問題 19 ベンゼンとトルエンは、水によく溶ける。

問題 20 アセトンは水に任意の割合で溶け、ジエチルエーテル、クロロホルムにはほとんど溶けない。

【解答欄】 ※解答は○か×で記入してください。

問題 1 [ ]	問題 8 [ ]	問題 15 [ ]
問題 2 [ ]	問題 9 [ ]	問題 16 [ ]
問題 3 [ ]	問題 10 [ ]	問題 17 [ ]
問題 4 [ ]	問題 11 [ ]	問題 18 [ ]
問題 5 [ ]	問題 12 [ ]	問題 19 [ ]
問題 6 [ ]	問題 13 [ ]	問題 20 [ ]
問題 7 [ ]	問題 14 [ ]	

➡答えは258ページ

得点力UPテスト 解答＆解説

得点力UPテスト❶（P238、239）の解答

問題1	×	第2類の危険物は、火炎により着火しやすい固体である。
問題2	×	第5類の危険物は、固体と液体である。
問題3	○	
問題4	×	第4類危険物は、水より比重が小さいため、水に溶けないものが多い。
問題5	×	第4類危険物は引火性を有する液体であるが、アマニ油のように自然発火性を有するものはほとんどない。
問題6	○	
問題7	×	第4類危険物を室内で取扱うときは、可燃性蒸気は低所に滞留するので、高所よりも低所の換気を十分に行う。
問題8	×	発生する可燃性蒸気の滞留を防ぐため、容器を密閉しなければならない。
問題9	×	洗浄のため水蒸気をタンク内に噴出させるときは、静電気の発生を防止するため、低圧で導入する。
問題10	○	
問題11	○	
問題12	×	第4類の危険物火災に注水すると、消火できないばかりか危険物が水に浮いて火面が広がり危険性が増す。
問題13	×	アルコールを含む第4類危険物による火災には、棒状放射または霧状放射の水、棒状の強化液は使用できない。
問題14	×	ガソリンの火災に、窒息作用のある二酸化炭素消火剤を使うのは効果的である。
問題15	○	
問題16	×	油火災用の標識の色は黄色である。普通火災用は白色、電気火災用は青色である。
問題17	○	
問題18	×	計量口は、計量するとき以外は閉鎖しておかなければならない。注入の際は開けてはならない。
問題19	×	漏れた蒸気を屋根上に排出する設備のスイッチを切ると、蒸気が低所に滞留して危険性が増す。また、スイッチをむやみに切ると、火花により漏れた蒸気に引火する恐れがあり危険である。
問題20	×	容器は横積みではなく、収納口を上方に向けて積載する。

得点力UPテスト❷（P256、257）の解答

問題1	○	
問題2	×	特殊引火物であるジエチルエーテルの燃焼範囲は、1.9～36.0vol%で、ガソリンの1.4～7.6vol%に比べて約5倍広い。
問題3	×	灯油は揮発性が強いため、ガス抜き口のある貯蔵容器ではなく、容器を密栓した状態で貯蔵しなければならない。
問題4	×	軽油、灯油ともに比重（液比重）は、1以下で水より軽い。
問題5	×	重油は3種類あるが、すべて比重は水より軽い。
問題6	×	第1石油類の引火点は21℃未満、第4石油類の引火点は200℃以上250℃未満で、第4石油類のほうが高い。
問題7	○	
問題8	×	動植物油類の引火点は、300℃程度ではなく、250℃未満である。

問題9	○	
問題10	×	アマニ油は、液比重が1より小さく水よりも軽い。
問題11	×	二硫化炭素は、非水溶性で水より重い。また一般的には特有の不快臭がある。
問題12	×	二硫化炭素の発火点は90℃で、100℃以下のものもある。
問題13	○	
問題14	○	
問題15	×	酸化プロピレンは、水、エタノール、ジエチルエーテルなどによく溶ける。
問題16	×	メタノールとエタノールはいずれも水溶性だが、水で薄めて濃度が低くなるほど引火点が高くなり、引火しにくくなる。
問題17	×	アルコール類の沸点は水より低い。
問題18	○	
問題19	×	ベンゼンとトルエンは、いずれも水に溶けない。
問題20	×	アセトンは水溶性で、多くの有機溶剤（ジエチルエーテル、クロロホルムなど）にも、よく溶ける。

間違えた問題はもう一度マンガと解説をよく読んで復習しておこう！

エピローグ

試験から3週間後――

すみません！急に呼び出してしまって

噛んだ

あらあら

大丈夫ですか？

ドキ

乙幡くーん！

…桐谷さん 僕 夢ができたんです

だから自動車やバイクの技術者になりたいなって そのためにガソリンスタンドでバイトもはじめたんです！

いいですね～！

桐谷さんと2人で話したあの日

バイクにもいろんな化学の知識が生かされてるんだってわかってすごく面白いと思ったんです

それで……僕 き 桐谷さんのことが

何してるんだ
こんな所で？
おう
ドンマイ★
また次回だね
ガサッ
は～い
お疲れさま！
えっ
ちょっ
ガタ
きゃ
先生～！
お前たち
試験はどう
だったんだ？
ばっちり
合格～！
フム.
お前は？
…僕も
受かりました！
危険物取扱者免状
よし 今日は
合格祝いで
飯でもいくか！
やったー！
もちろん
オ・ゴ・リ
ですよね？

結局 告白できなかった…

あ ありがとうございます

おめでとうございます

何だか変わりましたね 乙幡くん

最初のころは少し頼りない感じでしたけど…

今は夢に向かってまっすぐでとっても素敵ですよ!

えっ

危険物の魅力にはかないませんけどね〜♪

危険物以下か…

この前の実験でも

まぁ 今はいっか!

退屈だった夏休みが大きく変わり

危険物の勉強をとおして色んな人に出会い

僕は少しだけ成長できた気がする

何ボーっとしてんのよ？

乙幡君の分も食べちゃうよ～♪

待ってー！

～終わり～

Column03
本書と講座で効率よく勉強する

　資格取得には、本書での勉強を基本としつつ、本書の著者であるウェルネットが開催する「危険物取扱者 乙種第4類 受験対策オンライン講座」などを利用すれば、さらに効率よく学ぶことができます。

　自分のペースでしっかり学べるだけでなく、勉強のためのサポートも用意されているので安心して受講できます。本書とオンライン講座を活用して集中的に学び、万全の体制で受験されることをおすすめします。

（ウェルネットの）
● **危険物取扱者 乙種第4類 受験対策オンライン講座のポイント！**

ポイント1　自分のペースで学習できる
オンライン講座は、時間や場所の制約なく、自分の生活スタイルに合わせて学習することができます。また、見逃した場面やわからなかった箇所を何度でも繰り返し視聴できるのも魅力です。

ポイント2　講座は約6時間だけの集中講座
オンライン講座の収録時間は約6時間程度。合格に必要な知識に的を絞って、わかりやすく講義します。講義ではインプットとアウトプットを交互に行うことで知識の定着を図り、効率よく学習を進めていきます。

ポイント3　出題傾向に沿ったオリジナル教材
テキストとして使用する「重点整理これだけノート」は、試験によく出題される部分をピックアップし、図表を用いてまとめたウェルネットのオリジナル教材。このノートで、合格に必要な基礎部分を網羅することができます。また、テーマごとに編集した復習用の教材「精選問題集」で、出題される35問のパターンを把握、合格をさらに引き寄せます。

ポイント4　万全のフォロー体制
学習中に疑問や不明点が見つかったときには、FAX・メールにて質問を受け付けています。誰でも安心して受講でき、試験勉強に取り組むことができます（※受講期間である4か月以内）。

【お問い合わせ】　株式会社ウェルネット
https://www.wellnet-jp.com/
●電話：03-6380-1512（平日8：30～17：30）
●メール：jimukyoku@wellnet-jp.com（24時間）

付録

乙種第4類危険物取扱者 模擬試験

模擬試験について

本模擬試験は、実際の試験同様3科目全35問で構成されています。合格ラインは、各科目60%以上の正解となります。(「法令」で9問以上、「物理・化学」と「性質・消火」で各6問以上)。全体で60%ではなく、1科目でも60%を下回ると不合格となるため、バランスよく学習することが大切です。実際の試験時間と同じく、2時間以内に解答できるよう挑戦してみましょう。

● 模擬試験 1 ➡ P266〜276　　● 模擬試験 2 ➡ P281〜293

【3科目名と出題数】

危険物に関する法令 ……………………………………………… 15問
基礎的な物理学及び基礎的な化学 ……………………………… 10問
危険物の性質並びにその火災予防及び消火の方法 …………… 10問

模擬試験 1 問題

制限時間：2時間　解答・解説→P277

危険物に関する法令

問題❶ 法別表第1の危険物の物品として、掲げられていないものは次のうちどれか。
(1) 塩素酸塩類　(2) 硫化りん　(3) アルキルリチウム
(4) アルコール　(5) クロルスロン

問題❷ 法令上、第4類危険物の定義について、次のうち誤っているものはどれか。
(1) 特殊引火物とは、1気圧において発火点が200℃以下のもの又は引火点が−20℃以下で沸点が40℃以下のものをいう。
(2) アルコール類とは、1分子を構成する炭素の原子の数が1個から3個までの飽和一価アルコールをいう。
(3) 第1石油類とは、1気圧において引火点が21℃未満のものをいう。
(4) 第2石油類とは、1気圧において引火点が21℃以上70℃未満のものをいう。
(5) 第3石油類とは、1気圧において引火点が70℃以上200℃未満のものをいう。

問題❸ 法令上、危険物の指定数量について、次のうち誤っているものはどれか。
(1) 特殊引火物の指定数量は、50ℓである。
(2) 第1石油類の水溶性危険物、アルコール類の指定数量は400ℓである。
(3) 第2石油類の水溶性危険物、第3石油類の非水溶性危険物の指定数量は2,000ℓである。
(4) 第3石油類の水溶性危険物、第4石油類の指定数量は5,000ℓである。
(5) 動植物油類の指定数量は10,000ℓである。

問題4 法令上、次の建築物等のうち、製造所等から一定の距離（保安距離）を保たなければならない旨の規定が設けられていないものは、次のうちどれか。

(1) 住居（製造所等の存する敷地と同一の敷地内に存するものを除く。）
(2) 公会堂　　(3) 小学校　　(4) 病院
(5) 使用電圧が5,000Vの特別高圧架空電線

問題5 法令上、製造所等に設置する消火設備の区分について、次のうち誤っているものはどれか。

(1) 水バケツは、第5種の消火設備である。
(2) 粉末消火設備は、第4種の消火設備である。
(3) 泡消火設備は、第3種の消火設備である。
(4) スプリンクラー設備は、第2種の消火設備である。
(5) 屋内消火栓設備は、第1種の消火設備である。

問題6 法令上、製造所等の位置、構造及び設備の技術上の基準について、次のうち誤っているものはどれか。ただし、特例基準を適用するものは除く。

(1) 保安対象物からその製造所の外壁又はこれに相当する工作物の外側までの間に一定の距離を設けなければならない。
(2) 建築物の周囲には、取り扱う指定数量の倍数に応じて保有空地を設けなければならない。
(3) 建築物の窓には網入りガラスを使用しなければならない。
(4) 可燃性蒸気、又は微粉等が滞留する建築物には、床に側溝等を設け、屋外の低所に排出する設備を設けなければならない。
(5) 静電気が発生するおそれのある設備には、接地導線等有効に静電気を除去する装置を設けなければならない。

問題7 法令上、製造所等の設置又は変更について、次の文の（　）内に入る適切なものはどれか。

「製造所等の設置又は変更の許可を受けた者は、製造所等を設置したとき又は製造所等の位置、構造若しくは設備を変更したときは、（　）、これを使用してはならない。」

(1) 市町村長等が行う完成検査を受け、位置、構造、及び設備の技術上の基準に適合していると認められた後でなければ
(2) 所有者等が自主的に検査を行い、安全を確認した後でなければ
(3) 消防署長が行う完成検査を受け、火災予防上安全と認められた後でなければ
(4) 市町村長等に設置又は変更工事の終了届を出した後でなければ
(5) 消防署長の行う保安検査を受け、位置、構造及び設備が技術上の基準に適合していると認められた後でなければ

問題8 市町村長等からの設置許可の取消しに該当しないものは、次のうちどれか。

(1) 製造所等の位置・構造又は設備の許可を受けないで変更したとき。
(2) 完成検査済証の交付を受ける前に、製造所等を使用したとき、又は仮使用の承認を受けないで製造所等を使用したとき。
(3) 製造所等の定期点検の実施、記録の作成、保存がなされていないとき。
(4) 危険物保安統括管理者を定めないとき、又はそのものに危険物の保安業務を統括管理させていないとき。
(5) 位置、構造、設備に係わる措置命令に違反したとき。

問題9 法令上、次のA〜Eの製造所等のうち、定期点検を行わなければならないもののみを掲げているものはどれか。

A. 第1種販売取扱所　　B. 屋内タンク貯蔵所　　C. 移動タンク貯蔵所
D. 危険物を取り扱うタンクで、地下にあるものを有する給油取扱所
E. 簡易タンク貯蔵所

(1) A、B　　(2) B、C　　(3) C、D　　(4) D、E　　(5) A、E

問題⑩ 法令上、危険物取扱者に関する記述について、次のうち誤っているものはどれか。

(1) 甲種危険物取扱者は、すべての類の危険物を取り扱うことができる。
(2) 乙種危険物取扱者は、免状に指定された類の危険物を取り扱うことができる。
(3) 丙種危険物取扱者は、製造所等において第4類の危険物取扱者が取り扱っている危険物のすべてを取り扱うことができる。
(4) 甲種危険物取扱者及び乙種危険物取扱者は、6ヶ月以上の実務経験を有していれば危険物保安監督者に選任される資格がある。
(5) 危険物取扱者以外の者は、甲種危険物取扱者が立ち会えば、すべての類の危険物を取り扱うことができる。

問題⑪ 法令上、危険物取扱者の免状について、次のうち誤っているものはどれか。

(1) 乙種危険物取扱者の免状の交付を受けている者が、取り扱うことができる危険物の種類は、免状に指定されている。
(2) 免状を亡失し、その再交付を受けるときは、亡失した日から10日以内に亡失した区域を管轄する都道府県知事に届出をする。
(3) 危険物取扱者免状には、甲種、乙種及び丙種の3種類がある。
(4) 免状を汚損したときは、その免状を交付又は書換えをした区域を管轄する都道府県知事に再交付の申請をすることができる。
(5) 免状は、交付を受けた都道府県の区域内だけでなく、全国で有効である。

問題⑫ 法令上、危険物の取扱作業の保安に関する講習について、次のうち正しいものはどれか。

(1) 危険物保安監督者に選任されている危険物取扱者のみが、この講習を受けなければならない。
(2) 危険物施設保安員は、2年に1回この講習を受けなければならない。
(3) 危険物の取扱作業に現に従事している者のうち、法令に違反した者が、1年以内にこの講習を受けなければならない。
(4) 危険物取扱者であっても、現に危険物の取扱作業に従事していない者は、この講習の受講義務はない。
(5) 危険物取扱者は、5年に1回この講習を受けなければならない。

問題⑬ 法令上、危険物保安監督者を選任しなくてもよい製造所等は次のうちどれか。

(1) 製造所　　(2) 屋外タンク貯蔵所　　(3) 給油取扱所
(4) 移送取扱所　　(5) 移動タンク貯蔵所

問題⑭ 運搬容器の外部には規則で定められた事項を表示するが、この表示事項について規則で定められていないものは、次のうちどれか。ただし、最大容積2.2ℓ以下のものを除く。

(1) 品名　　(2) 危険等級　　(3) 消火方法
(4) 化学名　　(5) 数量

問題⑮ 法令上、製造所等における危険物の貯蔵及び取扱いのすべてに共通する技術上の基準について、次のうち正しいものはどれか。

(1) 危険物のくずやかす等は、1日1回以上危険物の性質に応じて安全な場所で廃棄その他適当な処置をしなければならない。
(2) 危険物が残存し、又は残存するおそれがある設備、機械器具、容器を修理する場合は、換気をしながら行わなければならない。
(3) 危険物を保護液中に保存する場合は、危険物の確認のため、その一部を保護液中から露出させなければならない。
(4) 貯蓄設備又は油分離装置に溜まった危険物は、十分希釈して濃度を下げてから下水等に排出しなければならない。
(5) 製造所等においては、一切の火気を使用してはならない。

基礎的な物理学・基礎的な化学

問題⓰ 燃焼について、次の文の（　　）のA～Cに当てはまる語句の組み合わせで正しいものはどれか。

「物質が酸素と反応して（ A ）を生成する反応のうち、（ B ）を伴うものを燃焼という。有機物が完全燃焼する場合、酸素と反応して安定した（ A ）が生成されるが、酸素の供給が不足すると生成物に（ C ）、アルデヒド、すす等の割合が多くなる。」

	(A)	(B)	(C)
(1)	酸化物	熱と光	二酸化炭素
(2)	還元物	熱と光	一酸化炭素
(3)	酸化物	煙と炎	二酸化炭素
(4)	酸化物	熱と光	一酸化炭素
(5)	還元物	煙と炎	二酸化炭素

問題⓱ 燃焼についての説明で、正しいものはどれか。

(1) ガソリンは、蒸発した蒸気が液面の表面で燃焼する。これを表面燃焼という。
(2) セルロイドは、物質に含まれる酸素が燃焼する。これを蒸発燃焼という。
(3) 水素は、気体そのものが燃焼する。これを内部(自己)燃焼という。
(4) コークスは、蒸発せずに固体が直接燃焼する。これを分解燃焼という。
(5) メタノールは、蒸発した気体が燃焼する。これを蒸発燃焼という。

問題⓲ 引火、発火等について、次のうち誤っているものはどれか。

(1) 同一の可燃性物質においては、一般に発火点の方が引火点よりも高い数値を示す。
(2) 発火点とは、空気中で可燃物を加熱したとき、火源がなくても自ら発火する最低の温度をいう。
(3) 燃焼点とは、可燃性液体が継続して燃焼するのに必要な濃度の蒸気を発生する液温をいう。
(4) 引火点とは、可燃性液体が燃焼範囲の上限値の濃度の蒸気を発生する液温をいう。
(5) 同一の可燃性物質においては、一般に引火点よりも燃焼点の方が高い数値を示す。

問題⑲ 消火に関する説明として、次のうち誤っているものはどれか。

(1) 粉末消火剤は無機化合物を粉末状にしたもので、負触媒効果（抑制作用）がある。
(2) 泡消火剤はいろいろな種類があるが、いずれも窒息効果がある。
(3) 二酸化炭素消火剤は無色透明で無害な気体であり、小さな部屋で使用しても人体に影響はない。
(4) 強化液消火剤は、アルカリ金属塩類等の水溶液で、噴霧状に放射した場合、負触媒効果（抑制作用）と冷却効果により消火するものであり、再燃防止効果もある。
(5) 水は比熱と蒸発熱が大きいので冷却効果により、燃焼物から熱を奪い周囲の温度を下げる。

問題⑳ 静電気について、次のうち誤っているものはどれか。

(1) 静電気の放電火花は、可燃性蒸気の点火源になることがある。
(2) ガソリン等がホースを流れているときは、静電気が発生しやすい。
(3) 静電気の蓄積を防ぐには、電気絶縁性の高いものを使用する。
(4) 静電気は人体にも帯電する。
(5) 合成樹脂は、摩擦等によって静電気が発生しやすい。

問題㉑ 比熱の説明として、次のうち正しいものはどれか。

(1) 物質1gの温度を1K（ケルビン）だけ高めるのに必要な熱量である。
(2) 物質が水を含んだとき発生する熱量である。
(3) 物質1gが液体から気体に変化するのに必要な熱量である。
(4) 物質に1J（ジュール）の熱を加えたときの温度上昇の割合である。
(5) 物質を圧縮したとき発生する熱量である。

問題㉒ 熱の移動の説明で、次のうち誤っているものはどれか。

(1) ストーブに近づくと、ストーブに向いている方が温かくなるのは、放射熱によるものである。
(2) ガスストーブで水を沸かすと水の表面が温かくなるのは、熱の伝導によるものである。
(3) コップに湯を入れるとコップが温かくなるのは、熱の伝導によるものである。
(4) 冷房装置で冷やされた空気により室内全体が冷やされるのは、熱の対流によるものである。
(5) 太陽で地上の物が温められて温度が上昇するのは、放射熱によるものである。

問題㉓ 化学反応について下記の中で該当するものはいくつあるか。

A．ドライアイスを常温に放置させておくと小さくなる。
B．鉄がさびてぼろぼろになる。
C．紙が濃硫酸に触れて、黒くなった。
D．氷が溶けて水になった。
E．ナフタレンが昇華した。

(1) 1つ　　(2) 2つ　　(3) 3つ　　(4) 4つ　　(5) 5つ

問題㉔ 次のうち、鉄よりもイオン化傾向が大きいものはいくつあるか。

マグネシウム　銀　カリウム　白金　亜鉛

(1) 1つ　　(2) 2つ　　(3) 3つ　　(4) 4つ　　(5) 5つ

問題㉕ 酸化反応でないものは次のうちどれか。

(1) 硫黄が空気中で燃える。
(2) 鉄が空気中でさびる。
(3) 黄リンを一定条件下で加熱すると赤リンになる。
(4) 一酸化炭素と酸素が化合すると、二酸化炭素になる。
(5) 炭素と酸素が化合すると、一酸化炭素になる。

危険物の性質・火災予防・消火の方法

問題26 危険物の類ごとの性状について、次のうち正しいものはどれか。
(1) 第1類の危険物は、還元性の強い固体である。
(2) 第2類の危険物は、酸化されやすい可燃性の固体である。
(3) 第3類の危険物は、水と反応しない不燃性の液体である。
(4) 第5類の危険物は、強い酸化性の固体である。
(5) 第6類の危険物は、可燃性の固体である。

問題27 第4類の危険物の性状について、次のうち正しいものはどれか。
(1) 発生した蒸気が燃焼範囲の上限値を超えると、火源がなくても燃焼する。
(2) 水に溶解するものは、可燃性蒸気が発生しにくいので危険性は低い。
(3) 燃焼範囲の下限値の高いもの、又は燃焼範囲の狭いものは、危険性が高い。
(4) 液温が発火点以上になっても火源がなければ燃えない。
(5) 液温が高くなるに従い、可燃性蒸気の発生量は多くなる。

問題28 次の文章の（　　）内のA～Dに当てはまる語句として、正しいものはどれか。

「第4類危険物の貯蔵及び取扱いにあたっては、炎、火花又は（ A ）との接近を避けるとともに、発生した蒸気を屋外の（ B ）に排出するか、又は（ C ）を良くして蒸気の拡散を図る。また容器に収納する場合は、（ D ）危険物を詰め、蒸気が漏えいしないように密栓する。」

	（A）	（B）	（C）	（D）
(1)	可燃物	低所	通風	若干の空間容積を残し
(2)	可燃物	低所	通風	一杯に
(3)	高温体	高所	通風	若干の空間容積を残し
(4)	水分	高所	冷暖房	若干の空間容積を残し
(5)	高温体	低所	冷暖房	一杯に

問題㉙ 次の事故事例を教訓とした今後の対策として、不適切なものはどれか。

「移動タンク貯蔵所の運転者が、地下4階にある屋内タンク貯蔵所（容量1400ℓ）に1000ℓの軽油を注入すべきところ、誤って1400ℓの軽油を注入したので、タンク容量を超え、計量レベルゲージ（ワイヤー貫通孔）から約300ℓを流出させた。」

(1) 注入するときは、必ず屋内貯蔵タンクの残油量を確認する。
(2) 注入するときは、受け渡し双方で立ち会う。
(3) 危険物の注入状態を確認する。
(4) 過剰注入防止用警報ブザー等は、日ごろの適正な維持管理を徹底するとともに、注入前には使用時点検を実施する。
(5) 注入する量の確認は、発注伝票によって行い、危険物が流出する可能性のある所（ワイヤー貫通孔等）を監視する。

問題㉚ ガソリンの性状について、次のうち誤っているものはどれか。

(1) 工業用ガソリンは無色の液体であるが、自動車用ガソリンはオレンジ系色に着色されている。
(2) 各種のガソリンは、混合物である。
(3) 発火点は、おおむね100℃以下で第4類危険物の中ではもっとも低い。
(4) 自動車用ガソリンの燃焼範囲は、おおむね1～8vol%である。
(5) 蒸気比重は、空気より重い。

問題㉛ キシレンの性状について、次のうち誤っているものはどれか。

(1) 無色の液体である。
(2) 特有の臭気がある。
(3) 3つの異性体がある。
(4) 二硫化炭素によくとける。
(5) 水より軽い。

問題㉜ 重油の一般的な性状等について、次のうち誤っているものはどれか。

(1) 沸点は100℃より高い。
(2) 水に溶けない。
(3) 日本工業規格では、1種（A重油）、2種（B重油）及び3種（C重油）に分類されている。
(4) 水より重い。
(5) 引火点は、60℃以上である。

問題㉝ アセトアルデヒドの性状で、誤っているものは次のうちどれか。

(1) 無色透明である。
(2) 水、アルコールに溶ける。
(3) 引火点や沸点が低く、燃焼範囲が広い。
(4) 塩素に激しく反応し、メタン、一酸化炭素を発生させる。
(5) 蒸気は空気より重く低所に滞留しやすい。

問題㉞ メタノールとエタノールの共通する性状で、次のうち誤っているものはどれか。

(1) メタノールの蒸気は有毒である。
(2) いずれも揮発性で無色透明の液体である。
(3) いずれも引火点は、常温（20℃）以下である。
(4) いずれも水溶性で、濃度が低くなるほど引火点が低くなる。
(5) いずれも一般の泡消火剤は効果がない。

問題㉟ ベンゼンとトルエンについて、次のうち誤っているものはどれか。

(1) 蒸気はいずれも有毒である。
(2) いずれも無色の液体で、水より軽い。
(3) いずれも芳香族炭化水素である。
(4) いずれも引火点は常温（20℃）より低い。
(5) いずれも水によく溶ける。

模擬試験 ① 解答・解説

問題❶ 解答（5）

塩素酸塩類は第1類、硫化りんは第2類、アルキルリチウムは第3類、アルコールは第4類。クロルスロンは消防法上の危険物ではない。

問題❷ 解答（1）

特殊引火物とは、1気圧において発火点が100℃以下のもの、又は引火点が−20℃以下で沸点が40℃以下のものをいう。

問題❸ 解答（4）

第3石油類の水溶性危険物の指定数量は4000ℓ、第4石油類の指定数量は6000ℓである。

問題❹ 解答（5）

使用電圧が5000Vの特別高圧架空電線は保安距離を必要としない。必要となるのは、7000Vを超える特別高圧架空電線である。

問題❺ 解答（2）

粉末消火設備は第4種消火設備ではなく、第3種消火設備である。

問題❻ 解答（4）

可燃性蒸気、又は微粉等が滞留する建築物には、床に側溝等を設け、屋外の高所に排出する設備を設けなければならない。

問題❼ 解答（1）

製造所等の設置又は変更の許可を受けた者は、製造所等を設置したとき又は製造所等の位置、構造若しくは設備を変更したときは、市町村長等が行う完成検査を受け、位置、構造、及び設備の技術上の基準に適合していると認められた後でなければ、これを使用してはならない。

問題❽ 解答（4）

危険物保安統括管理者を定めていないとき、又はそのものに危険物の保安業務を統括管理させていないときは、設置許可の取消しではなく使用停止命令が出される。

問題❾ 解答（3）

定期点検を行わなければならないのは、製造所、屋外貯蔵所、屋内貯蔵所、屋外タンク貯蔵所、地下タンク貯蔵所、移動タンク貯蔵所、地下タンクを有する給油取扱所、移送取扱所、一般取扱所であり、CとDが該当する。

問題⑩ 解答 (3)

丙種危険物取扱者が取り扱うことができる危険物は、ガソリン、灯油、軽油等と指定されており、第4類の危険物すべてを取り扱うことはできない。

問題⑪ 解答 (2)

免状を亡失し、その再交付を受けるときは、免状を交付又は書換えをした都道府県知事に申請する。亡失した日から10日以内というような期間の定めはない。

問題⑫ 解答 (4)

(1) 危険物取扱者で危険物の取扱作業に従事している者はすべて、この講習を受けなければならない。危険物保安監督者に限定されるわけではない。(2) 危険物施設保安員は、危険物取扱者でない者は保安講習を受ける必要はない。(3) 保安講習は、法令に違反した者が受けるものではない。(5) 5年ではなく3年以内に1回である。

問題⑬ 解答 (5)

危険物保安監督者を定めなければならない製造所等は、製造所、屋外タンク貯蔵所、給油取扱所、移送取扱所、一般取扱所、屋外貯蔵庫(指定数量の倍数が30を超えるもの)である(その他の製造所等は引火点や貯蔵量により危険物取扱者の有無が決まる)。

問題⑭ 解答 (3)

運搬容器の外部に行う表示は、①危険物の品名・危険等級・化学名・水溶性の表示、②危険物の数量表示、③収納する危険物に応じた注意事項、である。消火方法は表示項目として定められていない。

問題⑮ 解答 (1)

(2) 危険物が残存するおそれがある設備、機械器具、容器を修理する場合、安全な場所で危険物を完全に除去した後に行わなければならない。(3) 危険物を保護液中に保存する場合は、保護液中から露出しないようにする。(4) 危険物を下水等に排出してはならない。(5) 製造所等ではみだりに火気を使用してはならないが、必要な場合の制限はない。

問題⑯ 解答 (4)

物質が酸素と反応して酸化物を生成する反応のうち、熱と光を伴うものを燃焼という。有機物が完全燃焼する場合、酸素と反応して安定した酸化物が生成されるが、酸素の供給が不足すると生成物に一酸化炭素、アルデヒド、すす等の割合が多くなる。

模擬試験 ① 解答・解説

問題⑰ 解答(5)

(1) ガソリンは、液面から蒸発した蒸気が空気と混合して燃焼する。これを蒸発燃焼という。(2) セルロイドは、その物質に含まれる酸素が燃焼する。これを内部(自己燃焼)という。(3) 水素は、気体そのものが燃焼する。これを拡散燃焼(定常燃焼)という。(4) コークスは、表面燃焼である。

問題⑱ 解答(4)

引火点とは、可燃性液体が燃焼範囲の下限値の濃度の蒸気を発生する液温である。

問題⑲ 解答(3)

二酸化炭素消火剤は、無色透明で無害な気体であるが、小さな部屋で使用すると酸欠状態になり、呼吸困難になる。

問題⑳ 解答(3)

電気絶縁性が高い(電気が流れない)ものを使用していると、余計に静電気が蓄積する。

問題㉑ 解答(1)

比熱とは、物質1gの温度を1K(ケルビン)だけ高めるのに必要な熱量である。

問題㉒ 解答(2)

ガスストーブで水を沸かすと水の表面が温かくなるのは、熱の伝導によるものではなく、対流によるものである。

問題㉓ 解答(2)

A.物理変化、B.化学変化、C.化学変化、D.物理変化、E.物理変化となり、化学変化に該当するのは2つである。

問題㉔ 解答(3)

選択肢の中で、鉄よりもイオン化傾向の大きいものは、マグネシウム、カリウム、亜鉛の3つである。

問題㉕ 解答(3)

黄リンと赤リンは同素体の関係であり、酸化反応は起きない。

問題㉖ 解答(2)

(1) 第1類の危険物は、還元性ではなく酸化性の強い固体である。(3) 第3類の危険物は、水と反応する禁水性物質が含まれており、固体、液体である。(4) 第5類の危険物は、自己反応性物質で、可燃物と酸素が共存する固体と液体である。(5) 第6類の危険物は、不燃性で酸化性の液体である。

模擬試験 ① 解答・解説

問題㉗ 解答（5）

（1）燃焼は、燃焼範囲内でのみ起こるので、上限値を超えた場合燃焼は起こらない。（2）水溶性の危険物の、アセトアルデヒド、酸化プロピレン等は、引火点も沸点も低く、危険である。（3）燃焼範囲の下限値の低いもの、また燃焼範囲の広いものは危険性が高い。（4）発火点以上の温度であれば、すべての危険物は火源がなくても燃焼する。

問題㉘ 解答（3）

第4類危険物の貯蔵及び取扱いにあたっては、炎、火花又は高温体との接近を避けるとともに、発生した蒸気を屋外の高所に排出するか、又は通風を良くして蒸気の拡散を図る。また容器に収納する場合は、若干の空間容積を残し危険物を詰め、蒸気が漏えいしないように密栓する。

問題㉙ 解答（5）

注入する量の確認は、発注伝票とタンク残量から計算して適正であることを確認する。また、注入作業中に緊急事態が生じた場合、直ぐに対応できるように車の付近から離れないようにするのが基本で、危険物が流出する可能性のある所（ワイヤー管通孔等）の監視は受注側の作業者が行う。

問題㉚ 解答（3）

発火点が100℃以下の危険物は、第4類では二硫化炭素（90℃）のみである。

問題㉛ 解答（4）

二硫化炭素ではなく、エーテルによく溶ける。

問題㉜ 解答（4）

重油は3種類あるが、すべて比重は水（比重1）より軽い。

問題㉝ 解答（4）

塩素ではなく、熱又は光で分解すると、メタンと一酸化炭素になる。

問題㉞ 解答（4）

メタノールとエタノールはいずれも水溶性だが、水で薄めて濃度が低くなるほど引火点が高くなり、引火しにくくなる。

問題㉟ 解答（5）

ベンゼンとトルエンは、いずれも水に溶けない。

模擬試験 2 問題

制限時間：2時間　解答・解説→P294

危険物に関する法令

問題① 法令上、次の文の（　）内に当てはまる語句で、正しいものはどれか。

「特殊引火物とは、ジエチルエーテル、二硫化炭素その他1気圧において、発火点100℃以下のもの又は（　）のものをいう。」

(1) 引火点が－40℃以下
(2) 引火点が－40℃以下で沸点が40℃以下
(3) 引火点が－20℃以下
(4) 引火点が－20℃以下で沸点が40℃以下
(5) 沸点が40℃以下

問題② 法令上、予防規程について、以下のうち誤っているものはどれか。

(1) 予防規程は、火災の発生を予防することを目的として作成し、市町村長の認可を受けなければならない。
(2) 予防規程は、危険物取扱者が作成する。
(3) 予防規程を作成する必要がある製造所等において、予防規程を作成せずに貯蔵、又は取扱いをした場合、罰則を受けることがある。
(4) 予防規程について、火災の予防上必要と判断された場合、市町村長から予防規程の変更を命じられることがある。
(5) 製造所等の所有者及び従業員は、予防規程を守らなければならない。

問題❸ 法令上、同一場所で次の危険物を貯蔵した場合、指定数量の倍数の合計で正しいものはどれか。ただし、（　）内の数値は指定数量とする。

黄りん（20kg）… 60kg
赤りん（100kg）… 270kg
鉄粉（500kg）… 350kg

(1) 3.5倍　　(2) 4.3倍　　(3) 5.0倍　　(4) 6.4倍　　(5) 7.5倍

問題❹ 法令上、製造所の位置、構造及び設備の技術上の基準について、次のうち誤っているものはどれか。

(1) 危険物を取り扱う建築物は、柱、床、はり及び階段を不燃材料で造らなければならない。
(2) 危険物を取り扱う建築物の窓及び出入口にガラスを用いる場合は5mm以上の厚さがなければならない。
(3) 危険物を取り扱う建築物の出入口は、防火設備を設けなければならない。
(4) 危険物を取り扱う建築物は、地階を有しない構造でなければならない。
(5) 危険物を取り扱う建築物には、危険物を取り扱うために必要な採光、照明及び換気の設備を設けなければならない。

問題❺ 法令上、製造所等の区分の一般的な説明として、次のうち正しいものはどれか。

(1) 屋外貯蔵所…屋外で特殊引火物及びナトリウムを貯蔵し、又は取り扱う貯蔵所
(2) 給油取扱所…自動車の燃料タンク又は鋼板製ドラム等の運搬容器にガソリンを給油する取扱所
(3) 移動タンク貯蔵所…鉄道の車両に固定されたタンクにおいて、危険物を貯蔵し、又は取り扱う貯蔵所
(4) 地下タンク貯蔵所…地盤面下に埋没されているタンクにおいて、危険物を貯蔵し、又は取り扱う貯蔵所
(5) 屋内貯蔵所…屋内にあるタンクにおいて、危険物を貯蔵し、又は取り扱う貯蔵所

問題❻ 法令上、給油取扱所の標識・掲示板について、以下のうち誤っているものはどれか。

(1) 給油取扱所である旨の標識
(2) 危険物の類、品名、最大取扱数量、指定数量の倍数及び保安監督者の氏名の掲示板
(3) 「火気注意」の掲示板
(4) 「給油中エンジン停止」の掲示板
(5) 掲示板の大きさは、幅0.3m以上、長さ0.6m以上でなければならない。

問題❼ 法令上、製造所等の仮使用の説明として、次のうち正しいものはどれか。

(1) 市町村長等の承認を受ける前に、取り扱う危険物の品名・数量又は指定数量の倍数を変更し、仮に使用することである。
(2) 製造所等を変更する場合、変更工事に係わる部分以外の全部又は一部において、市町村長等の承認を受けて、仮に使用することである。
(3) 製造所等を変更する場合、変更工事に係わる部分以外の部分の一部において、指定数量以上の危険物を10日の期間、仮に使用することである。
(4) 製造所等を変更する場合、変更工事に係わる部分以外の一部においてのみ、市町村長等の承認を受けて、完成検査前に仮に使用することである。
(5) 製造所等の譲渡又は引き渡しのあった場合、市町村長等の承認を受けずに仮に使用することである。

問題❽ 法令上、市長村長等から製造所等の修理、改造又は移転を命ぜられるものは、次のうちどれか。

(1) 公共の安全の維持若しくは災害の発生の防止のため、緊急の必要があると認められたとき。
(2) 製造所等の位置、構造又は設備を変更しないで、貯蔵し、又は取り扱う危険物の数量を減少したとき。
(3) 移動タンク貯蔵所による危険物の移送方法が、法令に定める技術上の基準に適合していないとき。
(4) 製造所等の位置、構造又は設備が、法令で定める技術上の基準に適合していないとき。
(5) 製造所等における危険物の貯蔵及び取扱いの方法が、法令で定める技術上の基準に適合していないとき。

問題❾ 法令上、移動タンク貯蔵所の定期点検について、次のうち誤っているものはどれか。ただし、規則で定める漏れに関する点検は除く。

(1) 定期点検は、位置、構造又は設備が技術上の基準に適合しているかどうかについて行う。
(2) 定期点検は、1年に1回以上行わなければならない。
(3) 定期点検を実施したときは、点検記録を作成し、これを3年間保存しなければならない。
(4) 定期点検を実施しなければならない移動タンク貯蔵所は、移動貯蔵タンクの容量が10000ℓ以上のものである。
(5) 危険物取扱者の立会いを受けた場合、危険物取扱者以外の者が定期点検を行うことができる。

問題❿ 法令上、危険物取扱者に関する記述として、次のうち誤っているものはどれか。

(1) 甲種危険物取扱者及び乙種危険物取扱者は、6ヶ月以上の実務経験を有していなければ、危険物保安監督者にはなれない。
(2) 甲種危険物取扱者は、全ての危険物を取り扱うことができる。
(3) 丙種危険物取扱者は、危険物取扱者以外のものが危険物を取り扱うときに立会いができない。
(4) 乙種危険物取扱者が取り扱える危険物の種類は、免状に記載がある危険物の種類に限られる。
(5) 丙種危険物取扱者は、危険物施設保安員にはなれない。

問題⓫ 法令上、製造所等における危険物保安監督者の業務として、定められていないものは、次のうちどれか。

(1) 火災及び危険物の流出等の災害が発生した場合は、作業者を指揮して応急の措置を講ずるとともに、直ちに消防機関等に連絡すること。
(2) 危険物の取扱作業の実施に際し、当該作業が貯蔵及び取扱いの技術上の基準及び予防規程等に適合するように、作業者に対し必要な指示を与えること。
(3) 危険物施設保安員を置く製造所等にあっては、危険物施設保安員に必要な指示を与えること。
(4) 製造所等の位置・構造又は設備の変更、その他法に定める諸手続きに関する業務を行うこと。
(5) 火災等の災害の防止に関し、当該製造所等に隣接する製造所等、その他関連する施設の関係者との間に連絡を保つこと。

問題⓬ 次の文の( )内に当てはまる語句はどれか。

「製造所等において危険物の取扱作業に従事している危険物取扱者は、危険物の取扱作業の保安に関する講習を、原則として前回の受講日以後における最初の4月1日から( )以内に受けなければならない。」

(1) 6年　(2) 5年　(3) 4年　(4) 3年　(5) 2年

問題⓭ 製造所等における危険物施設保安員の業務ではないものは次のうちどれか。

(1) 製造所等の構造及び設備を技術上の基準に適合するように維持するため、定期及び臨時の点検を行うこと。
(2) 製造所等の計測装置、制御装置、安全装置等の機能を適性に保持するよう保安管理を行うこと。
(3) 製造所等の構造及び設備に異常を発見した場合、危険物保安監督者に連絡し、必要に応じてただちに適切な処置を講ずる。
(4) 危険物取扱者を置く製造所等にあっては、危険物取扱者に必要な指示を与える。
(5) 危険物施設維持のために定期点検、臨時点検を実施し、記録を保存する。

問題⑭ 危険物の運搬容器の積載方法について、誤っているものはどれか。

(1) 定められた運搬容器にて積載する。
(2) 密栓された運搬容器にて、注入口を横向きにして積載する。
(3) 運搬容器の外部に、定められた表示をする。
(4) 危険物の転落、又は危険物の運搬容器の落下、及び転倒、若しくは破損のないように積載する。
(5) 危険物の運搬容器の積み込む高さは3m以下にする。

問題⑮ 法令上、製造所等における危険物の貯蔵及び取扱いの技術上の共通の基準について、次のうち誤っているものはどれか。

(1) 屋外貯蔵所、屋内貯蔵所、又は地下貯蔵所の貯蔵タンクの元弁は、危険物を出し入れする時以外は閉鎖しておかなければならない。
(2) 法別表の類を異にする危険物は、原則として同一の貯蔵所(耐火の隔壁で完全に区分された室が2以上ある貯蔵所においては、同一の室)に貯蔵してはならない。
(3) 危険物のくず、かすが出た場合には、1日に1回以上安全な場所で廃棄処分しなければならない。
(4) 廃油等は、いかなる場合であっても、焼却による廃棄処分をしてはならない。
(5) 屋外貯蔵タンク、屋内貯蔵タンク、地下貯蔵タンク又は簡易貯蔵タンクの計量口は、計量するとき以外は閉鎖しておかなければならない。

基礎的な物理学・基礎的な化学

問題⓰ 燃焼について誤っているものはどれか。
(1) 酸化反応の全てが燃焼に該当するわけではない。
(2) 可燃物は、どんな場合でも空気がなければ燃焼しない。
(3) 空気は、酸素供給源である。
(4) 可燃物が分解して多量の酸素が発生する場合、内部(自己)燃焼が起こりやすい。
(5) 可燃物、酸素供給源及び点火源を燃焼の3要素という。

問題⓱ 次のA～Eの物質のうち、常温(20℃)、常圧で燃焼の形態が主に蒸発燃焼のものはいくつあるか。
　A.灯油　　B.木炭　　C.硫黄　　D.石炭　　E.ジエチルエーテル
(1) なし　　(2) 1つ　　(3) 2つ　　(4) 3つ　　(5) 4つ

問題⓲ 次の文の(　　)のA及びBの語句の組合わせとして正しいものはどれか。
「可燃性蒸気は、空気中である濃度範囲に混合されている場合にのみ燃焼する。この濃度範囲を(A)という。また、この(A)の下限値の濃度の蒸気を発生するときの液体の温度を(B)という。この温度になると、炎、火花を近づけると発火する。」

	(A)	(B)
(1)	燃焼範囲	発火点
(2)	燃焼範囲	引火点
(3)	爆発範囲	発火点
(4)	爆発範囲	引火点
(5)	燃焼範囲	燃焼点

問題⑲ 消火について、次のうち誤っているものはどれか。

(1) 泡消火剤にはいろいろ種類があるが、いずれも窒息効果と冷却効果である。
(2) 消火は、燃焼の三要素のうち、一要素を取り去ればよい。
(3) 一般に、空気中の酸素が一定濃度以下になれば、燃焼は停止する。
(4) 除去消火は、酸素と点火源を同時に取り去って消火する方法である。
(5) 粉末消火剤は、負触媒作用により燃焼を抑制する効果がある。

問題⑳ 自然発火について誤っているのはどれか。

(1) 自然発火とは、他からの火源を近づけることなく、物質が空気中で自然に発熱し、その熱が蓄積され発火温度に達し、発火する現象である。
(2) 自然発火現象は、蓄熱によるところが最も大きく、発熱量や物質の堆積量が大きく影響する。
(3) 酸化熱による自然発火の代表的なものは、油脂類である。
(4) 分解熱による自然発火の代表的なものは、ニトロセルロースである。
(5) 吸着熱による自然発火の代表的なものは、鉄粉である。

問題㉑ 静電気に関する説明として、次のうち誤っているものはどれか。

(1) 静電気が蓄積すると放電火花が生じることがある。
(2) 静電気は、一般に物体の摩擦等によって発生する。
(3) 物質に静電気が蓄積すると発熱し、その物質は蒸発しやすくなる。
(4) 電気量をQとし電圧をVとすると、静電気の放電エネルギーは、$E(J) = QV$で表される。
(5) 静電気は、湿度が低いと蓄積しやすい。

問題㉒ 10℃で200ℓの液体を50℃に温めた場合、容器からこぼれないようにするためには、最低何ℓの容器が必要になるか。ただし、液体の体膨張率は1.4×10⁻³K⁻¹で、蒸発による減少及び容器の膨張はないものとする。

(1) 201ℓ　　(2) 202ℓ　　(3) 212ℓ　　(4) 213ℓ　　(5) 214ℓ

問題㉓ 化学変化と物理変化の組合せとして、次のうち正しいものはどれか。

A．弾性限界までバネが伸びきった。
B．鉄がさびて酸化鉄になった。
C．ニクロム線に電気を通したら発熱した。
D．プロパンガスが燃焼して、二酸化炭素と水になった。
E．灯油をポリ容器で搬送したら静電気が発生した。

　　　（化学変化）　　　（物理変化）
(1) A、B、C　　　　D、E
(2) A、C、E　　　　B、D
(3) C、D　　　　　A、B、E
(4) B、D　　　　　A、C、E
(5) D、E　　　　　A、B、C

問題㉔ 有機化合物の一般的説明について、次のうち誤っているものはどれか。

(1) 成分元素は炭素以外に、酸素、窒素、硫黄、りん等である。
(2) 共有結合で結びついた構造で、水に溶けないものが多い。
(3) 一般に反応速度が大きく、またその反応機構は単純である。
(4) 燃焼すると、二酸化炭素と水を発生する。
(5) 炭素原子が多数結合したものには、鎖状構造の他にシクロヘキサンやベンゼンのような環状構造をもつものもある。

問題㉕ 次の文章の(　　)内のA〜Dに当てはまる語句の組合せとして、正しいものはどれか。

「塩酸は酸なのでpHは7より(A)、また水酸化ナトリウムは塩基で、その水溶液のpHは7より(B)。塩酸と水酸化ナトリウムを反応させると食塩と水ができるが、この反応を(C)という。同一濃度の塩酸、水酸化ナトリウムで生成した食塩の水溶液のpHは7なので、水溶液は(D)である。」

	(A)	(B)	(C)	(D)
(1)	大きく	小さい	酸化	酸性
(2)	小さく	大きい	還元	アルカリ性
(3)	大きく	小さい	中和	中性
(4)	小さく	大きい	酸化	酸性
(5)	小さく	大きい	中和	中性

危険物の性質・火災予防・消火の方法

問題㉖ 第1類～第6類の危険物の性状として、誤っているものは次のうちどれか。

(1) 常温(20℃)において、気体、液体、及び固体のものがある。
(2) 不燃性の液体及び固体において、酸素を分離して、燃焼を助けるものがある。
(3) 水を加えると発熱し、可燃性ガスを生成するものがある。
(4) 危険物には、単体、化合物、混合物の3種類がある。
(5) 分子中に酸素を含んでおり、他からの供給がなくても燃焼するものがある。

問題㉗ 第4類危険物の一般的性状について、次のうち正しいものはどれか。

(1) いずれも水に溶ける。
(2) 常温(20℃)で火源があれば、すべて引火する。
(3) 蒸気の有する燃焼範囲は、この下限度に達する液温が低いものほど引火の危険性が大きい。
(4) 蒸気は空気より軽く、空気中で拡散しやすい。
(5) 火源がなければ、発火点以上の温度でも燃焼はしない。

問題㉘ 第4類の危険物の貯蔵、取扱いの方法で、次のうち誤っているのはどれか。

(1) 危険物を屋外タンク貯蔵所にて保管する場合、過度の温度の上昇に備え、高い位置に散水装置を設置する。
(2) 危険物を容器に詰め替えるときは、静電気の蓄積に注意する。
(3) 可燃性蒸気の発生を防止するため、容器は密栓して置くこと。
(4) 引火を防止するため、みだりに火気に近づけないこと。
(5) 蒸気は空気より重いため、低所の排気口から排出する。

問題㉙ 油槽所から河川の水面に、非水溶性の引火性液体が流出している場合の処置について、適切でないものは次のうちどれか。

(1) オイルフェンスを周囲に張り、引火性液体の拡大及び流動を防ぎ、回収装置で回収する。
(2) 引火性液体の流出について、付近や船舶等に知らせ、火器使用の禁止等を要請する。
(3) 流出した引火性液体をオイルフェンスで河川中央部へ集め、監視しながら揮発分を蒸発させる。
(4) 油吸着材を投入し、吸着材の回収作業を繰り返し行う。
(5) 火災に備えて消火作業の準備をする。

問題㉚ 第4類の危険物において、危険物の性質上、水溶性液体用泡消火剤を使用することがあるが、これに該当する危険物は次のうちいくつあるか。

A. 二硫化炭素　B. アセトン　C. アセトアルデヒド　D. メタノール　E. クレオソート油
(1) 1つ　(2) 2つ　(3) 3つ　(4) 4つ　(5) 5つ

問題㉛ 自動車ガソリンの一般性状について、次のうち正しいものはどれか。

(1) 水より重い。
(2) 引火点は低く、冬期の屋外でも引火の危険性は大きい。
(3) 燃焼範囲は、ジエチルエーテルよりも広い。
(4) 液体の比重は、一般に灯油、軽油より大きい。
(5) 蒸気は、空気より軽い。

問題㉜ 灯油の性状について、次のうち正しいものはどれか。

(1) 自然発火しやすい。
(2) 引火点は、40℃以上である。
(3) 発火点は、100℃より低い。
(4) 液温が常温(20℃)では、蒸気は発生しない。
(5) 水によく溶ける。

問題㉝ 動植物油類の性状について次のうち誤っているものはどれか。

(1) 水に溶けにくい。
(2) 燃焼しているとき注水すると危険が生じる。
(3) 引火点は300℃程度である。
(4) 引火点以上に熱すると発火危険が生じる。
(5) 乾性油にぼろ布等しみ込ませたものを積み重ねて置いておくと自然発火する危険がある。

問題㉞ 特殊引火物の性状として、次のうち誤っているものはどれか。

(1) 比重は1より大きいものもある。
(2) 沸点が40℃以下のものもある。
(3) 引火点は0℃よりも低い。
(4) 発火点はすべて100℃以上である。
(5) アルコールに溶ける。

問題㉟ アセトンの性状として、次のうち誤っているものはどれか。

(1) 無色透明の液体である。
(2) 樹脂、油脂等をよく溶かす。
(3) 特有の臭気を有する。
(4) アルコールには溶けない。
(5) 引火点は0℃以下、発火点は450℃以上である。

模擬試験 ② 解答・解説

問題① 解答(4)

特殊引火物とは、ジエチルエーテル、二硫化炭素その他1気圧において、発火点が100℃以下のもの又は引火点が－20℃以下で沸点が40℃以下のものをいう。

問題② 解答(2)

予防規程は、危険物取扱者ではなく、製造所等の所有者、管理者、占有者等が作成しなければならない。

問題③ 解答(4)

（黄りん：60/20＝3）＋（赤りん：270/100＝2.7）＋（鉄粉：350/500＝0.7）＝3＋2.7＋0.7＝6.4

問題④ 解答(2)

危険物を取り扱う建築物の窓及び出入口にガラスを用いる場合は、網入りガラスを用いると定められているが、5mm以上という厚さの指定はない。

問題⑤ 解答(4)

(1) 屋外貯蔵所で取り扱えるのは、第2類の硫黄、引火性固体（引火点が0℃以上のもの）、又は第4類の第1石油類（引火点0℃以上）、第2石油類、第3石油類、第4石油類、アルコール類、動植物油類のみで、特殊引火物は取り扱えない。(2) 給油取扱所とは、自動車等の燃料タンクに直接給油する危険物を取り扱う施設である。鋼板製ドラム等の運搬容器に関する定めはない。(3) 移動タンク貯蔵所とは、車両に固定されたタンクにおいて危険物を貯蔵し、又は取り扱う施設であり、鉄道に関する定めはない。(5) 屋内貯蔵所とは、屋内の場所において危険物を貯蔵し、又は取り扱う施設をいう。屋内にあるタンクにおいて、危険物を貯蔵し、又は取り扱うのは屋内タンク貯蔵所である。

問題⑥ 解答(3)

「火気注意」ではなく、「火気厳禁」と表示した掲示板を設けなければならない。

問題⑦ 解答(2)

仮使用とは、製造所等を変更する場合、変更工事に係わる部分以外の全部又は一部を、市町村長等の承認を受けて、仮に使用することである。

模擬試験 2 解答・解説

問題8 解答(4)

(1) 公共の安全の維持若しくは災害の発生の防止のため緊急の必要があると認められたときは、危険施設の一時停止又は使用制限の命令が出される。(2) 製造所等の位置、構造又は設備を変更しないで、貯蔵し、又は取り扱う危険物の数量を減少したときは、数量又は指定数量の倍数変更の届出義務違反となる。(3) 移動タンク貯蔵所による危険物の移送方法が、法令に定める技術上の基準に適合していないときは、施設の一時停止又は使用制限命令が出される。(5) 製造所等における危険物の貯蔵及び取扱いの方法が、法令で定める技術上の基準に適合していないときは、危険物の貯蔵・取扱基準遵守命令が出される。

問題9 解答(4)

移動タンク貯蔵所は、貯蔵し、又は取り扱う危険物の数量等に関係なく、すべて定期点検を実施しなければならない。

問題10 解答(5)

丙種危険物取扱者が危険物施設保安員になれないという定めはない。

問題11 解答(4)

危険物保安監督者の業務に、製造所等の位置、構造又は設備の変更、その他法に定める諸手続きに関する業務は含まれない。

問題12 解答(4)

製造所等において危険物の取扱作業に従事している危険物取扱者は、危険物の取扱作業の保安に関する講習を、原則として前回の受講日以後における最初の4月1日から3年以内に受けなければならない。

問題13 解答(4)

危険物施設保安員が、危険物取扱者に必要な指示を与えるという定めはない。

問題14 解答(2)

運搬容器は、すべて注入口を上方に向けて積載しなければならない。

問題15 解答(4)

廃油等を廃棄する場合は、安全な場所で見張り人をつければ焼却できる。

問題16 解答(2)

燃焼における酸素供給源は空気だけではなく、第1、第5、第6類危険物から酸素が供給されれば燃焼する。

問題17 解答(4)

灯油、硫黄、ジエチルエーテルの3つが蒸発燃焼、木炭は表面燃焼、石炭は分解燃焼である。

問題⑱ 解答(2)

可燃性蒸気は、空気中である濃度範囲に混合されている場合にのみ燃焼する。この濃度範囲を燃焼範囲(爆発範囲)という。またこの燃焼範囲(爆発範囲)の下限値の濃度の蒸気を発生するときの液体の温度を引火点という。この温度になると、炎、火花を近づけると発火する。

問題⑲ 解答(4)

除去消火は、可燃物を取り去って消火する方法である。

問題⑳ 解答(5)

吸着熱による自然発火の代表的なものは鉄粉ではなく、活性炭である。鉄粉は酸化熱による自然発火の例である。

問題㉑ 解答(3)

静電気が蓄積した物質が、発熱や蒸発したりすることはない。

問題㉒ 解答(3)

ガソリンの膨張計算式は、
ガソリンの膨張した分(ℓ)＝ガソリンの元の体積(ℓ)×ガソリンの体膨張率×温度差(℃)
体積の計算は、
$V = 200\ell \times 1.4 \times 10-3K-1 \times (50-10)℃$
$= 200 \times 1.4 \times 0.001 \times 40 = 11.2\ell$

液体全量の体積の計算は、
全量ℓ＝元の体積＋増加した体積＝200ℓ＋11.2ℓ＝211.2ℓ

問題㉓ 解答(4)

A.物理変化、B.化学変化、C.物理変化、D.化学変化、E.物理変化である。

問題㉔ 解答(3)

一般に反応速度が小さく、またその反応機構は複雑である。

問題㉕ 解答(5)

塩酸は酸なのでpHは7より小さく、また水酸化ナトリウムは塩基で、その水溶液のpHは7より大きい。塩酸と水酸化ナトリウムを反応させると食塩と水ができるが、この反応を中和という。同一濃度の塩酸、水酸化ナトリウムで生成した食塩の水溶液のpHは7なので、水溶液は中性である。

問題㉖ 解答(1)

消防法に定められる危険物(第1類～第6類)は液体と固体のみで、気体は含まれない。

問題㉗ 解答(3)

(1)第4類の危険物は、水に溶けないものが多い。(2)常温(20℃)で引火するのは引火点が20℃以下のものであり、20℃以上の灯油や軽油等は点火源があっても

模擬試験 2 解答・解説

引火しない。(4) 蒸気はすべて空気より重いため、空気中で拡散しにくい。(5) 発火点以上の温度であれば、すべての危険物は火源がなくても燃焼する。

問題28 解答(5)

発生した蒸気はできるだけ高所から排出する。低所の排気口から排出すると、蒸気は空気よりも重いため拡散されず、その場所に滞留するため危険性が増す。

問題29 解答(3)

揮発分が蒸発するのを待っていては、二次災害が発生する可能性が大きくなる。

問題30 解答(3)

水溶性液体用泡消火剤(耐アルコール泡)に該当する水溶性液体は、アルコール類、アセトン、アセトアルデヒド、ピリジン、氷酢酸、酸化プロピレン等である。

問題31 解答(2)

(1) 水より軽い。(3) 特殊引火物であるジエチルエーテルの燃焼範囲(1.9～36vol%)は、ガソリンの1.4～7.6vol%に比べて約5倍広い。(4) ガソリンの液体の比重は0.65～0.75で、灯油は0.8、軽油は0.85で小さい。(5) 蒸気は空気より重い。

問題32 解答(2)

(1) 灯油は、揮発性は高いが、常温では自然発火しない。(3) 灯油の発火点は、255℃である。(4) 液温が常温(20℃)であっても可燃性液体の表面には、蒸気が発生している。(5) 水に溶けない。

問題33 解答(3)

動植物油類の引火点は、300℃程度ではなく220℃未満である。

問題34 解答(4)

特殊引火物とは、ジエチルエーテル、二硫化炭素その他1気圧に置いて発火点が100℃以下のもの、または引火点が－20℃以下で沸点が40℃以下のものをいう。そのため、全ての特殊引火物の発火点が100℃以上というわけではなく、二硫化炭素(発火点90℃)等、発火点が100℃以下のものもありうる。

問題35 解答(4)

アセトンは水溶性で、多くの有機溶剤(アルコール、ジエチルエーテル等)にもよく溶ける。

さくいん

あ行

アース	148
アセトアルデヒド	243・250
アセトン	245・251
アニリン	254
アボガドロの法則	191
アマニ油	255
アルコール類	27・29・246
イオン化傾向	203・207
異性体	179
移送	110
移送取扱所	31・115
移送の基準	69・110・112
イソプロピルアルコール	246
位置・構造・設備の基準	54
一般取扱所	31
移動タンク貯蔵所	31・68・115
引火性液体	26・27・29・136
引火点	131・136・138
運搬	110・113
運搬方法	110・115
運搬容器	110・113
運搬容器の基準	111
A火災	140・235
エーテル	249
液体	151
液比重	160
エタノール（エチルアルコール）	246・252
塩基	211
延性	201・214
屋外タンク貯蔵所	31・63
屋外貯蔵所	31・56
屋内タンク貯蔵所	31・65
屋内貯蔵所	31・62
乙種危険物取扱者	100

か行

外気圧	155
化学式	186・190
化学反応	181
化学反応式	186・190
化学変化	176・179
化合物	174・178
火災予防	229・234
ガソリン	245・251
可燃性固体	26・28
可燃性蒸気	138
可燃物	125・128
仮使用	82
仮貯蔵・仮取扱い	82
簡易タンク貯蔵所	31
還元	213・215
完成検査	79・81
完成検査前検査	78・81
乾性油	255
完全燃焼	127・129
危険物	24
危険物施設保安員	88・90・98・103
危険物取扱者	95・100
危険物取扱者制度	94
危険物取扱者免状	100
危険物保安監督者	86・98・102
危険物保安統括管理者	86・103
キシレン（キシロール）	253
気体	151
気体反応の法則	191
ギヤー油	255
吸着熱	137
吸熱	151・154
吸熱反応	196
給油空地	59

給油取扱所	31・58・71
給油ノズル	71
強化液	140
キリ油	255
金属	205
グリセリン（グリセロール）	254
クレオソート油	254
クロロベンゼン	253
掲示板	60・73
警鐘	49・51
係数	187
警報設備	49・51
軽油	253
原子	181・184
原子の構造	182
原子量	183・185
甲種危険物取扱者	100
固体	151
混合物	174・178

さ行

酢酸	253
酢酸エチル	245
酸	211・214
酸化	213・215
酸化還元反応	213・215
酸化性液体	26・29
酸化性固体	26・28
酸化熱	137
酸化プロピレン	243・250
酸素供給源	125・128
Ｃ火災	140・235
ジエチルアミン	245
ジエチルエーテル	243・249
自己燃焼	129
自己反応性物質	26・29
自然発火	137

自然発火性物質及び禁水性物質	26・28
実効湿度	149
湿度	146
質量比率	189
質量保存の法則	188・191
指定数量	38・41
自動火災報知設備	49・52
シャルルの法則	161
重合熱	137
重油	254
純物質	174・178
昇華	151
消火設備	46・50
消火の3要素	135
消火の原理	134・136・139
消火の困難性	47
蒸気比重	161
状態変化	151・153
蒸発燃焼	127・129
消防機関に通話できる電話	49・51
消防法	25・28
消防吏員	90
除去消火	135・139
所要単位	48・51
シリンダー油	255
申請手続き	79・82
水素イオン	214
水素イオン指数（pH）	214
生成熱	193
製造所	30・34・54
製造所等	30・34
静電気	144・147
静電気火災	148
積載方法	110・114
接触帯電	146
絶対湿度	146・149
接地	148

299

線膨張・線膨張率	171
相対湿度	146・149
措置命令	86・89

た行

タービン油	255
第1種販売取扱所	70
第1石油類	27・29・244
第2種販売取扱所	70
第2石油類	27・29・248・253
第3種固定式泡消火設備	71
第3石油類	27・29・248・254
第4石油類	27・29・255
第4類危険物	27
耐アルコール用泡消火剤	235
帯電	145
体膨張・体膨張率	171
対流	167・170
立入検査	87・90
地下タンク貯蔵所	31・66
窒息消火	135・139
注油空地	59
中和	212・214
潮解	152・155
貯蔵所	30・34
貯蔵・取扱い	104・106・108
貯蔵・取扱いの共通基準	108
貯蔵・取扱いの個別基準	106・109
沈降帯電	146
通気管	67
ディーゼル油	253
定期点検	88・90
定常燃焼	129
定比例の法則	189・191
点火源	125・128
点検記録事項	88
点検実施者	88

展性	201
伝導	166・169
動植物油類	27・29・255
同素体	179
灯油	253
特殊引火物	27・29・242・249
取扱所	30・34
トルエン	245・251
トルオール	245

な行

内部燃焼	129
ニトロベンゼン	254
二硫化炭素	243・249
認可	33
熱化学方程式	194・196
熱源	125・128
熱伝導率	166・170
熱膨張	167・171
熱容量	165・169
熱量	165・168
燃焼	124・128
燃焼点	131・136
燃焼熱	193
燃焼の3要素	125
燃焼範囲	132・138
燃焼反応	124
濃度	132
能力単位	48・51

は行

倍数	40・42
倍数比例の法則	191
爆発燃焼	129
発火点	131・136
発熱反応	196
ハロゲン化物	141

さくいん

半乾性油	255
反応熱	193・196
販売取扱所	31・70
B火災	140・235
非金属	205
比重	157
非常ベル装置	49・51
非定常燃焼	129
避難設備	49・51
避難誘導灯	51
比熱	165・168
火花放電	147
氷酢酸	253
標識	60・72
表面燃焼	129
ピリジン	245
風解	152・155
不乾性油	255
不完全燃焼	127・129
輻射	171
物質	173・178
物質の三態	150・153
沸点	155
物理変化	153・176・179
腐食	202・206
不導体	147
分解熱	137・193
分解燃焼	126・129
分子	181・184
分子量	183・185
粉じん爆発	137
丙種危険物取扱者	100
ベンゼン（ベンゾール）	245・251
保安管理体制	102
保安基準	32
保安距離	52・61
保安講習	97・101

ボイル・シャルルの法則	161
ボイルの法則	161
放射	167・171
放熱	151・154
防油堤	64
飽和蒸気圧	155
飽和水蒸気量	149
保有空地	53・61

ま行

摩擦帯電	146
マシン油	255
密度	156・159
無機化合物	208・210
メタノール（メチルアルコール）	246・252
モーター油	255
モル（mol）	185・194
漏れの点検	88

や行

椰子油	255
有機化合物	208・210
溶液	195
溶解	152・155
溶解度	195
溶質	197
溶媒	197
ヨウ素価	137
抑制消火	135・139
予防規程	32・35

ら行

落花生油	255
流動帯電	146
良導体	147・205
冷却消火	135・139

危険物早見表

本書の中で解説した危険物の性状と代表的な物品名一覧です。まとめて覚えたいときや、試験前の見直しに活用してください。

品名	指定数量	物品	引火点（℃）	発火点（℃）
特殊引火物	50	ジエチルエーテル	−45	160
		二硫化炭素	−30以下	90
		アセトアルデヒド	−39	175
		酸化プロピレン	−37	449
第1石油類	200（非水溶性）	ガソリン	−40以下	300
		ベンゼン	−11.1	498
		トルエン	4	480
		酢酸エチル	−4	426
		エチルメチルケトン（メチルエチルケトン）	−9	404
	400（水溶性）	アセトン	−20	465
		ピリジン	20	482
アルコール類	400	メタノール（メチルアルコール）	11	464
		エタノール（エチルアルコール）	13	363
		n-プロピルアルコール	23	412
		イソプロピルアルコール	12	399
第2石油類	1,000（非水溶性）	灯油	40以上	220
		軽油	45以上	220
		*キシレン	27〜33	463〜528
		n-ブチルアルコール	37	343
		クロロベンゼン	28	590
	2,000（水溶性）	酢酸	39	463
		プロピオン酸	52	465
		アクリル酸	51	438
第3石油類	2,000（非水溶性）	重油	60〜150	250〜380
		クレオソート油	73.9	336.1
		ニトロベンゼン	88	482
		アニリン	70	615
	4,000（水溶性）	エチレングリコール	111	398
		グリセリン	199	370
第4石油類※	6,000	タービン油	200〜270	—
		ギヤー油	170〜310	—
		マシン油	80〜340	—
		モーター油	230	—
		シリンダー油	250	—

※第4石油類のタービン油などの潤滑油の揮発性、液比重、引火点などの物性値は用途、使用条件によって異なる。

*キシレン（異性体別）別表

異性体別	引火点	発火点	液比重	蒸気比重	沸点	燃焼範囲
オルトキシレン	33	463	0.88	3.66	144	1.0～6.0
メタキシレン	28	527	0.86	3.66	139	1.1～7.0
パラキシレン	27	528	0.86	3.66	138	1.1～7.0

液比重	蒸気比重	沸点（℃）	燃焼範囲（vol%）	水溶性	品名
0.7	2.6	35	1.9～36.0	△	特殊引火物
1.3	2.6	46	1.3～50.0	×	
0.8	1.5	21	4.0～60.0	○	
0.8	2.0	35	2.3～36.0	○	
0.65～0.75	3～4	40～220※	1.4～7.6	×	第1石油類
0.9	2.8	80	1.2～7.8	×	
0.9	3.1	111	1.1～7.1	×	
0.9	3.0	77	2.0～11.5	△	
0.8	2.5	80	1.4～11.4	△	
0.8	2.0	56	2.5～12.8	○	
0.98	2.7	115.5	1.8～12.4	○	
0.8	1.1	64	6.0～36.0	○	アルコール類
0.8	1.6	78	3.3～19.0	○	
0.8	2.1	97.2	2.1～13.7	○	
0.79	2.1	82	2.0～12.7	○	
0.8	4.5	145～270	1.1～6.0	×	第2石油類
0.85	4.5	170～370	1.0～6.0	×	
0.88	3.66	138～144	1.0～7.0	×	
0.8	─	117.3	1.4～11.2	△	
1.1	3.9	132	1.3～9.6	×	
1.05	2.1	118	4.0～19.9	○	
1.0	2.56	140.8	2.1～12.0	○	
1.06	2.45	141	2.9～8.0	○	
0.9～1.0	1以上	300以上	─	×	第3石油類
1.0以上	1以上	200以上	─	×	
1.2	4.3	211	1.8～40.0	×	
1.01	3.2	184.6	1.2～11.0	×	
1.1	2.1	197.9	3.2～15.3	○	
1.3	3.1	291	─	○	
1未満	─	─	─	×	第4石油類※
1未満	─	─	─	×	
1未満	─	─	─	×	
1未満	─	─	─	×	
1未満	─	─	─	×	

※ガソリンの沸点は種類等により幅がある。

● 執筆者紹介

山根 裕基 [やまね ゆうき]

1986年東京都生まれ。明治大学経営学部会計学科卒業。ITベンチャー系企業を経て、株式会社ウェルネットへ入社。乙種第4類危険物取扱者受験対策講座、衛生管理者受験対策講座など、数多く資格講座の講師として活躍している。中小企業診断士、乙種第4類危険物取扱者、第1種衛生管理者の資格を有する。

佐藤 その [さとう その]

明治学院大学文学部卒業。編集プロダクション勤務などを経て、株式会社ウェルネットへ入社。開発部にて、乙種第4類危険物取扱者受験対策講座、衛生管理者受験対策講座などの教材開発・製作業務に従事する。乙種第4類危険物取扱者、第1種衛生管理者の資格を有する。

佐々木 舞子 [ささき まいこ]

武蔵野大学文学部卒業。旅行会社勤務を経て、株式会社ウェルネットへ入社。開発部にて、乙種第4類危険物取扱者受験対策講座などの教材開発・製作業務に従事した。乙種第4類危険物取扱者、第1種衛生管理者の資格を有する。

- マンガ・イラスト ── ユキタトモ
- デザイン・DTP ── 遠藤秀之（スタイルワークス）
- 校　閲 ── 志水照匡（乙羽クリエイション）
- 編集協力 ── 中田実里　アート・サプライ

受験用 マンガ 乙種第4類危険物取扱者 合格模擬試験付き

2016年10月5日発行　第1版
2025年8月15日発行　第4版　第2刷

著　者	株式会社ウェルネット
発行者	若松和紀
発行所	株式会社 西東社

〒113-0034　東京都文京区湯島2-3-13
https://www.seitosha.co.jp/
電話　03-5800-3120（代）

※本書に記載のない内容のご質問や著者等の連絡先につきましては、お答えできかねます。

落丁・乱丁本は、小社「営業」宛にご送付ください。送料小社負担にてお取り替えいたします。
本書の内容の一部あるいは全部を無断で複製（コピー・データファイル化すること）、転載（ウェブサイト・ブログ等の電子メディアも含む）することは、法律で認められた場合を除き、著作者及び出版社の権利を侵害することになります。代行業者等の第三者に依頼して本書を電子データ化することも認められておりません。

ISBN 978-4-7916-2293-1